Ausgabe in zwei

Lehrwerk für
Deutsch als Fremdsprache

Arbeitsbuch 1

von Hartmut Aufderstraße, Heiko Bock,
Karl-Heinz Eisfeld, Hanni Holthaus,
Jutta Müller, Uthild Schütze-Nöhmke

Projektbegleitung: Hans-Eberhard Piepho

Max Hueber Verlag

Beratende Mitwirkung: Heidelies Müller · Buseck-Trohe; Dagmar
Paleit · Klein-Winternheim
Verlagsredaktion: Heiko Bock · Bockhorn-Jührdenerfeld; Werner
Bönzli · Reichertshausen
Illustrationen: Joachim Schuster · Baldham; Ruth Kreuzer · Mainz
Umschlagillustration: Dieter Bonhorst · München
Layout: Erwin Faltermeier · München
Fotos: s. Quellennachweis

Dieses Buch umfaßt das ganze Arbeitsbuch Inland von „Themen 1"
und die Lektionen 1 bis 5 des Arbeitsbuches Inland von „Themen 2".

6. 5. | Die letzten Ziffern
1994 93 92 91 | bezeichnen Zahl und Jahr des Druckes.
Alle Drucke dieser Auflage können, da unverändert, nebeneinander
benutzt werden.
1. Auflage 1987
© 1987 Max Hueber Verlag, D-8045 Ismaning
Gesamtherstellung: Ludwig Auer GmbH, Donauwörth
Printed in the Federal Republic of Germany
ISBN 3-19-011471-4

Inhalt

Vorwort

Das Arbeitsbuch zu „Themen" ist nicht einfach eine Sammlung von Übungen zur Ergänzung des Kursbuches, sondern es verfolgt eine andere Konzeption:
Während im Kursbuch *Sprache in kommunikativen Text- und Interaktionszusammenhängen* vermittelt wird, werden im Arbeitsbuch die *zentralen Redemittel* jeder Lektion *einzeln herausgehoben* und ihre Bildung und ihr Gebrauch geübt.

Der Einsatz des Arbeitsbuches ist im Lehrerhandbuch genau beschrieben. Hier werden deswegen nur die fünf wichtigsten Punkte für die Verwendung des Arbeitsbuches aufgeführt.

1. Entsprechend der kommunikativen Zielsetzung von „Themen", nicht bloß die Grammatik, sondern auch die Bedeutung und Handlungsfunktionen von Sprache zu vermitteln, werden die Übungen systematisch unterschieden nach:

   – Wortschatzübungen (WS) – Grammatikübungen (GR) – Bedeutungsübungen (BD). Außerdem gibt es spezielle
   – Übungen zum schriftlichen Ausdruck (SA).

2. Um die Art der Übung und die Zuordnung zu den B-Schritten im Kursbuch schnell erkennen zu können, ist jede Übung gekennzeichnet durch den (die) B-Schritt(e), zu der (denen) sie gehört(en) und durch die Angabe, ob es sich um eine Wortschatz-, Grammatik-, oder Bedeutungsübung oder um eine Übung zum schriftlichen Ausdruck handelt.

   z. B.
   | B 1/2 WS | = Wortschatzübung zu B1 und B2 | | B3 BD | = Bedeutungsübung zu B3 |

   | B2 GR | = Grammatikübung zu B2 | | B2 SA | = Übung zum schriftlichen Ausdruck zu B2 |

3. Zu fast allen Übungen gibt es im Anhang einen Schlüssel. Die Lerner können also die Übungen selbständig durchführen und sich selbst korrigieren. Zusammen mit dem Kursbuch, einem Glossar und dem Arbeitsbuch können sie versäumte Stunden zu Hause nachholen. Selbstverständlich sollte der Lehrer jederzeit für Erläuterungen zur Verfügung stehen.

4. Die Arbeitsbuchübungen sollten im Kurs vor allem nach Erklärungsphasen und in Stillarbeitsphasen eingesetzt werden.

5. Das Arbeitsbuch ist nicht als Schreibbuch gedacht. Die Lücken und Zeilen zum Hineinschreiben sollen nur den technischen Ablauf der Übungen verdeutlichen, für die eigenes Schreibpapier benötigt wird.

Verfasser und Verlag

Lektion 1

1. Ergänzen Sie.

a) Guten Tag.

Guten _M_____   Guten _T_____   Guten _A_____

b) Wie geht's?

Wie geht es Ihnen?

Danke,

2. Wie heißt das Land?

B1/2
WS

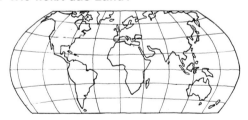

Hauptstadt	Land
Djakarta	Indonesien
Bogota	_____
Buenos Aires	_____
Algier	_____
Helsinki	_____
Ankara	_____
Athen	_____
Paris	_____
Ottawa	_____
Nairobi	_____
Lagos	_____
Tokio	_____
Neu Dehli	_____

Al – Ar – bi – chen – da – di – ~~do~~ – en –
~~do~~ – en – en – en – Finn – Frank – ge –
ge – gen – Grie – ~~ien~~ – In – Ja – Ka – Ke
– kei – Ko – land – land – lum – na – ~~ne~~
– Ni – ni – nia – pan – reich – ri – ria –
~~si~~ – ti – Tür

5

Lektion 1

B1/2
WS

3. Ergänzen Sie.

a) ○ Guten Tag, mein Name _ist_ Becker.
   □ Guten Tag, ich _____ Wagner.

b) ○ Entschuldigung, sind Sie Herr Meier?
   □ Nein, mein Name _____ Becker.

c) ○ Ich heiße Juan Martinez.
   □ Wie bitte? Wie _____ Sie?
   ○ Juan Martinez.
   □ Ich _____ nicht.
   _____ Sie bitte!
   ○ M-A-R-T-I-N-E-Z.

d) ○ Wie _____ Ihr Name?
   □ Ronald Brooke.
   ○ _____ Sie aus Kanada?
   □ Nein, _____ Großbritannien.

4. Ergänzen Sie.

a) Luisa ＞ _heißen,_   d) Klaus Berg ＞

b) Herr Braun ＞   e) aus Italien ＞

c) aus Peru ＞   f) Knapp ＞

B1/2
GR

5. Ergänzen Sie.

-e   -en   sind
bin   ist
-t

a) ○ Entschuldigung, wie heiß _en_ Sie?
   □ Ich _bin_ Luisa.
   ○ Wie bitte?
   □ Mein Name _____ Luisa Tendera.
   Und wer _____ Sie?
   ○ Ich _____ Lucienne Destrée.
   Ich komm _____ aus Frankreich. Und Sie?
   □ Ich komm _____ aus Italien.
   ○ Und wer _____ das?
   □ Das _____ Frau und Herr Balius.
   ○ Woher komm _____ sie?
   □ Sie komm _____ aus Peru.

b) O　　　Entschuldigung, _____ das Herr Stevens?
　　□　　　Nein, das _____ Peter Miller.
　　　　　Er komm _____ aus USA.
　　O　　　Komm _____ er aus New York?
　　□　　　Nein, er _____ aus Boston.
　　　Und woher komm _____ Sie?
　　O　　　Ich komm _____ aus Marokko.

6. Ihre Grammatik: Ergänzen Sie.

	ich	du	Sie	er (Peter)/sie (Luisa)	sie (Peter und Luisa)
kommen	komme				
heißen					
sein					

7. Bilden Sie Sätze.

a) aus Peru > kommen (Sie) _Kommen Sie aus Peru?_
　 aus Kuba > kommen (ich) _Nein, ich komme aus Kuba._

b) Woher? > kommen (er) _____?
　 aus Italien > kommen (Er) _____

c) Wie? > heißen (sie) _____?
　 Tendera > heißen (sie) _____

d) Jimenez > heißen (Sie) _____?
　 El Tahir > heißen (ich) _Nein,_ _____

Ihre Grammatik: Ergänzen Sie.

	Inversions-signal	Subjekt	Verb	Subjekt	Angabe	obligatorische Ergänzung
a)			Kommen	Sie		aus Peru?
		Ich	komme			aus Kuba.
b)						
c)						
d)						

Lektion 1

B1/2
GR

8. Fragen Sie.

a) *Wie* heißen Sie? Camego.
b) _____ er aus Peru? Nein.
c) _____ kommen Sie? Aus Spanien.
d) _____ ist das? Das ist Mona.

e) _____ sind Sie? Mario Rossi.
f) _____ kommen Sie? Aus Italien.
g) _____ heißen Sie? Kaiser.
h) _____ das Jürgen? Nein.

B1/2
BD

9. Was paßt zusammen?

A	Das ist Herr Camego.
B	Er kommt aus Mexiko.
C	Das ist Fräulein Young.
D	Sie heißt Lucienne.
E	Sie kommt aus Paris.
F	Er heißt Peter Miller.

1	Woher kommt sie?
2	Wer ist das?
3	Wie heißt er?
4	Woher kommt er?
5	Wie heißt sie?

a	Aus Paris.
b	Aus Mexiko.
c	Herr Camego.
d	Fräulein Young.
e	Peter Miller.
f	Lucienne.

A	2c, 4a, 4b
B	
C	
D	
E	
F	

B1/2
BD

10. Welche Antwort paßt?

a) *Heißt er Becker?*
 Ⓐ Nein, er heißt Wagner.
 Ⓑ Nein, Becker.
 Ⓒ Ja, er heißt Wagner.

b) *Woher kommen Sie?*
 Ⓐ Er kommt aus Polen.
 Ⓑ Ich komme aus Dänemark.
 Ⓒ Sie kommen aus Indien.

c) *Wie heißen sie?*
 Ⓐ Sie heißt Luisa.
 Ⓑ Nein, sie heißen Luisa und Yasmin.
 Ⓒ Sie heißen Luisa und Yasmin.

d) *Wie heißen Sie?*
 Ⓐ Ich heiße Hansen.
 Ⓑ Er heißt Camego.
 Ⓒ Sie heißt Tendera.

e) *Woher kommt sie?*
 Ⓐ Sie ist aus Ägypten.
 Ⓑ Er kommt aus Spanien.
 Ⓒ Sie sind aus Irland.

f) *Kommt sie aus Marokko?*
 Ⓐ Ja, sie ist aus Marokko.
 Ⓑ Nein, sie kommen aus Marokko.
 Ⓒ Sie sind aus Marokko.

B1/2
BD

11. Was können Sie auch sagen?

a) *Woher kommt sie?*
 Ⓐ Woher kommen Sie?
 Ⓑ Woher ist sie?
 Ⓒ Woher sind Sie?

b) *Ich heiße Ergök.*
 Ⓐ Ich komme aus Izmir.
 Ⓑ Ich bin aus der Türkei.
 Ⓒ Mein Name ist Ergök.

c) *Kommt er aus England?*
 Ⓐ Er kommt aus England.
 Ⓑ Woher kommt er?
 Ⓒ Ist er aus England?

d) *Kommen Sie aus Kairo?*
 Ⓐ Sind Sie aus Kairo?
 Ⓑ Woher kommen Sie?
 Ⓒ Kommt sie aus Kairo?

e) *Wer ist aus Köln?*
 Ⓐ Wer kommt aus Köln?
 Ⓑ Kommt er aus Köln?
 Ⓒ Woher kommt er?

f) *Heißt sie Anne Sommer?*
 Ⓐ Ist das Anne Sommer?
 Ⓑ Wie heißt sie?
 Ⓒ Wer ist Anne Sommer?

Lektion 1

12. Wer ist das? Schreiben Sie.

Max Frisch (CH)   Siegmund und Anna Freud (A)   Herbert v. Karajan (A)   Romy Schneider (D)   Günter Grass (D)
Anna Seghers (DDR)

a) *Das ist Max Frisch. Er kommt aus der Schweiz.*   d) _____

b) _____   e) _____

c) _____   f) _____

13. Schreiben Sie fünf Dialoge.

Woher kommen Sie?   Ich bin Lopez Martinez Camego.   Aus Paris. Und Sie?

Entschuldigung, heißen Sie Knapp?   Guten Tag, Frau Sommer. Wie geht es Ihnen?

Wie bitte? Wie heißen Sie?   Lopez Martinez Camego.   Danke, es geht.

Ja, das ist er.   Nein, mein Name ist Kraus.   Aus Genua.   Entschuldigung, ist das Herr Baum?

a) ○ *Entschuldigung, ist das Herr Baum?*   d) ○ _____
   □ _____   □ _____

b) ○ _____   ○ _____
   □ _____   e) ○ _____

c) ○ _____   □ _____
   □ _____   ○ _____

9

Lektion 1

14. Schreiben Sie Dialoge.

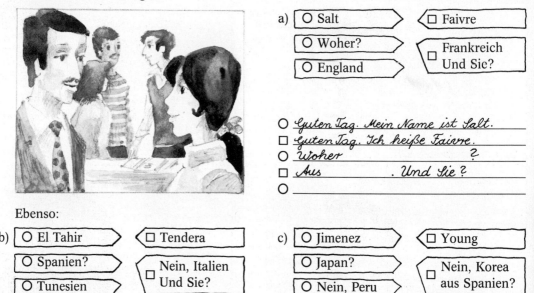

a)

O Salt	□ Faivre
O Woher?	□ Frankreich Und Sie?
O England	

O *Guten Tag. Mein Name ist Salt.*
□ *Guten Tag. Ich heiße Faivre.*
O *Woher* _____ ?
□ *Aus* _____ . *Und Sie?*
O _____

Ebenso:

b)

O El Tahir	□ Tendera
O Spanien?	□ Nein, Italien Und Sie?
O Tunesien	

c)

O Jimenez	□ Young
O Japan?	□ Nein, Korea aus Spanien?
O Nein, Peru	

15. Schreiben Sie.

a) *siebenundvierzig* _____ DM 47,–
b) _____ DM 88,–
c) _____ DM 31,–
d) _____ DM 19,–
e) _____ DM 33,–
f) _____ DM 52,–
g) _____ DM 13,–

h) _____ DM 21,–
i) _____ DM 55,–
j) _____ DM 93,–
k) _____ DM 24,–
l) _____ DM 66,–
m) _____ DM 17,–
n) _____ DM 95,–

Lektion 2

B1
WS

1. Welches Wort paßt nicht?

a) 35 Jahre – 2 Stunden – 10 Tage – 5 Kinder

b) Lehrerin – Siemens – Mechaniker – Bäuerin

c) Wien – Dresden – Österreich – Stuttgart

d) Monika – Köln – Manfred – Klaus

e) Monat – Telefonistin – Schausteller – Schlosser

f) Reichel – Ergök – Henkel – Kauffrau

g) Türkei – Schweiz – Österreich – Mannheim

h) Krankenschwester – Verkäuferin – Levent – Elektrotechniker

B1
GR

2. Ein Wort paßt nicht.

a) Ich bin ich Lehrerin.

b) Wie er heißt Rodriguez.

c) Was ist er von Beruf Mechaniker?

d) Bülent ist er Automechaniker.

e) Woher kommt er aus?

f) Er ist er verheiratet?

g) Das ist das Klaus Henkel.

h) Herr Ergök kommt er aus der Türkei.

B1
GR

3. ‚Wer‘, ‚Was‘, ‚Woher‘, ‚Wie‘, ‚Wo‘? Fragen Sie.

a) Herr Becker ist Kaufmann.   *Wer ist Kaufmann?*

b) Lore Sommer wohnt in Hamburg. _____

c) Klaus Henkel ist Chemiker. _____

d) Levent Ergök kommt aus der Türkei. _____

e) Hildegard Reichel ist Ingenieurin. _____

f) Frau Reichel arbeitet in Dresden. _____

g) Er heißt Peter Maria Glück. _____

B1
GR

4. Fragen Sie.

a) *Was ist er von Beruf?* _____ – Er ist Programmierer von Beruf.

b) _____ – Nein, sie heißt Maria Groß.

c) _____ – Mein Name ist Schäfer.

d) _____ – Ich bin Kaufmann.

e) _____ – Sie ist Telefonistin.

f) _____ – Nein, sie arbeitet in Zimmer 6.

g) _____ – Nein, er ist in Zimmer 1.

h) _____ – Ja, ich arbeite in Zimmer 3.

B1
GR

5. Ihre Grammatik: Ergänzen Sie.

a) Sind Sie hier neu?

b) Ich arbeite hier schon vier Monate.

c) Was machen Sie hier?

d) Ich verstehe nicht.

e) Ich bin Kaufmann von Beruf.

f) Sie ist erst 38 Jahre alt.

g) Ist er verheiratet?

h) Dieter arbeitet nicht in Köln.

Lektion 2

	Inversions-signal	Subjekt	Verb	Subjekt	Angabe	obligatorische Ergänzung	Verb
a			Sind	Sie	hier	neu?	
b							
c							
d							
e							
f							
g							
h							

6. ‚Erst' oder ‚schon'?

a) Paul Schäfer ist _schon_ 52 Jahre alt, Margot Schulz _____ 28.
b) Jochen Pelz arbeitet _____ 3 Monate bei Müller & Co, Anton Becker _____ 4 Jahre.
c) Monika Sager wohnt _____ 6 Monate in Berlin, Manfred Bode _____ 5 Jahre.
d) Wartest du hier _____ lange? Nein, _____ 10 Minuten.
e) Hildegard Reichel ist _____ 10 Jahre verheiratet, Lore Sommer _____ 3 Jahre.
f) Heiner lernt _____ 2 Jahre Spanisch, Dagmar _____ 5 Monate.
g) Sind Sie _____ lange in der Bundesrepublik Deutschland? Nein, _____ 2 Monate.

B1
BD

7. Welche Antwort paßt?

B1
BD

a) *Sind Sie hier neu?*
Ⓐ Nein, ich bin hier neu.
Ⓑ Ja, ich bin schon zwei Monate hier.
Ⓒ Nein, ich bin schon vier Jahre hier.

b) *Was sind Sie von Beruf?*
Ⓐ Sie ist Telefonistin.
Ⓑ Ich bin erst drei Tage hier.
Ⓒ Ich bin Chemiker.

c) *Was macht Frau Beier?*
Ⓐ Sie ist Mechanikerin.
Ⓑ Er ist Ingenieur.
Ⓒ Er arbeitet hier schon fünf Monate.

d) *Arbeitet sie schon sechs Monate hier?*
Ⓐ Ja, ich bin hier erst drei Tage.
Ⓑ Nein, sie ist hier neu.
Ⓒ Ja, ich arbeite hier.

e) *Ist hier noch frei?*
Ⓐ Wie heißen Sie?
Ⓑ Ja, bitte.
Ⓒ Nein, danke.

f) *Sind Sie Kaufmann?*
Ⓐ Nein, Mechaniker.
Ⓑ Natürlich, bitte.
Ⓒ Ja, bitte.

g) *Wie alt ist Frau Brecht?*
Ⓐ Sie ist schon 38.
Ⓑ Er ist schon 38.
Ⓒ Sie ist schon 38 Jahre hier.

h) *Arbeiten Sie hier?*
Ⓐ Ich bin Schlosser.
Ⓑ Nein, ich bin schon vier Jahre hier.
Ⓒ Ja, schon vier Jahre.

Lektion 2

B1
BD

8. Schreiben Sie einen Dialog.

Ich bin Ingenieur.　　　Natürlich, bitte.

Ich bin Kaufmann. Und Sie?

Nein, ich arbeite hier schon sechs Monate.

~~Guten Tag. Ist hier noch frei?~~

Und was machen Sie?　　Sind Sie hier neu?

○ *Guten Tag. Ist hier noch frei?*
□ _____
○ _____
□ . . .

B1
SA

9. Ergänzen Sie. Lesen Sie im Kursbuch Seite 22/23.

Und
Sie?

	a)	b)	c)	d)
heißen	*Lore Sommer*			
wohnen	*in*			
Beruf?				
verheiratet? ledig?				
Kinder?				

Schreiben Sie.

a) *Das ist Lore Sommer. Sie　　　in　　　. Sie ist　　　und*
   hat　　Kinder. Sie ist

b) *Das ist* _____

Ebenso: c, d.

14

10. Was paßt wo? Ergänzen Sie. Bilden Sie Beispielsätze.

B2/3
WS

> aus Ghana, Französisch, in Paris, B̶ä̶c̶k̶e̶r̶, A̶m̶a̶d̶u̶, Chemie, Yasmin, bei Oslo, Ingenieur, in München, Portugiesisch, Elektrotechnik, aus der Türkei, Türkisch, aus (den) USA, Glock, Politik, Franzose, Krankenschwester, Lehrer, Dagmar, bei Genua, Englisch, D̶e̶u̶t̶s̶c̶h̶, aus China, in Kanada, Vietnamesisch, aus Mexiko, Studentin, Young, Medizin, in der Bundesrepublik Deutschland, Spanier, bei Wien, Griechin, Biologie

a) Wie? — heißen
   Amadu
   . . .

d) Was? — sprechen
   Deutsch
   . . .

g) Was? — sein
   Bäcker
   . . .

b) Wo? — arbeiten

   . . .

e) Wo? — wohnen

   . . .

h) Wo? — liegen

   . . .

c) Woher? — kommen

   . . .

f) Was? — lernen

   . . .

i) Was? — studieren

   . . .

11. Ergänzen Sie.

B2/3
WS

a) kommen – aus / wohnen – *in* _____
b) wohnen – Wohnort / heißen – *Name* _____
c) Henkel – Name / Mechaniker – _____
d) Deutsch – lernen / Chemie – _____
e) Spanisch – sprechen / Kuhn – _____

f) Bernd – Name / Österreich – _____
g) kommen – woher? / wohnen – _____
h) arbeiten – wo? / heißen – _____
i) Alter – alt / Geburtsort – _____
j) geboren – wo? / alt – _____

12. Ergänzen Sie.

B2/3
GR

a) O   *Arbeitest* du hier bei
          Siemens?
   □   Ja, ich _____ hier.
   O   Und Klaus _____ auch hier?
   □   Ja, wir _____ hier zusammen.

b) O   _____ du hier in
          München?
   □   Ja, ich _____ hier.
   O   _____ Peter und
          Barbara auch
          in München?
   □   Nein, sie _____ in Augsburg.

15

Lektion 2

13. Was paßt zusammen?

	ich	du	Sie	er (Rolf)	sie (Linda)	sie (Rolf und Linda)	
a)			✗			✗	sprechen Arabisch.
b)							arbeitet nicht.
c)							bin Buchhändler.
d)							möchtest Deutsch lernen.
e)							haben zwei Kinder.
f)							kommst aus England.
g)							bist aus London.
h)							ist aus München.
i)							wohnt in Hamburg.
j)							sind aus Frankreich.
k)							möchte in Berlin arbeiten.

14. Ergänzen Sie.

	Er/Sie heißt ...		Er/Sie kommt aus ...	Er/Sie ist ...	Er/Sie spricht ...
a)	Beate Kurz	♀	der Bundesrepublik Deutschland		Deutsch
b)	Linda Salt	♀		Engländerin	
c)	Jean-Paul Faivre	♂			Französisch
d)	Ibrahim El Tahir	♂	Tunesien	*Tunesier*	
e)	Vasquez Jimenez	♂	Peru		
f)	Luisa Tendera	♀		Italienerin	
g)	Peter Miller	♂	(den) USA		
h)	Yasmin Young	♀			Koreanisch
i)	Levent Ergök	♂		Türke	

♂ = männlich   ♀ = weiblich

15. Woher kommt er/sie? Schreiben Sie.

a)

Er ist Spanier.
Er kommt aus Spanien.

b)

_____
_____

c)

_____
_____

d)

_____
_____

16

16. Ihre Grammatik: Ergänzen Sie.

B2/3
GR

a) Sind Sie hier neu?
b) Ich lerne hier Deutsch.
c) Ich möchte hier Deutsch lernen.
d) Möchte Bernd in Köln wohnen?

e) Levent arbeitet in Essen.
f) Wo möchten Sie wohnen?
g) Lore wohnt schon vier Jahre in Hamburg.
h) Was machen Sie denn hier?

	Inversions-signal	Subjekt	Verb	Subjekt	Angabe	obligatorische Ergänzung	Verb
a)			Sind	Sie	hier	neu?	
b)		Ich	lerne		hier	Deutsch	
c)		Ich	möchte		hier	Deutsch	lernen
d)			Möchte	Bernd	in Köln		wohnen
e)		Levent	arbeitet		in Essen		
f)		Lore	wohnt		schon vier Jahre	in Hamburg	
g)	wo		möchten	Sie			wohnen
h)	was		machen	Sie	denn hier		

17. Was können Sie auch sagen?

B2/3
BD

a) *Kommen Sie aus Spanien?*
   A Arbeiten Sie in Spanien?
   B Kommt sie aus Spanien?
   C Sind Sie Spanierin?
   D Woher kommen Sie?

b) *Was bist du von Beruf?*
   A Was machst du?
   B Sind Sie Mechaniker?
   C Wo arbeiten Sie?
   D Was sind Sie von Beruf?

c) *Sie kommt aus Wien.*
   A Er wohnt in Wien.
   B Sie wohnen in Wien.
   C Sie ist aus Wien.
   D Sie arbeitet in Wien.

d) *Woher sind Sie?*
   A Wo wohnst du?
   B Woher bist du?
   C Wo wohnen Sie?
   D Woher kommen Sie?

e) *Ich komme aus Wien.*
   A Ich studiere in Wien.
   B Ich bin aus Wien.
   C Ich möchte in Wien wohnen.
   D Ich arbeite in Wien.

f) *Er ist Österreicher.*
   A Er wohnt in Österreich.
   B Er studiert in Österreich.
   C Er ist aus Österreich.
   D Sie kommt aus Österreich.

g) *Was machst du?*
   A Was bist du von Beruf?
   B Was machst du hier?
   C Was machen Sie?
   D Was sind Sie von Beruf?

h) *Sind Sie Franzose?*
   A Kommen Sie aus Frankreich?
   B Sprechen Sie Französisch?
   C Wohnen Sie in Frankreich?
   D Studieren Sie in Frankreich?

Lektion 2

B2/3
BD

18. Welche Antwort paßt?

a) *Was machst du?*
    Ⓐ Ich bin Mechaniker.
    Ⓑ Ich möchte doch Biologie studieren.
    Ⓒ Ich lerne hier Deutsch.

b) *Guten Tag. Mein Name ist Kurz.*
    Ⓐ Guten Tag. Ich bin Luisa Tendera.
    Ⓑ Guten Tag. Ich komme aus Spanien.
    Ⓒ Guten Tag. Kommt sie aus Holland?

c) *Was machst du hier?*
    Ⓐ Ich lerne hier Englisch.
    Ⓑ Ich bin Bäcker.
    Ⓒ Ich wohne in Bonn.

d) *Sprechen Sie Norwegisch?*
    Ⓐ Nein, lieber Schwedisch.
    Ⓑ Nein, ich spreche Schwedisch.
    Ⓒ Ja, ich lerne Schwedisch.

e) *Kommen Sie aus Indien?*
    Ⓐ Ja, ich bin Indonesierin.
    Ⓑ Ja, sie ist Inderin.
    Ⓒ Nein, aus Pakistan.

f) *Ist sie Griechin?*
    Ⓐ Ja, ich bin Grieche.
    Ⓑ Ja, aus Griechenland.
    Ⓒ Ja, sie ist aus Griechenland.

g) *Lernen Sie Portugiesisch?*
    Ⓐ Nein, ich spreche Deutsch.
    Ⓑ Nein, Spanisch.
    Ⓒ Ja, ich bin Französin.

h) *Wo wohnen Sie?*
    Ⓐ In Mailand.
    Ⓑ Aus Belgien.
    Ⓒ Mechaniker.

B2/3
BD

19. Was paßt zusammen?

A Ist hier frei?	1 Ja, bitte.
B Was machen Sie denn hier?	2 Ja, schon 6 Jahre.
C Sind Sie hier neu?	3 Danke, es geht.
D Hanau? Wo liegt das denn?	4 Nein, in Aachen.
E Kommen Sie aus Schweden?	5 Nein, erst drei Monate.
F Wie geht's?	6 In Dortmund.
G Wohnen Sie auch in Köln?	7 Nein, danke.
H Wohnst du hier schon lange?	8 Ich bin Buchhändler.
I Möchten Sie Feuer?	9 Ich lerne hier Griechisch.
J Wo arbeiten Sie?	10 Nein, ich bin Norweger.
K Was machen Sie?	11 In der Bundesrepublik.
L Haben Sie Feuer?	12 Bei Frankfurt.
	13 Nein, ich arbeite schon 4 Monate hier.
	14 Natürlich, bitte.
	15 Nein, ich bin aus Finnland.
	16 Ja, hier.

A	B	C	D	E	F	G	H	I	J	K	L
1, 14											

20. Schreiben Sie zwei Dialoge.

Wie geht's?   ~~Hallo Yasmin.~~   Danke gut. Und dir?   Ich lerne hier Englisch.

Ganz gut. Was machst du denn hier?   Ganz gut. Was machen Sie denn hier?

~~Guten Tag, Herr Kurz.~~   Wie geht es Ihnen?   Guten Tag, Herr Ergök.

Ich lerne hier Englisch.   Hallo Manfred.   Danke gut. Und Ihnen?

a) ○ <u>Hallo Yasmin.</u>
   □ _____
   ○ _____
   □ _____
   ○ _____
   □ _____

b) ○ <u>Guten Tag, Herr Kurz</u>
   □ _____
   ○ _____
   □ _____
   ○ _____
   □ _____

Aufenthaltsanzeige eines Ausländers

Notice of Residence of a Foreigner — Déclaration de séjour d'un étranger
Denunzia di Soggiorno per stranieri

Prijava boravka jednog inostranca

Ecnebiler için ikametgâh bildirme belgesi — ᾿Αναφορά Παραμονῆς ἀλλοδαποῦ

Declaración de residencia de un extranjero — Indicação de Residência dum estrangeiro

---

Alle Eintragungen sind mit Schreibmaschine oder in Blockschrift zu machen
Form to be printed or typed
Tous les renseignements doivent être donnés soit à la machine à écrire
soit en lettres capitales
Tutti i dati vanno scritti a macchina o in stampatello
Svi unosi imaju da se vrše pisaćom mašinom ili štampanim slovima
Yazı makinası ile veya büyük harfle doldurun
"Ολες οἱ δηλώσεις θά πρέπη νά γίνουν μὲ γραφομηχανὴν ἤ μὲ γράμματα τοῦ τύπου
Todas las inscripciones deben ser hechas con máquina de escribir o en caracteres de imprenta
Todos os assentos fazem-se com a máquina de escrever ou em egipcia

Deutsch
Englisch
Französisch
Italienisch
Jugoslawisch
Türkisch
Griechisch
Spanisch
Portugiesisch

Hiermit zeige ich meinen Aufenthalt im Gebiet der Bundesrepublik Deutschland an.
I am hereby announcing my stay in the Federal Republic of Germany
Par la présente, je déclare mon séjour en territoire de la République Fédérale d'Allemagne
Con la presente denunzio il mio soggiorno nella Repubblica Federale Tedesca
Ovim prijavljujem svoj boravak na području Savezne republike Nemačke.
İşbu aşağıdaki şekilde Federal Almanya Cumhuriyetinde ikametgahımı bildiriyorum.
Διά τοῦ παρόντος ἀναφέρω τὴν παραμονήν μου εἰς τὴν ᾿Ομόσπονδον Γερμανικὴν Δημοκρατίαν.
Declaro mi residencia en el territorio de la República Federal de Alemania.
Pela presente assento a minha residência na República Federal Alemanha.

Familienname ....

Surname / Nom de famille / Apellidos / Sobrenome (apeli-do) / Prezime / Soyadı / Cognome / ᾿Επώνυμον

Vornamen ....

First names / Prénoms / Nombres de pila / Nomes de bap-tismo / Ime / Adı / Nomi di battesimo /᾿Ονόματα

Geburtstag ....

Date of birth / Date de naissance / Fecha de nacimiento / Data de nascimento / Datum rodjenja / Doğum tarihi / Data di nascita /᾿Ακριβὴς ἡμερομηνία γεννήσεως

bei Frauen: Geburtsname ....

Married woman's maiden name / pour les femmes: nom de jeune fille / en mujeres también nombre de casada / Nome de solteira / kod udatih žena: djevojačko prezime / Kadın-larda: Kızlık soyadı / persone di sesso femminile: nome da ragazza/Σὲ γυναῖκες: Πατρώνυμον

Geburtsort ....

Place of birth / Lieu de naissance / Lugar de nacimiento / Lugar de nascimento / Mjesto rodjenja / Doğum yeri / Luogo di nascita / Τόπος γεννήσεως

Staatsangehörigkeit(en)

Nationality / Nationalité / Nacionalidad / Nacionalidades / Državljanstvo / Tab'ası / Nazionalità / ῾Υπηκοότης:

a) jetzige ....

present / actuelle / actual / actual / sadašnje / şimdiki / attuale / Τωρινή

b) frühere ....

former / précédente / anterior / antiga / prijašnje / önceki / precedente / προηγούμενη

Familienstand:

Family status / Situation de famille / Estado Civil / Estado civil / Bračno stanje / Medeni hali / Stato di famiglia / Οἰκογενειακὴ κατάστασις

ledig — verheiratet seit .... **— geschieden — verwitwet**
(Nichtzutreffendes streichen)

single — married — divorced — widowed (delete non-applicable) célibataire — marié — divorcé — veuf (rayer la mention inutile) soltero — casado — divorciado — viudo(a) (táchese lo que no corresponda) / solteiro — casado — divorciado — viúvo (riscar o que não entrar em consideração) / neoženjen-a — oženjen-a — rastavljen-a — udovac (Nepo-trebno precrtati) / bekâr — evli —ayrılmış — dul (uymuyanları karalayınız) / celibe — nubile — coniugato — divorziato — vedovo (cancellare quello che non interessa) ἄγαμος — ἔγγαμος — χωρισμένος — χῆρος (σβῦσατε ὅ, τι δὲν συμπίπτει)

Zweck des Aufenthalts in der Bundesrepublik Deutschland

Purpose of stay in the FRG? / But du séjour en République Fédérale d'Allemagne / Motivos de la estancia en la Repú-blica Federal de Alemania / Finalidade da sua estadia na República Federal da Alemanha / Razlog boravka u S. R. Njemačkoj / Almanyada kalmanızın sebebi nedir? / scopo del soggiorno nella Repubblica Federale Tedesca / Σκοπός τῆς παραμονῆς σας στην Δυτ. Γερμανία

....
....
....
....
....

Bestell-Nr. Pol 5655 – Aufenthaltsanzeige eines Ausländers – Muster A 5 –
Behörden- und Industrie-Verlag GmbH, 6 Frankfurt am Main 1 – Nachdruck verboten –

Informationen
Deutsche Bundespost

	Landes-kennzahl	Orts-netz
Athen	0030	1
Washington D.C.	001	202
Belgrad	0038	11
Brüssel	0032	2
Budapest	0036	1
Luxemburg	00352	
Kopenhagen	0045	1 o. 2
Madrid	0034	1
Paris	0033	1
Istanbul	0090	11
London	0044	1
Helsinki	00358	0
Rom	0039	6
Oslo	0047	2
Amsterdam	0031	20
Prag	0042	2
Wien	0043	222
Stockholm	0046	8
Bern	0041	31
Montreal	001	514

In den Telefonhäuschen finden Sie zwei verschiedene Münztelefone:

–,10   1,–   5,–

a) für Gespräche in alle Länder mit Selbstwähldienst,

 Besetzt – verwählt?
Nicht einhängen!
Grüne Taste drücken,
neu wählen.

–,10   –,50   1,–

b) für selbstgewählte Gespräche in alle europäischen Länder.

Deutsche Bundespost
4 Postwertzeichen zu 10 Pf
2 Postwertzeichen zu 50 Pf
2 Postwertzeichen zu 80 Pf
Abgabepreis 3 DM

Ihr Brief Informationen zum Thema Briefpost.

 Post Schreib mal wieder…

…und so schreiben Sie Absender und Adresse richtig.

Hans Becker
Kieler Straße 314
2000 Hamburg 54

bitte
frankieren

Frau
Annemarie Hartmann
Vogelsangstraße 17

6000 Frankfurt 70

Für eine Postkarte
im Bereich der Deutschen Bundespost
sowie in die DDR und nach Berlin (Ost)   60 Pf*

In die CEPT-Länder (Andorra, Belgien, Dänemark, Finnland, Frankreich, Griechenland, Großbritannien, Irland, Island, Italien, Jugoslawien, Liechtenstein, Luxemburg, Malta, Monaco, Niederlande, Norwegen, Österreich, Portugal, San Marino, Schweden, Schweiz, Spanien, Türkei, Vatikanstadt, Zypern) . . . . . . 60 Pf

In die übrigen Länder. . . . . 80 Pf

Für einen Standardbrief
im Bereich der Deutschen Bundespost sowie
in die DDR und nach Berlin (Ost) . . 1,00 DM*

In die CEPT-Länder (siehe oben). . . 1,00 DM

In die übrigen Länder. . . . . 1,40 DM

*) innerhalb Berlins 40 Pf bzw. 60 Pf.

Lektion 3

B1
WS

1. Finden Sie hier 23 Wörter?

A	W	O	H	N	Z	I	M	M	E	R	M	N	V	W	X	F	N	T	T	O	W	A	S	C	H	B	E	C	K	E	N	D	T	I	E
R	M	L	A	W	A	E	D	T	V	B	W	O	G	V	A	M	Ö	B	E	L	P	K	S	J	T	O	ß	U	F	C	B	H	O	V	A
T	M	O	U	B	U	U	D	L	X	E	L	P	G	M	D	D	E	O	P	T	F	S	C	U	N	G	Z	Ö	L	Y	G	E	I	W	Z
Q	I	R	S	T	U	H	L	D	H	C	L	I	H	I	C	U	U	N	P	S	M	L	H	V	B	N	I	B	U	N	G	A	L	O	W
S	K	S	I	I	M	B	A	D	E	W	A	N	N	E	Y	S	M	K	I	N	D	E	R	Z	I	M	M	E	R	S	U	D	E	H	G
P	Ü	J	H	S	F	Z	Q	Y	G	F	M	Q	B	T	D	C	C	L	C	S	G	K	A	W	I	H	M	T	X	Z	F	X	T	N	Y
R	C	O	U	C	H	X	R	K	B	I	P	J	R	E	I	H	E	N	H	A	U	S	N	W	P	S	E	S	S	E	L	B	T	U	J
N	H	Q	C	H	G	B	E	T	T	J	E	T	S	Y	S	E	K	I	R	H	B	Q	K	V	Q	L	R	D	Y	A	U	W	E	N	K
O	E	D	P	Y	E	A	C	H	K	U	A	F	J	M	Z	R	Q	J	L	P	R	A	P	R	Q	M	W	X	C	Z	R	C	Y	G	Z

B1
GR

2. Ergänzen Sie.

a) Schlafzimmer

b) Wohnzimmer

a) Schlafzimmer:

Was ist da?	Aber da ist	Und was ist kaputt?
ein Tisch	*kein*	*der*
eine		

b) Wohnzimmer:

Was ist da?	Aber da ist	Und was ist kaputt?

22

3. ‚Der‘ oder ‚ein‘, ‚die‘ oder ‚eine‘, ‚das‘ oder ‚ein‘? Ergänzen Sie.

a) ☐ Was ist Nr. 2?   ○ *Ein* _____ Schrank.

b) ☐ Kostet _____ Schrank 480,– DM?   ○ Nein, _____ Couch kostet 480,– DM.

c) ☐ Was kostet 110,– DM?   ○ _____ Tisch.

d) ☐ Nr. 5, ist das _____ Sessel?   ○ Nein, _____ Stuhl.

e) ☐ Was kostet 73,– DM?   ○ _____ Lampe.

f) ☐ Ist Nr. 7 _____ Tisch?   ○ Nein, _____ Sessel.

g) ☐ Was kostet _____ Sessel?   ○ 262,– DM.

h) ☐ Was ist Nr. 1?   ○ _____ Teppich.

4. ‚Ja‘, ‚nein‘, ‚doch‘? Ergänzen Sie.

a) Haben Sie keine Wohnung?   *Doch*_____, ich habe eine Wohnung.

b) Wohnen Sie nicht in Kassel?   _____, ich wohne in Hannover.

c) Ist das keine Couch?   _____, das ist eine Couch.

d) Ist der Tisch neu?   _____, der Tisch ist neu.

e) Ist die Wohnung nicht groß?   _____, da sind sieben Zimmer.

f) Ist das kein Sessel?   _____, das ist ein Sessel.

g) Ist da keine Badewanne?   _____, aber eine Dusche.

h) Ist das Badezimmer groß?   _____, sehr groß.

i) Sind die Stühle neu?   _____, aber der Schrank.

Lektion 3

5. ,Wer' oder ,Was'? Fragen Sie.

a) *Wer ist das* _____? Herr Santes.
b) _____? Ein Stuhl.
c) _____? Das ist eine Lampe.
d) _____? Das ist Yasmin Young.
e) _____ ist _____? Herr und Frau Link.
f) _____ ist Herr Schäfer? Programmierer.
g) _____ ist Programmierer? Herr Schäfer.
h) _____ wohnt in Stuttgart? Lore Sommer.
i) _____ ist Frau Groß? Sie ist Sekretärin.

6. Ergänzen Sie.

a) alt   – _____ *neu* _____   e) praktisch – _____
b) häßlich – _____   f) groß   – _____
c) ungemütlich – _____   g) modern   – _____
d) gut   – _____   h) unbequem   – _____

7. Ergänzen Sie.

Küche

Zimmer

8. ,Wer', ,Was', ,Woher', ,Wo', ,Wie', ,Wieviel'? Fragen Sie.

a) □ Das ist ein Hochhaus.   ○ *Was ist das* _____? □ Ein Hochhaus.
b) □ Es liegt in Wien.   ○ _____? □ In Wien.
c) □ Da wohnt Renée Faber.   ○ _____? □ Renée Faber.
d) □ Die Wohnung kostet 680,– DM.   ○ _____? □ 680,– DM.
e) □ Sie hat 80 m².   ○ _____? □ 80 m².
f) □ Sie hat drei Zimmer.   ○ _____? □ Drei.
g) □ Sie ist sehr modern.   ○ _____? □ Sehr modern.
h) □ Renée Faber ist Sekretärin.   ○ _____? □ Sekretärin.
i) □ Sie kommt aus Frankreich.   ○ _____? □ Aus Frankreich.
j) □ Herr Faber ist Österreicher.   ○ _____? □ Herr Faber.
k) □ Er ist Ingenieur.   ○ _____? □ Ingenieur.

24

9. Schreiben Sie.

a) Schrank – Lampe

○ *Ist der Schrank neu?* ☐ *Nein, der ist alt.*

○ *Und die Lampe?* ☐ *Die auch.*

Ebenso: b) Bett – Tisch, c) Sessel – Couch d) Stühle – Schrank e) Teppich – Lampe

b) ○ Ist *das Bett* neu? ☐ Nein, _____ ist alt.

○ Und _____? ☐ _____ auch.

c) ○ Sind _____ bequem? ☐ Nein, _____ sind unbequem.

○ Und _____? ☐ _____ auch.

d) ○ Sind _____ schön? ☐ Nein, _____ sind häßlich.

○ Und _____? ☐ _____ auch.

e) ○ Ist _____ neu? ☐ Nein, _____ ist alt.

○ Und _____? ☐ _____ auch.

10. Ergänzen Sie.

die Wohnung	das	~~es~~	er	das Zimmer	die	es	der
~~das~~	sie	~~das Appartement~~	es	sie	er	der Bungalow	~~es~~

a) ○ *Das Appartement* in der Zeitung, ist ___*das*___ noch frei?

☐ Ja.

○ Wie groß ist ___*es*___ denn?

☐ 56 Quadratmeter.

○ Und was kostet ___*es*___?

☐ 236,– DM.

b) ○ _____ in der Zeitung, ist _____ noch frei?

☐ Nein, _____ ist leider schon weg.

○ Schade.

c) ○ _____ in der Zeitung, ist _____ noch frei?

☐ Ja.

○ Wieviel Zimmer hat _____ denn?

☐ Vier Zimmer, Küche, Bad.

○ Und was kostet _____?

☐ 1200,– DM.

d) ○ _____ in der Zeitung, ist _____ noch frei?

☐ Ja.

○ Und was kostet _____?

☐ 420,– DM.

○ Und wo ist _____?

☐ In Dortmund-Hambruch, Heisterstr. 5.

Lektion 3

11. Ihre Grammatik: Ergänzen Sie.

	Artikel + Nomen	Definitpronomen	Personalpronomen
Maskulinum	*der Bungalow*	*der*	
Femininum	*Wohnung*		
Neutrum	*Zimmer*		*es*

B2/3
BD

12. Was können Sie auch sagen?

a) *Das Zimmer ist 20 Quadratmeter groß.*
   - Ⓐ Das Zimmer ist sehr groß.
   - Ⓑ Das Zimmer hat 20 Quadratmeter.
   - Ⓒ Das Zimmer ist nur 20 Quadratmeter groß.

b) *Das Zimmer ist noch frei.*
   - Ⓐ Das Zimmer ist schon weg.
   - Ⓑ Das Zimmer, ist das noch frei?
   - Ⓒ Das Zimmer ist noch nicht weg.

c) *Wie teuer ist die Wohnung?*
   - Ⓐ Ist die Wohnung teuer?
   - Ⓑ Wieviel kostet die Wohnung?
   - Ⓒ Wieviel kostet es?

d) *Die Wohnung ist toll.*
   - Ⓐ Ich finde, die Wohnung ist teuer.
   - Ⓑ Die Wohnung ist sehr modern.
   - Ⓒ Die Wohnung ist phantastisch.

e) *Der Tisch ist nicht neu, nur die Sessel.*
   - Ⓐ Der Tisch ist alt, nur die Sessel nicht.
   - Ⓑ Der Tisch ist alt, die Sessel auch.
   - Ⓒ Nur die Sessel sind alt, der Tisch nicht.

f) *Wo liegt die Wohnung?*
   - Ⓐ Wo ist die Wohnung?
   - Ⓑ Wie liegt die Wohnung?
   - Ⓒ Wie ist die Wohnung?

B2/3
BD

13. Welche Antwort paßt?

a) *Und wie finden Sie die Couch?*
   - Ⓐ Ja, sehr gemütlich.
   - Ⓑ Die ist sehr gemütlich.
   - Ⓒ Doch, sie ist sehr gemütlich.

b) *Und der Tisch, ist der neu?*
   - Ⓐ Nicht alle, nur der Tisch.
   - Ⓑ Nein, aber der Stuhl.
   - Ⓒ Doch, der Tisch ist auch neu.

c) *Ich finde, der Stuhl ist unbequem.*
   Und Sie? Finden Sie das auch?
   - Ⓐ Doch, der Stuhl ist unbequem.
   - Ⓑ Nein, der Stuhl ist auch unbequem.
   - Ⓒ Ja, der Stuhl ist nicht sehr bequem.

d) *Wie sind die Möbel?*
   - Ⓐ Die sind unmodern.
   - Ⓑ Die kosten 830,– DM.
   - Ⓒ Die sind noch frei.

e) *Ist die Wohnung noch frei?*
   - Ⓐ Oh, schade.
   - Ⓑ Ich möchte sofort kommen.
   - Ⓒ Ja, aber drei Leute sind schon hier.

f) *Wo liegt die Wohnung denn?*
   - Ⓐ Vier Leute sind schon hier.
   - Ⓑ Sie ist leider schon weg.
   - Ⓒ In der Kirchenstraße.

g) *Ich möchte sofort kommen.*
   Geht das?
   - Ⓐ Ja, ich möchte auch kommen.
   - Ⓑ Ja, noch sind keine Leute hier.
   - Ⓒ Ja, die Wohnung kostet 450,– DM.

h) *Wie sind die Verkehrsverbindungen?*
   - Ⓐ Nicht so gut.
   - Ⓑ Sehr lange.
   - Ⓒ Sehr häßlich.

14. Was paßt zusammen?

A	Ist das keine Couch?
B	Ist die Wohnung ungemütlich?
C	Wie teuer ist das Zimmer?
D	Sind die Möbel neu?
E	Wie groß ist das Wohnzimmer?
F	Liegt die Wohnung gut?
G	Ist das Zimmer noch frei?
H	Wie ist die Adresse?
I	Ist der Stuhl bequem?

1	Nicht alle.
2	Es geht.
3	Nur 16 Quadratmeter.
4	Hohlweg 12.
5	Doch.
6	Nein, es ist schon weg.
7	Nur 180,– DM.
8	Bequem ja, aber nicht schön.
9	Das finde ich nicht.

A	5
B	
C	
D	
E	
F	
G	
H	
I	

B2/3
BD

15. Schreiben Sie einen Dialog.

B2/3
BD

○ _Die Wohnung ist toll._
□ _Das finde ich auch._
○ _____
□ _____
○ _____
□ _____
○ _____
□ _____
○ _____
□ _____
○ _____

Und wie sind die Verkehrsverbindungen hier?   Sag mal: Sind die Möbel neu?

Nur 220 Mark.   Wieviel kostet die denn?   ~~Das finde ich auch.~~

Nein, nur die Sessel.   Die sind sehr schön und auch bequem.   Nicht so gut.

~~Die Wohnung ist toll~~   42 Quadratmeter.   Das ist billig. Und wie groß ist sie?

Lektion 3

B2/3
SA

16. Schreiben Sie eine Karte.

Mettmann, 5.3.83

Liebe Sonja, lieber Jochen,
wie geht es Euch? Wir haben
jetzt ein Reihenhaus in
Mettmann. Das ist bei
Düsseldorf. Das Haus liegt
phantastisch. Es hat vier
Zimmer und ist 102 Quadratmeter groß.
Kommt doch mal nach Mett-
mann! Wir haben jetzt
auch ein Gästezimmer.

Herzliche Grüße
Karin und Lukas

60 DEUTSCHE BUNDESPOST
RÖNTGENGERÄT

An

Sonja und Jochen Leist

Rückertstraße 16

7000 Stuttgart

Schreiben Sie jetzt eine Karte.

Sie haben ein Haus, eine Wohnung, ein Zimmer in . . .
Sie/es kostet . . ., liegt . . ., hat . . ., ist . . .

28

Ein Bericht von G. Bastian
und S. Freund (Foto).

Von Tür zu Tür im Hochhaus

In diesem Hochhaus in Hamburg-Horn wohnen 80 % Deutsche und 20 % Ausländer: 350 Menschen in 144 Wohnungen auf 16 Etagen. Das Haus hat 48 Ein-Zimmer-Appartements (36 m²), Zwei-Zimmer-Wohnungen (60 m²) und Drei-Zimmer-Wohnungen (74 m²).

Wie geht es Mietern in einem so großen Hochhaus? Viele sagen: „Nicht schlecht, denn die Wohnungen sind nicht zu teuer, und wir möchten gern anonym leben." Aber viele, besonders Familien mit Kindern, sagen auch: „Wir wohnen hier nicht gern, denn es gibt keinen Garten und keine Natur, die Kinder haben keinen Platz in der Wohnung, und wir sind isoliert."

Die Ausländer haben noch ein Problem: „Wir haben keinen Kontakt zu deutschen Familien im Haus. Das Hochhaus ist anonym wie eine Fabrik. Wir wohnen hier schon ein Jahr, aber Deutsch sprechen wir nicht, wir kennen keine Mieter im Haus."

4,5 Millionen Ausländer leben in der Bundesrepublik – ein Problem für ein kleines Land.

Typisch ist die Konzentration in den Großstädten, denn hier gibt es Arbeit. In Frankfurt z. B. wohnen 23 % Ausländer, auch in Stuttgart und München sind es 18 und 17 %. Das ist ein Problem, denn in Großstädten gibt es nicht genug Wohnungen. Viele Ausländer suchen sehr lange, und sie bekommen oft nur teure, kleine Appartements oder ungemütliche Wohnungen in Mietshäusern oder in Hochhäusern.

Ausländer – Andrang

Ausländer in der Bundesrepublik Deutschland in Millionen

1963 · 1,1
1969 · 2,4
1975 · 4,1
1981 · 4,6

Ausländer-Anteil in Prozent

Kiel 6
Hamburg 9
Bremen 7
Hannover 10
Bielefeld 9
West-Berlin 12
Duisburg 14
Düsseldorf 15
Köln 15
Bonn 8
Kassel 10
Frankfurt 23
Saarbrücken 6
Mannheim 15
Nürnberg 13
Stuttgart 18
Augsburg 13
München 17

4067

Suchen Sie eine Wohnung in der Bundesrepublik? So finden Sie vielleicht eine.

>g|reif< immobilien gmbh

➤ **VERMIETET**
➤ **VERKAUFT**
➤ **VERWALTET**

rasch · zuverlässig · sympathisch
2 Augustenstraße 82
☎ **52 10 91**

Das kostet eine, zwei oder drei Monatsmieten.

Du suchst doch eine Wohnung? Ich weiß eine!

Phantastisch! Und wo ist die?

Das kostet nichts.

Suche	Biete
● Suchen 2-3 Zi.-Whg. mit Bad bis 600,– DM warm. 2 Verdienstbesch. vorh. + Mietbürgschaft. Geringe Belohnung möglich. Jürgen und Jochen. Telefon: 4 65 67 07	● 2 1/2 Zimmer + Diele, als Zus. Raum nutzbar, Neubau, 77 m², ZH, Balkon, Bad, per 19. 4. frei, Miete 650,– DM warm, Abstand für Teppichboden, Gardinenleisten, begehbaren Schrank usw. ca. 1.500,– DM, Garage, mögl. WBS nach 1966 nötig. Telefon: 6 87 12 92
● W. sucht dringend 1-2 Zi.-Whg. mit Bad, Zentr. Lage bis 300,– DM warm oder 4 Zi.-Whg. bis 1.200 DM warm für 4 berufstätige Menschen. 1-2 Zi.: Telefon: 3 94 44 72 4 Zi.: Telefon: 7 68 58 03	● 2 Zimmer mit Bad, WC, 500 DM Warmmiete, 1.500,– DM Kaution, Zentralheizung. Tel.: 4 93 68 59.

Das kostet eine Anzeige, Telefongespräche und Zeit.

Und wenn Sie gar nichts finden . . .

zu vermieten

Vielleicht haben Sie auch so eine Chance!

SUCHE FREIGEWORDENE 3-4 ZIMMER-WOHNUNG (EVTL. MIT GARAGE) BARGELD SOFORT!

Haben Sie Mietprobleme?
Hier zum Beispiel bekommen Sie Informationen.

Landeshauptstadt München, Sozialreferat – Amt für Wohnungswesen – Abteilung Beratung in Miet- und Wohnungsfragen

Beratung in Miet- und Wohnungsfragen

 Auskunft · Information · Beratung für Vermieter, Mieter und Eigentümer insbesondere in folgenden Fragen:

Miete, Vermietung und Kauf von Eigentumswohnungen

Umwandlung von Haus- in Wohnungseigentum

Wohnungsmodernisierungen

Eigentumswechsel

Adresse: Burgstraße 4 / 0
8000 München 2
Zimmer 6 (Anmeldung)
Telefon: 2 33-53 84
2 33-54 82
2 33-54 83
2 33-54 19
2 33-54 29
2 33-54 84

Sprechzeiten: Mo – Di – Do – Fr 8.30–12.00 Uhr
Di .... 15.00–17.00 Uhr
(nur für Berufstätige)

Einheitsmietvertrag
(Ausfertigung für Vermieter/Mieter)

Zwischen _____
(Vor- und Zuname, Beruf)

in _____
(Straße, Hausnummer, Ort)   **als Vermieter**

und _____ sowie
(Vor- und Zuname, Beruf)

seiner Ehefrau _____ , geborene _____ beide zur Zeit
(Vor- und Zuname)

wohnhaft in _____
(Straße, Hausnummer, Ort)   **als Mieter**

wird folgender Mietvertrag geschlossen:

§ 1
Mieträume

1. Zur Benutzung als _____ werden vermietet, folgende im

Haus _____ gelegene Räume:
(Straße, Stock, genaue Lagebezeichnung, Ort)

_____ Zimmer, _____ Kammer, _____ Küche, _____ Korridor, _____ Bad, _____ Toilette,

_____ Mädchenstube, _____ Laden, _____ Kellerräume Nr. _____, _____ Bodenräume Nr. _____,

_____ Fabrikraum, Werkstatt, Garage, Stallung, _____

2. Der Mieter ist berechtigt, Waschküche, Trockenboden und Abstellräume etc., soweit vorhanden, gemäß der Hausordnung unentgeltlich mitzubenutzen.

3. Dem Mieter werden vom Vermieter für die Mietzeit ausgehändigt:

_____ Hausschlüssel, _____ Korridorschlüssel, _____ Zimmerschlüssel, _____ Bodenschlüssel, _____ Kellerschlüssel,

_____ Garagenschlüssel, _____

§ 2
Mietzeit

1. Nur für Verträge von unbestimmter Dauer
Das Mietverhältnis beginnt mit dem _____. Es kann von jedem Teil spätestens am 3. Werktag eines Kalendermonats für den letzten Tag des übernächsten Kalendermonats gekündigt werden. – Nach 5, 8 und 10 Jahren seit der Überlassung des Wohnraums verlängert sich die Kündigungsfrist für den Vermieter um jeweils 3 Monate.

2. Nur für Verträge von bestimmter Dauer
Verträge länger

Lektion 4

B1/2 WS

1. Was paßt nicht?

a) Kaffee – Tee – Milch – ~~Suppe~~ – Mineralwasser

b) Braten – Hähnchen – Gemüse – Kotelett – Steak

c) Glas – Flasche – Stück – Tasse – Kaffee

d) Gabel – Löffel – Messer – Tasse

e) Tasse – Gabel – Glas – Teller

f) Bier – Brot – Salat – Steak – Eis

B1/2 WS

2. Was paßt?

a) Kaffee – Tasse / Bier – *Glas*

b) Tee – trinken / Suppe – _____

c) Campari – bitter / Kuchen – _____

d) Abend – Abendbrot / Mittag – _____

e) Steak – Hauptgericht / Eis – _____

f) Forelle – Fisch / Kotelett – _____

B1/2 WS

3. Ergänzen Sie.

a)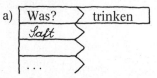

b)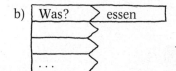

c)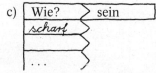

B1/2 WS

4. Bilden Sie Wörter.

Orangen	Wurst	Suppe	Fisch
Gemüse	Käse	Kartoffel	Steak
Salat	Apfel	Aprikosen	Brot
Saft	Rinder	Tomaten	Marmelade

Orangensaft, _____

_____

_____

_____

B1/2 WS

5. Was paßt? Schreiben Sie.

Flasche   Glas   Tasse   Stück

a) 2 __*Tassen*__ Kaffee

b) 4 _____ Kuchen

c) 1 _____ Apfelsaft

d) 3 _____ Mineralwasser

e) 1 _____ Wein

f) 2 _____ Bier

g) 5 _____ Tee

h) 2 _____ Milch

i) 1 _____ Orangensaft

j) 2 _____ Brot

B1/2 WS

6. Finden Sie hier 36 Wörter aus Lektion 4?

A	X	S	E	C	U	X	A	N	M	A	R	M	E	L	A	D	E	O	A	D	K	A	F	F	E	E	D	G	B	O	H	N	E	N	C
S	A	F	T	G	V	B	D	O	I	K	E	E	L	Ö	S	N	C	B	G	X	U	L	K	O	H	H	A	A	X	B	F	P	M	Q	P
T	C	B	F	H	G	A	B	E	L	J	I	S	X	F	M	Y	F	V	P	B	C	K	V	N	X	B	W	A	S	S	E	R	Q	A	J
E	I	R	L	S	J	W	U	H	C	I	S	S	M	F	G	K	I	P	A	Q	H	Ä	H	N	C	H	E	N	F	T	F	R	D	O	O
A	T	O	Z	A	L	N	T	G	H	E	D	E	V	E	E	C	S	U	P	P	E	S	J	U	W	I	I	E	J	Y	B	B	O	C	G
K	O	T	E	L	E	T	T	J	R	Q	C	R	B	L	M	K	C	Z	F	H	N	E	K	D	E	G	N	A	C	H	T	I	S	C	H
B	L	U	Q	A	M	E	E	T	L	I	A	Z	I	V	Ü	F	H	D	E	I	S	L	M	E	H	L	D	W	E	Z	S	D	E	N	U
W	U	R	S	T	O	E	R	I	N	D	F	L	E	I	S	C	H	S	L	T	M	Y	Ö	L	V	C	R	M	I	Z	U	C	K	E	R
M	W	P	R	S	E	F	W	A	U	I	E	Y	R	V	E	G	J	E	H	L	F	U	K	N	T	G	L	Z	T	H	J	U	S	I	T

32

7. Was paßt?

B1/2
WS

	a) Öl	b) Waschmittel	c) Joghurt	d) Wein	e) Zucker	f) Cola	g) Saft	h) Nudeln	i) Kaffee	j) Reis	k) Tee	l) Mehl	m) Margarine	n) Milch
A Glas														
B Dose	X													
C Flasche	X													
D Becher														
E Packung														

8. Wie heißt der Plural?

B1/2
GR

a) Brot – *Brote*   h) Glas – _____   o) Flasche – _____
b) Stück – _____   i) Apfel – _____   p) Steak – _____
c) Getränk – _____   j) Tasse – _____   q) Kartoffel – _____
d) Messer – _____   k) Fisch – _____   r) Kuchen – _____
e) Gabel – _____   l) Saft – _____   s) Löffel – _____
f) Ei – _____   m) Kotelett – _____   t) Hähnchen – _____
g) Suppe – _____   h) Dose – _____   u) Tomate – _____

9. Schreiben Sie.

B1/2
GR

Familie Meinen ißt im Schnellimbiß.

a) Herr Meinen möchte b) Frau Meinen möchte c) Michael möchte d) Sonja möchte
ein Kotelett, _____
_____   _____   _____   _____
_____   _____   _____   _____

Lektion 4

B1/2 GR

10. Schreiben Sie Dialoge.

> Ich möchte ein Kotelett. Und du?
>
> Und warum nicht?

> Ich esse kein Kotelett.
>
> Das ist zu fett.

a) Kuchen / essen / warum nicht? / süß

○ *Ich möchte...*
□ _____
○ _____
□ _____

b) Wein / trinken / warum nicht? / teuer

○ _____
□ _____
○ _____
□ _____

c) Gulaschsuppe / essen / warum nicht? / scharf

○ _____
□ _____
○ _____
□ _____

d) Eis / essen / warum nicht? / macht dick

○ _____
□ _____
○ _____
□ _____

B1/2 GR

11. Ergänzen Sie.

a) Ich esse einen Kuchen. _____*Er*_____ macht dick, aber _____*er*_____ schmeckt gut.

b) Den Wein trinke ich nicht. _____ ist zu sauer.

c) Das Bier trinke ich nicht. _____ ist zu warm.

d) Ich esse ein Steak. _____ ist teuer, aber _____ schmeckt gut.

e) Ich esse keine Marmelade. _____ ist zu süß, und _____ macht dick.

f) Ich trinke ein Bier. _____ schmeckt gut, und _____ ist nicht teuer.

g) Die Milch trinke ich nicht. _____ ist sauer.

h) Die Kartoffeln esse ich nicht. _____ sind kalt.

i) Ich trinke keinen Campari. _____ ist zu bitter.

j) Das Brot esse ich nicht. _____ ist alt.

B1/2 GR

12. Ergänzen Sie.

trink-en, sein, schmeck-en, nehm-en, ess-en

○ Was _____*nimmst*_____ du denn?

□ Ich _____ einen Fisch.

○ Fisch? Der _____ doch zu teuer.

□ Na ja, aber er _____ gut.

Was _____ du denn?

○ Ich _____ ein Hähnchen.

□ Hähnchen, das _____ doch nicht.

_____ doch lieber ein Kotelett!

○ Das _____ ich nicht gern.

□ Und was _____ du?

○ Ich _____ ein Bier.

□ Und ich _____ einen Orangensaft.

34

13. Schreiben Sie.

a)

○ *Bekommen Sie das Hähnchen?*
□ *Nein, ich bekomme den Fisch.*

Ebenso:
b) Wein – Bier
c) Eis – Kuchen
d) Suppe – Käsebrot
e) Fisch – Kotelett
f) Kaffee – Tee

14. Bilden Sie Sätze.

a) | Brötchen > essen |
(Klaus, zum Frühstück)

b) | Bier > trinken |
(Renate, zum Abendbrot)

c) | Kuchen > nehmen |
(Herr Kurz, später)

d) | Milch > trinken > mögen |
(er, lieber)

Ihre Grammatik: Ergänzen Sie.

	Inversions-signal	Subjekt	Verb	Subjekt	Angabe	obligatorische Ergänzung	Verb
a)	Zum Frühstück Brötchen	Klaus Klaus	ißt ißt ißt ißt	Klaus Klaus	zum Frühstück zum Frühstück.	Brötchen. Brötchen. Brötchen.	
b)							
c)							
d)							

Lektion 4

B1/2
BD

15. Machen Sie Dialoge.

Und Sie bezahlen den Wein und die Gemüsesuppe? Nein, getrennt.

Zusammen? Ja, die ist sehr gut.

Eine Flasche Mineralwasser.

Das macht 17,50 DM.

Die Rinderroulade und das Mineralwasser.

Gibt es eine Gemüsesuppe?

Ja, richtig. Und was möchten Sie trinken?

Und was bekommen Sie? ~~Bezahlen bitte!~~

Was bezahlen Sie? ~~Was bekommen Sie?~~

Mit Reis oder Kartoffeln?

Dann bitte eine Gemüsesuppe und

Mit Kartoffeln.

ein Glas Wein. Eine Rinderroulade bitte.

9,60 DM bitte.

a) ○ *Was bekommen Sie?* _____
   □ _____
   ○ ...
   □ ...

b) ○ *Bezahlen bitte!* _____
   □ _____
   ○ ...
   □ ...

B3
WS

16. Was paßt zusammen? Ergänzen Sie.

| Wasser ~~Wurstbrot~~ ~~Suppe~~ Kartoffeln Eier Marmelade Salat Käsebrot Milch Kuchen Tee Kotelett Gemüse Kaffee ~~Steak~~ Fleisch Fisch Hähnchen |

a) *Suppe* > kochen
   ...

b) *Steak* > braten
   ...

c) *Wurstbrot* > machen
   ...

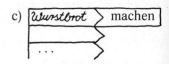

B3
GR

17. ‚Nicht' oder ‚kein'? Ergänzen Sie.

a) ○ Wie ist die Suppe?　　　　□ Die schmeckt __nicht__ gut.

b) ○ Möchtest du ein Bier?　　　□ Weißt du das _____? Ich trinke
　　　　　　　　　　　　　　　 doch _____ Alkohol.

c) ○ Gibt es noch Wein?　　　　□ Nein, wir haben _____ mehr.

d) ○ Ich heiße Lopez Martinez Camegeo.　□ Wie bitte? Ich verstehe Sie _____.

e) ○ Nehmen Sie doch noch etwas!　□ Nein danke, ich möchte _____
　　　　　　　　　　　　　　　 Fleisch mehr.

f) ○ Möchten Sie ein Kotelett?　　□ Nein danke, Schweinefleisch esse ich

　　　　　　　　　　　　　　　 _____.

18. Was paßt zusammen?

B3
BD

A	Wer möchte noch ein Bier?		1	Vielen Dank.	A	3
B	Möchtest du noch Kartoffeln?		2	Nicht so gern, lieber Kartoffeln.	B	
C	Haben Sie Gemüsesuppe?		3	Ich, bitte.	C	
D	Das schmeckt sehr gut.		4	Danke, sehr gut.	D	
E	Wie schmeckt es?		5	13,70 DM.	E	
F	Ißt du gern Reis?		6	Ich glaube Gulaschsuppe.	F	
G	Wieviel macht das?		7	Doch, das Fleisch ist phantastisch.	G	
H	Schmeckt es nicht?		8	Nein, die ist zu scharf.	H	
I	Ist das Rindfleisch?		9	Tee bitte.	I	
J	Was gibt es zum Abendbrot?		10	Nein danke, ich bin satt.	J	
K	Schmeckt die Suppe nicht?		11	Nein, Schweinefleisch.	K	
L	Möchten Sie Tee oder Kaffee?		12	Nein, aber Zwiebelsuppe.	L	

19. Welche Antwort paßt?

B3
BD

a) *Essen Sie gern Fisch?*
  Ⓐ Nein, ich habe noch genug.
  Ⓑ Ja, aber Kartoffeln.
  Ⓒ Ja, sehr gern.

b) *Was möchten Sie trinken?*
  Ⓐ Eine Suppe bitte.
  Ⓑ Einen Tee.
  Ⓒ Lieber einen Kaffee.

c) *Möchten Sie den Fisch mit Reis?*
  Ⓐ Lieber das Steak.
  Ⓑ Ich nehme lieber Fisch.
  Ⓒ Lieber mit Kartoffeln.

d) *Bekommen Sie das Käsebrot?*
  Ⓐ Nein, ich bekomme ein Hähnchen.
  Ⓑ Ja, das trinke ich.
  Ⓒ Ja, das habe ich.

e) *Nehmen Sie doch noch etwas!*
  Ⓐ Ja, ich bin satt.
  Ⓑ Nein danke, ich habe genug.
  Ⓒ Es schmeckt phantastisch.

f) *Gibt es heute Hähnchen?*
  Ⓐ Ich weiß nicht.
  Ⓑ Nein, lieber Fisch.
  Ⓒ Nein, aber zum Abendbrot.

20. Was können Sie auch sagen?

B3
BD

a) *Was möchten Sie?*
  Ⓐ Bitte schön?
  Ⓑ Was bekommen Sie?
  Ⓒ Was bezahlen Sie?

b) *Ich nehme einen Wein.*
  Ⓐ Ich bezahle einen Wein.
  Ⓑ Ich trinke einen Wein.
  Ⓒ Einen Wein bitte.

c) *Wie schmeckt die Suppe?*
  Ⓐ Schmeckt die Suppe nicht?
  Ⓑ Schmeckt die Suppe?
  Ⓒ Wie ist die Suppe?

d) *Essen Sie doch noch etwas Fleisch!*
  Ⓐ Es gibt noch Fleisch. Nehmen Sie!
  Ⓑ Nehmen Sie doch noch etwas Fleisch!
  Ⓒ Gibt es noch Fleisch?

e) *Das kostet 8,50 DM.*
  Ⓐ Ich habe 8,50 DM.
  Ⓑ Ich bezahle 8,50 DM.
  Ⓒ Das macht 8,50 DM.

f) *Danke, ich habe genug.*
  Ⓐ Danke, ich bin satt.
  Ⓑ Danke, ich möchte nicht mehr.
  Ⓒ Danke, der Fisch schmeckt sehr gut.

Lektion 4

B3
BD

21. Schreiben sie zwei Dialoge.

Toll! Wie heißt das?   ~~Guten Appetit!~~   Das kenne ich nicht. Was ist das?

Schweinefleisch mit Kartoffeln und Gemüse.   Möchtest du noch etwas?

~~Danke~~   Pichelsteiner Eintopf.   Das schmeckt ja phantastisch.   Guten Appetit!

Was ist denn das?   Ja gern. Sie kochen wirklich gut.   Falscher Hase.

Nehmen Sie doch noch etwas.   Wie schmeckt's?   Das schmeckt ja prima.

Danke gleichfalls.   Falscher Hase? Das ist Hackfleisch mit Ei und Brötchen.

Danke sehr gut. Wie heißt das?   ~~Schmeckt es Ihnen?~~   Nein danke, ich habe noch genug.

a) ○ *Guten Appetit!* _____
   □ *Danke.* _____
   ○ *Schmeckt es Ihnen?* _____
   □ _____
   ○ _____
   □ _____
   ○ _____
   □ _____
   ○ _____
   □ _____

b) ○ _____
   □ _____
   ○ _____
   □ _____
   ○ _____
   □ _____
   ○ _____
   □ _____
   ○ _____
   □ _____

Restaurants

Italienisch

Fra Mario

Barmbeker Straße 26
Hamburg 60
Telefon 77 41 05
Geöffnet 12 bis 15 Uhr und
18 bis 23 Uhr
Samstag geschlossen.

Hier haben nur die Preise große Qualität, das Essen leider nicht. Die Salate sind nicht frisch, die Nudelgerichte oft kalt und die Fleischgerichte zu fett. Die kleinen Portionen machen Sie bestimmt nicht satt. Hier kocht man ohne Phantasie. Man wartet sehr lange auf das Essen, und die Bedienung ist auch nicht immer sehr freundlich.

Griechisch

Taverna Rhodos

Orleanstraße 26
Hamburg 15
Telefon 89 75 36
Geöffnet 12 bis 1 Uhr
Montag geschlossen.

Die griechische Küche ist sehr einfach und die Speisekarten in griechischen Restaurants meistens gleich. Aber junge Leute und Studenten finden das Essen nicht schlecht. Denn es ist nicht teuer, und man bekommt große Portionen. Das gilt auch für die „Taverna Rhodos": Kalamaris (11 Mark) oder Souflaki (9 Mark). Frische Salate gibt es für 4 bis 6 Mark, eine Flasche Retsina für 11 Mark. Der Service ist sehr freundlich.

Französisch

Le Canard

Karolinenstraße 4
Hamburg 12
Telefon 17 25 80
Geöffnet Montag bis Samstag
von 12 bis 15 und 18 bis 24 Uhr.

Fast alle Franzosen in Hamburg sind Luxus-Restaurants. Auch im „Canard" hat die Küche phantastische Qualität, aber alle Hauptgerichte kosten unter 30 Mark. Das Restaurant hat eine gemütliche Atmosphäre. Man sitzt gut und bequem hier und trinkt auch nach dem Essen gern noch zwei oder drei Gläser Wein. Es gibt nur ein Problem im „Canard": Abends bekommen Sie nicht immer einen Platz.

Spanisch

Casa de Sevilla

Rahlskamp 36
Hamburg 54
Telefon 72 50 93
Täglich geöffnet von
11 bis ca. 24 Uhr.

Dieses kleine Restaurant liegt am Hafen. Man sitzt dort sehr gemütlich. Eine Flasche Wein kostet nur 13,50 Mark, und auch das Essen ist nicht teuer. Es gibt einfache, aber sehr gute spanische Fleisch-, Fisch- und Geflügelgerichte mit viel Knoblauch. Nicht so gut finden wir die Salate. Für 40 Mark werden zwei Personen hier gut satt.

Peruaner in der Bundesrepublik

Heidelberg –
hier wohnt die Familie Balius.

Essen wie zu Haus ist hier leider ein Luxus

Etwa 1200 Peruaner arbeiten oder studieren in der Bundesrepublik. Das peruanische Ehepaar Maribel (30) und Mario (29) Balius z. B. wohnen in Heidelberg. Sie kommen aus Callao bei Lima, und sie haben zwei Kinder: Isabel (6) und Diego (8). Die Familie Balius lebt seit 4 Jahren in der Bundesrepublik. Frau Balius studiert noch und möchte an der Universität Heidelberg das Examen machen. Ihr Mann ist Elektronik-Ingenieur und arbeitet bei einer Computer-Firma in Heidelberg.

Frau Balius kocht gerne deutsch. Sie hat viele deutsche Kochbücher. Aber meistens ißt die Familie peruanisch.

„Einkaufen ist in Heidelberg kein Problem. Wir bekommen meistens alles: in Supermärkten, Kaufhäusern, Feinkostgeschäften und auf Märkten. Aber peruanische Lebensmittel sind hier nicht billig", so Frau Balius. Das findet ihr Mann auch: „Essen wie zu Hause ist hier leider ein Luxus. Aber auch normale Lebensmittel wie Fleisch, Brot, Mehl, Milch, Obst und Gemüse sind in Peru viel billiger."

Ein kleines Problem sind nur die Gewürze. „Aber auch die gibt es hier. Ich kaufe sie in ausländischen Feinkostgeschäften, aber auch in Apotheken bekommt man Gewürze", sagt Frau Balius.

Und so macht Maribel Balius Tortillas:

1. Teig aus Maismehl, Salz und Wasser.
2. Bälle formen.
3. In Plastikfolie legen.
4. Pressen oder dünn ausrollen.
5. Folie abnehmen.
6. In einer Pfanne ohne Fett trocknen.
7. In Öl goldgelb braten.

Lektion 5

1. Ergänzen Sie.

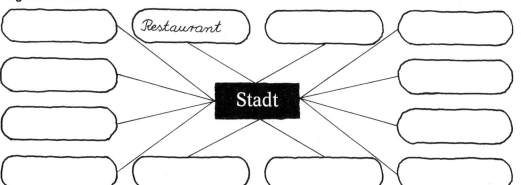

Restaurant

Stadt

2. Was machen die Leute? Schreiben Sie.

arbeiten, aufräumen, ~~aufstehen~~, Briefe schreiben, bedienen, einkaufen, essen, fernsehen, kochen, flirten, fotografieren, Fußball spielen, Musik hören, tanzen, Tischtennis spielen, trinken, schlafen, schwimmen, spazierengehen, lesen

a) *aufstehen* _____

d) _____

g) _____

j) _____

b) _____

e) _____

h) _____

k) _____

c) _____

f) _____

i) _____

l) _____

Lektion 5

m) _____

o) _____

q) _____

s) _____

n) _____

p) _____

r) _____

t) _____

3. Elisabeths Tagesablauf. Schreiben Sie.

| Abendbrot essen, | arbeiten gehen, | ~~aufräumen~~, | ~~aufstehen~~, | Mittag essen, |
| einkaufen, | fernsehen, | Pause machen, | | schlafen gehen |

a) *Um 7.00 Uhr steht sie auf.*

c) *Um* _____

e) _____

b) _____

d) _____

f) _____

g) ——————————— h) ——————————— i) ———————————

4. Schreiben Sie.

B1
GR

a) Um 7.00 Uhr aufstehen (Renate) / um 9.00 Uhr aufstehen

○ *Renate steht um 7.00 Uhr auf. Möchtest du auch um 7.00 Uhr aufstehen?*
□ *Nein, ich stehe lieber um 9.00 Uhr auf.*

Ebenso:

b) Tischtennis spielen (Bernd)/Fußball spielen
c) die Küche aufräumen (Juan)/weggehen
d) Musik hören (Carlo)/spazierengehen

e) essen gehen (Robert)/tanzen gehen
f) einkaufen (Levent)/schwimmen gehen
g) fernsehen (Linda)/Tischtennis spielen

5. Schreiben Sie.

B1
BD

erst ◄——————— 12.00 Uhr ———————► schon

| Nacht | Morgen | Mittag | Nachmittag | Abend | Nacht |

Ebenso:
In London ist es
12.00 Uhr mittags.
Wie spät ist
es dann in ...
c) Buenos Aires (8)?
d) Helsinki (13)?
e) Karatschi (17)?
f) New York (6)?
g) Peking (20)?
h) Anchorage (1)?
i) New Orleans (5)?
j) Wellington (24)?
k) Kairo (14)?

In London (10) ist es 12.00 Uhr.
Wie spät ist es dann in ...
a) Tokio (22)? *In Tokio ist es dann schon 21.00 Uhr.*
b) Los Angeles (3)? *In Los Angeles ist es dann erst 4.00 Uhr.*

Lektion 5

6. ‚Schon‘, ‚noch‘ oder ‚erst‘? Ergänzen Sie.

a) Um 5.00 Uhr schläft Frieda Still _noch_. Frank Michel steht dann _____ auf.
_____ um 9.00 Uhr steht Frieda Still auf.

b) Anne Hinkel geht _____ um 21.00 Uhr schlafen. Dann tanzt Frieda Still _____.
Klaus geht _____ um 2.00 Uhr schlafen.

c) _____ um 1.00 Uhr geht Frieda Still schlafen. Klaus Berger trinkt dann _____
Bier. Anne Hinkel und Frank Michel schlafen dann _____.

7. Was stimmt hier nicht? Vergleichen Sie Text und Bild.

a) 10.00 Uhr

b) 11.30 Uhr

c) 12.30 Uhr

d) 13.00 Uhr

e) 14.00 Uhr

f) 16.00 Uhr

g) 22.00 Uhr

h) 1.00 Uhr

An Bord, 28. 6. 83

Lieber Mathias,

die Zeit hier ist nicht sehr schön. Ich stehe schon um 7.00 Uhr auf und gehe morgens auf Deck spazieren. Man kann hier nicht viel machen: nicht schwimmen, nicht Tischtennis spielen, nicht tanzen, man trifft keine Leute, und es gibt auch kein Kino und keinen Nachtclub. Ich esse hier sehr wenig, denn das Essen schmeckt nicht gut. Nachmittags lese ich Bücher oder schreibe Briefe. Abends sehe ich viel fern und gehe schon um 9.00 Uhr schlafen.

Herzliche Grüße
Deine Babsi

Was macht Babsi?

a) Sie steht erst um 10.00 Uhr auf.

b) Sie spielt um ...

Was schreibt Babsi?

Ich stehe schon um 7.00 Uhr auf.

Ich gehe morgens ...

Ebenso: c, d, e, f, g, h

8. Schreiben Sie jetzt den Brief richtig.

B1
SA

An Bord, 28. 6. 83

Lieber Mathias,

die Zeit hier ist phantastisch. Ich stehe

um 10.00 Uhr ...

9. Was paßt zusammen? Bilden Sie Beispielsätze.

B2/3
WS

		a) kochen	b) lernen	c) machen	d) studieren	e) sprechen	f) schreiben	g) lesen	h) hören	i) essen	j) aufräumen	k) gehen	l) treffen	m) spielen	n) trinken	o) suchen
A	Briefe															
B	Chemie															
C	Deutsch															
D	ein Buch															
E	einen Dialog															
F	die Küche															
G	essen															
H	Kaffee	X														
I	Leute															
J	Musik															
K	Peter															
L	tanzen															
M	Betten															
N	schwimmen															
O	Suppe	X														
P	Tischtennis															
Q	einkaufen															
R	ins Kino															

10. Was kann man da machen? Schreiben Sie.

B2/3
WS

a) Restaurant: *essen,* _____   d) Schwimmbad: _____   g) Bar: _____

b) Café: _____   e) Diskothek: _____   h) Geschäft: _____

c) Sportzentrum: _____   f) Nachtclub: _____   i) Bibliothek: _____

Lektion 5

B2/3
WS

11. Wann? Wie lange? Schreiben Sie. Bilden Sie Beispielsätze.

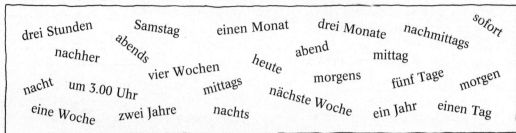

drei Stunden   Samstag   einen Monat   drei Monate   nachmittags   sofort

nachher   abends   abend   mittag

nacht   um 3.00 Uhr   vier Wochen   heute   morgens   fünf Tage   morgen

eine Woche   zwei Jahre   mittags   nachts   nächste Woche   ein Jahr   einen Tag

a)

Wann?	Pause machen Zeit haben arbeiten
Samstag abend	
heute mittag	

b)

Wie lange?	Pause machen Zeit haben arbeiten
drei Stunden	

B2/3
GR

12. Wohin gehen Sie dann? Schreiben Sie.

Sie möchten . . .   Wohin gehen Sie dann?

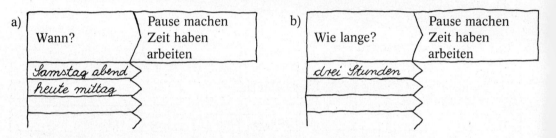

A	ein Buch kaufen.	1	Pfälzer Weinkeller	
B	vietnamesisch essen.	2	Central Kino	
C	tanzen gehen.	3	„Clochard"	*Ins „Clochard"*
D	ein Bier trinken.	4	Café Hag	
E	Bücher lesen.	5	Buchhandlung Herbst	
F	Tischtennis spielen.	6	Metzgerei Koch	
G	schwimmen gehen.	7	Diskothek Jet Dancing	
H	einen Wein trinken.	8	Restaurant Mekong	
I	einen Kuchen essen.	9	Sportzentrum	
J	Fleisch kaufen.	10	Schwimmbad	
K	einen Film sehen.	11	Stadt-Bibliothek	

B2/3
GR

13. Ihre Grammatik: Ergänzen Sie.

Schwimmbad, Bibliothek, ~~Restaurant~~, Café, „Clochard", Kino, Buchhandlung, Theater,
Konzert, Nachtclub, Weinkeller, Sportzentrum, Bar, Diskothek, Metzgerei

a)   b)   c)
DER   DAS   DIE

a) *in den* _____   b) *ins Restaurant* _____   c) *in die* _____

_____   _____   _____

_____   _____   _____

_____   _____   _____

Lektion 5

14. Fragen Sie.

a) <u>Auf Deck 5</u> hören Leute Musik. *Wo hören Leute Musik ?*
b) Frank steht <u>um 5.00 Uhr</u> auf.
c) Auf Deck 10 ist <u>ein Kino</u>.
d) <u>Anne Hinkel</u> ist Krankenschwester.

Ebenso
e) Um 19.00 Uhr gehen sie <u>ins Theater</u>.
f) Um 6.00 Uhr fängt <u>seine Arbeit</u> an.
g) <u>Eine Stunde</u> möchte er schwimmen.
h) Im „Clochard" kann man <u>Bier</u> trinken.
i) Sie arbeitet <u>40 Stunden</u> pro <u>Woche</u>.
j) Das Kino fängt <u>um 9.00 Uhr</u> an.
k) Sie gehen heute abend <u>ins Kino</u>.

15. Ihre Grammatik: Ergänzen Sie.

Infinitiv	können					essen
ich		muß				
du	kannst					
Sie		fahren				
er, sie, es, man						arbeitet
wir			lesen			
ihr						
Sie						
sie				nehmen		
Imperativ (du)			Lies!			
Imperativ (ihr)						Arbeitet!
Imperativ (Sie)	Fahren Sie!					

16. Ihre Grammatik: Ergänzen Sie.

a) Auf Deck 4 spielen Leute Tischtennis.
b) Schwimmen kann man auf Deck 3.
c) Um 5.00 Uhr muß Frank Michel aufstehen.
d) Um 6.00 Uhr fängt er schon seine Arbeit an.
e) Gehen wir nachher noch essen?
f) Gehen wir nachher noch weg?
g) Kommst du Dienstag mit?
h) Kannst du Dienstag mitkommen?

	Inversions-signal	Subjekt	Verb	Subjekt	Angabe	obligatorische Ergänzung	Verb
a)	Auf Deck 4		spielen	Leute		Tischtennis.	
b)	SCHWIMMEN		KANN	MAN		AUF DECK 3	
c)	UM 5. UHR		MUß	F. MICHEL			AUFSTEHEN
d)	UM 6. UHR		FÄNGT	ER	SCHON	SEINE ARBEIT	AN
e)			GEHEN	WIR	NACHHER NOCH		ESSEN
f)			GEHEN	WIR	NACHHER NOCH		WEG
g)			KOMMST	DU	DIENSTAG		MIT
h)			KANNST	du	DIENSTAG		mitkommen

Lektion 5

B2/3
GR

17. Wie spät ist es? Schreiben Sie die Uhrzeiten.

a) 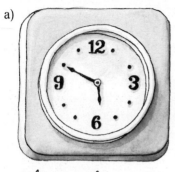 b)  c)

zehn vor sechs _____ _____

Ebenso:

d)   f)   h)   j)   l)   n)

e)   g)   i)   k)   m)   o)

B2/3
BD

18. Ergänzen Sie die Dialoge.

a) ○ *Ich möchte mal wieder schwimmen gehen. Kommst du mit?*
☐ _____
○ *Kannst du morgen abend?*
☐ _____
○ *So um halb sieben.*
☐ _____

b) ○ _____
☐ *In die Discothek? Ja, gern. Wann denn?*
○ _____
☐ *Freitag abend geht nicht. Da möchte ich fernsehen.*
○ _____
☐ *Samstag geht gut. Um wieviel Uhr?*
○ _____
☐ *Gut, also um acht.*

c) ○ _____
☐ *Nein, ich habe keinen Hunger.*
○ *Möchtest du lieber tanzen gehen?*
☐ _____
○ _____
☐ *Ins „Clochard"? Das finde ich nicht gut.*

d) ○ *Gehen wir nachher noch weg?*
☐ _____
○ *In dem Pfälzer Weinkeller, einen Wein trinken.*
☐ _____
○ *Wir können auch ins „Clochard" gehen.*
☐ _____
○ *Ja, das Essen ist da sehr gut.*
☐ _____

Lektion 5

19. ‚Können' oder ‚müssen'? Was paßt?

B2/3
BD

a) Frau und Herr Werner haben eine Wohnung in Bruchköbel. Sie *müssen* jeden Monat 1200,– DM Miete bezahlen.

b) Herr Werner _____ jeden Tag nach Frankfurt fahren. Denn er arbeitet in Frankfurt und wohnt in Bruchköbel.

c) Frank Michel ist Kellner. Er _____ um 5.00 Uhr aufstehen.

d) Frieda Still ist Touristin. Sie _____ nicht um 5.00 Uhr aufstehen, sie _____ bis 9.00 Uhr schlafen.

e) Anne Hinkel _____ schon um 7.00 Uhr arbeiten. Frieda Still _____ dann noch schlafen.

f) Frieda Still _____ um 9.00 Uhr aufstehen. Denn man _____ nur bis 10.00 Uhr frühstücken.

g) Im Pfälzer Weinkeller _____ man bis 22.00 Uhr essen.

h) Frau Herbst _____ heute nicht ins Kino gehen. Sie hat Gäste und _____ kochen.

i) Frau Herbst _____ nur mittags einkaufen. Denn vormittags und nachmittags _____ sie arbeiten.

j) Petra _____ die Wohnung in Altona nicht nehmen. Denn 480,– DM _____ sie nicht bezahlen.

20. Was paßt zusammen?

B2/3
BD

A	Haben Sie heute Zeit?
B	Kommst du morgen abend?
C	Wann haben Sie Zeit?
D	Geht es um 15.00 Uhr?
E	Mußt du Samstag arbeiten?
F	Ich möchte essen gehen. Kommst du mit?
G	Komm, wir müssen gehen.
H	Gehen wir nachher noch weg?
I	Wann können Sie?

1	Nein, ich habe keine Lust.
2	Nein, noch nicht. Es ist erst Viertel vor acht.
3	Nein, aber Dienstag abend.
4	Nein, ich bin satt.
5	Nein, da habe ich Deutschkurs.
6	So um acht.
7	Ja, gern. Wann denn?
8	Ja, vielleicht. Wohin denn?
9	Tut mir leid, da habe ich keine Zeit.
10	Um wieviel Uhr?
11	Ach ja, richtig.
12	Samstag nicht, aber Sonntag.

A	B	C	D	E	F	G	H	I
3, 5, 7, 9, 10								

49

Lektion 5

B2/3
BD

21. ‚Können' hat drei wichtige Bedeutungen: A, B und C.

A

Sie kann nicht Ski fahren.
Sie ist krank.

A

Hier kann sie nicht Ski fah-
ren. Es gibt keinen Schnee.

A

Er hat keine Zeit. Er kann
nicht Ski fahren.

B

Hier kann er nicht Ski fah-
ren. Es ist verboten.

C

Er kann nicht Ski fahren. Er
lernt Ski fahren.

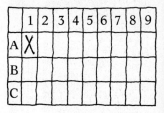

	1	2	3	4	5	6	7	8	9
A	X								
B									
C									

Welche Bedeutung hat ‚können' hier?

1

Hier kann man nicht
schwimmen.

4

Hier kann man nicht gehen.

7

Sie kann nicht ins Kino
gehen.

2

Er kann nicht schwimmen.

5

Er kann nicht schreiben.

8

Es kann noch nicht gehen.

3

Hier kann sie nicht parken.

6

Sie kann nicht schwimmen.

9

Hier kann man essen.

AKTIVITÄTEN

concert concept concerte

Philharmonie
Do., 1.4.82. 20 Uhr
Tina Turner
Show '82

Deutschlandhalle
Mi., 14.4.82. 19 Uhr
The 1st International Festival of Country Music 1982
Kris Kristofferson. Jerry Lee Lewis. Marty Robbins. Don Williams. Boxcar Willie. Lonnie Donegan. Jerry Foster. Roy Orbison. George Hamilton IV. Rose Marie. Jeannie C riley. Superpickers. Billy Swan. Gunter Gabriel

Metropol
So., 18.4.82. 18 Uhr
'Automatic World'
The Teens

Philharmonie
Mo., 19.4.82. 21 Uhr
The King of Vibraphon
Lionel Hampton
+ Big Band

Hochschule
Mo. 19.4.82. 20 Uhr
Di. 20.4.82. 20 Uhr
Zwei weitere Abende mit
Hermann Van Veen

Metropol
Do., 22.4.82. 21 Uhr
Bel Ami
Concert '82

Metropol
So., 25.4.82. 21 Uhr
Rock from Detroit City
Mitch Ryder
in concert

Metropol
Mi., 28.2.82. 21 Uhr
'Tanzen gehn'
UKW
Ultrakurzwellen

ICC-Saal 2
Do. '29.4.82. 20 Uhr
Ry Cooder
+ Band

Philharmonie
Mo., 3.5.82. 20 Uhr
Tropical Dreams
Goombay Dance Band

Metropol
Mi., 5.5.82. 21 Uhr
John Watts
= Fischer Z

Außerdem im Vorverkauf:
6.5. BILLY PRESTON
12.5. SCORPIONS + FRANK ZAPPA
13.5. ELTON JOHN
17.5. THE CURE
19.5. JOACHIM WITT
26.5. THIRD WORLD
3.6. MINK DE VILLE

Karten an der concert casse
Hauptstr. 83, 1 Berlin 41
Tel. 852 40 80 und an allen bekannten Vorverkaufsstellen und Theaterkassen.
Tel. Konzert-Karten-Service: 852 40 80
Kartenversand auch per Post

Faust Regie: Klaus Michael Grüber mit Bernhard Minetti, Peter Fitz, Nina Dittbrenner, Gerd David und Kurt Hübner.
**26., 27., 28., 30. und 31. März;
2., 3., 6. und 8. April jeweils 20 Uhr**
– Der Vorverkauf hat begonnen –

FREIE VOLKSBÜHNE
Schaperstraße 24, 1000 Berlin 15
U-Bahn Spichernstraße, Telefon 8 81 37 42

EIN FASSBINDER-FILM

ROSEL ZECH in
DIE SEHNSUCHT DER VERONIKA VOSS

LUPE 2
Am Olivaer Platz 15 – Tel. 881 11 70
Tägl. 18.30 + 20.45
Sa. auch 23.00

palette am zoo
im Hause ZOOPALAST • Tel.: 261 15 57/58
Täglich
14.15, 16.30, 18.45+21.00

---

go·in sit·in tägl. ab 20h
GO·IN
berlin 12
bleibtreustr. 17
Tel: 881 72 18

folk·songs chansons literarisches cabarett galerie

Fr., 1.4.	Kabarett & Klassik	Ein Abend mit Michael Z. + Klaus-Michael Krause
Mo., 4.4. + Mo., 11.4.	Volk goes Folk	
Mi. 6.4. + Mi. 13.4.	Abend der jungen Talente!	
	Eintritt frei!	
So. 10.4.	Balladen-Revue mit Peter Jahns & Freunden	
Di. + Do.	Geschlossene Gesellschaft!	

Programmänderungen und -erweiterungen vorbehalten (bitte telefonisch erfragen, 8817218)

Kleinanzeigen

● **Suche Tanzpartner für** FS-Kurs oder Hobby-klasse. Bin W, 23 J., 160 cm, 54 kg. Zuschriften bitte mit Bild und Tel. KW: Standardtänze, Nr. 07 0807

● **Schach, mittelgut** – möchte gern regelmäßig spielen, vielleicht alle 14 Tage, abends. M, 50. Telefon 7 95 96 60

● **Suche netten Partner oder** Partnerin zum Radeln, Wandern, Schwimmen. Bin 40/156, weiblich. KW: Aktivitäten, Nr. 07 0717

● **W., 37 J., suche liebe** Menschen um 35, auch mit Tagesfreizeit. f. gemeinsame Aktivitäten, z.B. Konzert, Theater, Kino, Radfahren, Tischtennis, Schlittschuhlaufen u. Gedankenaustausch. KW: liebe Menschen, Nr. 07 0022

● **W 18 sucht Freundin** zum Tanzengehen. Disco (Soul) da ich im Moment alleine bin! KW: Disco, Nr. 07 0862

Zentrum für Musikunterricht Tel 4 16 78 09

● **Ballhaus Tiergarten** – Freizeitzentrum Mai 82. Großer Garten, Musikarena für 700 Leute. Volkstheater – Bühne – TV – Videothek – Teestube – Weinkeller – Klassik – Rock – New Wave. Kontakt: Samstag 10–15 Uhr

● **Zwei W um 25 suchen W's** und M's für gemeinsame Aktivitäten (Kino, Kneipe, Theater etc.) Telefon: 3811805/6141246

● **Tennis Partner(in)** für Montag vormittag. Bin W, 36, mittelmäßige Spielerin. Telefon 3 91 31 31, Uschi, Di–Fr ab 18 Uhr

ona nimmt mich öfters mit ins Kino. Ich sehe mir den Film an, und er schnarcht.

Bettina

Volkshochschule – die Schule für Erwachsene

Ungefähr 4,6 Millionen Erwachsene pro Jahr besuchen in der Freizeit Kurse in einer Volkshochschule. Fast jede Stadt oder jeder Landkreis hat eine Volkshochschule. Es gibt ungefähr 900 in der Bundesrepublik. 66% der Teilnehmer sind übrigens Frauen, nur 33% Männer.

Die Kurse fangen meistens abends um 18.00 oder 19.00 Uhr an. Jeder kann mitmachen, auch Ausländer. Das Kursangebot ist sehr groß. Man kann z.B. tanzen, schwimmen und kochen lernen. Es gibt aber auch Kurse für Mathematik, Naturwissenschaften, Philosophie, Psychologie, Kunst und Politik. Sehr beliebt sind Sprachen-Kurse: vor allem Englisch, Französisch, Spanisch und Deutsch als Fremdsprache, aber es gibt auch Griechisch, Japanisch usw.

„Unsere Volkshochschul-Zertifikate haben einen hohen Prestigewert", meint Hans Limmer, Programm-Direktor der Münchner Volkshochschule. Die Zertifikate gibt es für Sprachen, Naturwissenschaften oder berufskundliche Fächer.

Sie möchten einen Kurs machen? Dann studieren Sie erst mal das Kursangebot. In Ihrer Volkshochschule, oft auch in Buchhandlungen, bekommen Sie ein Informationsheft. Auch die Anmeldetermine finden Sie in dem Heft. Es gibt zwei Semester: das Frühjahrssemester (ungefähr Januar bis Mai/Juni) und das Herbstsemester (ungefähr August bis Dezember). Im Sommer sind die Volkshochschulen geschlossen.

Ein Kurs hat pro Semester zwischen 40 und 60 Stunden (45 Minuten). Es gibt aber auch längere Kurse. Eine Stunde kostet ungefähr zwischen 1,20 und 6,00 Mark. Die Volkshochschule ist also nicht sehr teuer.

Wer sind die Lehrer? Nicht nur Lehrer mit Examen, auch Laien-Lehrer (z.B Studenten, Hausfrauen) mit guten Spezialkenntnissen können in der Volkshochschule Lehrer sein.

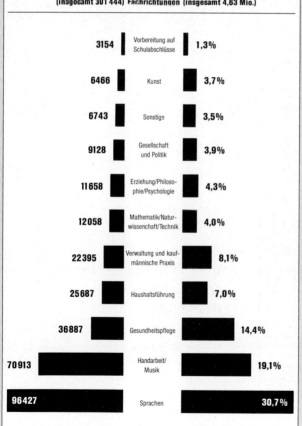

So beliebt sind Volkshochschulkurse

Anzahl der Kurse (insgesamt 301 444) Fachrichtungen Kursteilnehmer (insgesamt 4,63 Mio.)

Anzahl der Kurse	Fachrichtungen	Kursteilnehmer
3154	Vorbereitung auf Schulabschlüsse	1,3%
6466	Kunst	3,7%
6743	Sonstige	3,5%
9128	Gesellschaft und Politik	3,9%
11658	Erziehung/Philosophie/Psychologie	4,3%
12058	Mathematik/Naturwissenschaft/Technik	4,0%
22395	Verwaltung und kaufmännische Praxis	8,1%
25687	Haushaltsführung	7,0%
36887	Gesundheitspflege	14,4%
70913	Handarbeit/Musik	19,1%
96427	Sprachen	30,7%

DEUTSCH ALS FREMDSPRACHE

Stufe	Kursbezeichnung		
Anfängerstufe	Deutsch I –	2x	wöchentlich
	Deutsch II –	2x	"
Mittelstufe	Deutsch III –	2x	"
	Deutsch IV –	2x	"
Grundbaustein	Deutsch V –	2x	"
Abschlußstufe	Deutsch VI –	2x	"
Zertifikats-vorbereitung	Deutsch VII –	2x	"
Ausbaustufe	Deutsch VIII –	2x	"
Mittel-stufenprüfung	Deutsch IX –	2x	"

H 6109 B
Rolf Brüseke

ab 5. 9. 1983
13x je montags
und donnerstags
19.00–20.30 Uhr
August-Dicke-Schule

52 U-Std.
DM 62,40

F 6104 B
Heidi Oehme-Rehm

ab 23. 1. 1984
15x je montags
und donnerstags
19.00–20.30 Uhr
Schulgebäude Elsa-Brandström-Straße 8

60 U-Std.
DM 72,–

H 6107 B
Eva Schaake

ab 5. 9. 1983
13x je montags
und donnerstags
18.15–19.45 Uhr
Hauptschule Ohligs

52 U-Std.
DM 62,40

F 6102 B
Edda Grunwald

ab 23. 1. 1984
15x je montags
und donnerstags
19.00–20.30 Uhr
August-Dicke-Schule

60 U-Std.
DM 72,–

Wann

Sie sich anmelden können, sehen Sie an dem Zeichen **vor** der Kursnummer:

H heißt: Herbstsemester 1983. Es beginnt am 5. 9. 1983. Also **sofort** anmelden.

F heißt: Frühjahrssemester 1984. Es beginnt am 23. 1. 1984.

Anmelden erst im Dezember 1983 oder Januar 1984.

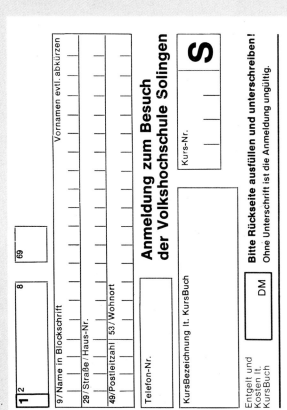

Postkarte

An die
Volkshochschule der
Stadt Solingen
Flurstr. 31

5650 Solingen 1

Lektion 6

1. Ergänzen Sie.

2. Was paßt?

dunkel	ruhig	billig	scharf	schön	neu	süß	zentral	alt
kalt	häßlich		gemütlich		warm		schnell	laut
bequem	modern	fett	frisch	sauer	praktisch		teuer	langsam

a) Auto: _bequem, schnell,_ ___   Wein: _sauer,_ ___
   Wohnung: ___   Leute: ___
   Kuchen: ___   Suppe: ___
   Fleisch: ___   Buch: ___
   Hotel: ___   Café: ___
   Möbel: ___   Arbeit: ___

b)
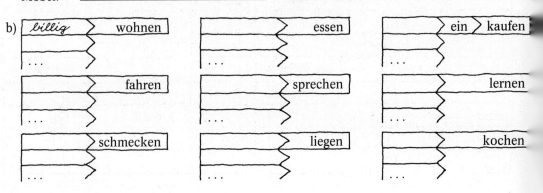

54

3. Ergänzen Sie. B1/2 WS

a) neu – _alt_   f) schön – _____   k) hell – _____
b) billig – _____   g) bequem – _____   l) sauer – _____
c) kalt – _____   h) modern – _____   m) gemütlich – _____
d) schnell – _____   i) laut – _____   n) schlecht – _____
e) frisch – _____   j) groß – _____   o) praktisch – _____

4. Bilden Sie Sätze. B1/2 GR

a) | teuer > sein | Schloßhotel (630 Schilling) – Pension Hofmann (200 Schilling) – Forellenhof (160 Schilling)

Die Pension Hofmann ist teurer als der Forellenhof,
aber am teuersten ist das Schloßhotel.

Ebenso:

b) | zentral > liegen | Schloßhotel (im Zentrum) – Pension Hofmann (1 km zum Zentrum) – Campingplatz (3 km zum Zentrum)

c) | groß > sein | Hamburg (1 698 615) – Bonn (283 156) – Frankfurt (631 400)

d) | alt > sein | Universität Prag (1348) – Universität Straßburg (1621) – Universität Berlin (1809)

e) | teuer > sein | Hähnchen (+) – Kotelett (++) – Steak (+++) (+ = teuer)

f) | schwimmen > können | Veronika (+) – Marion (++) – Julia (+++) (+ = schnell)

g) | tanzen ... > mögen | Monika: tanzen (+) – ins Kino gehen (++) – Freunde treffen (+++) (+ = gern)

h) | Deutsch > sprechen | Linda (+) – Lucienne (++) – Yasmin (+++) (+ = gut)

i) | schön > wohnen | Bernd (+) – Thomas (++) – Jochen (+++) (+ = schön)

5. Ihre Grammtik: Ergänzen Sie. B1/2 GR

bequem	bequemer	am bequemsten		wärmer	
		am ruhigsten	kurz		
klein					am kältesten
	zentraler		alt		
		am gemütlichsten			am größten
		am weitesten	teuer		
neu				besser	
laut			gern		
	schlechter				am meisten

55

Lektion 6

B1/2
GR

6. Nehmen Sie die Pension Fraunhofer oder das Hotel Bellevue? Warum?

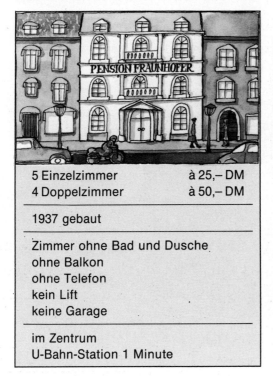

5 Einzelzimmer	à 25,– DM
4 Doppelzimmer	à 50,– DM

1937 gebaut

Zimmer ohne Bad und Dusche
ohne Balkon
ohne Telefon
kein Lift
keine Garage

im Zentrum
U-Bahn-Station 1 Minute

10 Einzelzimmer	à 40,– DM
25 Doppelzimmer	à 65,– DM

1980 gebaut

Zimmer mit Bad und Dusche
mit Balkon
ohne Telefon und Fernseher
Lift
Garage

im Wald (7 km zum Zentrum)
Bushaltestelle 1 km

a) Ich nehme die Pension Fraunhofer. Warum?   _Sie ist ... als ..._
Sie ...

b) Ich nehme das Hotel Bellevue. Warum?   _Es ist ... als ..._

B1/2
GR

7. Ergänzen Sie.

wohin? >	fahren gehen steigen

an d ... auf d ... in d ... nach ... >	fahren gehen steigen

a) das Kino   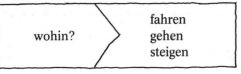 _ins Kino   gehen_

Ebenso:

b) das Theater
c) der Vesuv
d) das Gebirge
e) der Rhein
f) die Türkei

g) der Atlantik
h) das Ruhrgebiet
i) Tokio
j) die Mosel
k) Österreich

l) die Nordsee
m) das Café
n) der Nanga Parbat
o) die Dolomiten
p) die Diskothek

q) Linz
r) die Berge
s) Japan
t) der Bodensee
u) die Alpen

56

8. Bilden Sie Sätze.

B1/2
GR

a) bergsteigen (ich) – Alpen

○ *Ich möchte gern bergsteigen.*

□ *Fahr doch in die Alpen, da kann man gut bergsteigen.*

Ebenso:

b) schwimmen (ich) – Mittelmeer
c) wandern (wir) – Harz
d) spazierengehen (wir) – Stadtpark
e) Englisch lernen (ich) – London
f) baden (wir) – Nordsee
g) radfahren (wir) – Dänemark

h) segeln (ich) – Bodensee
i) essen gehen (wir) – China Restaurant Nanking
j) tanzen gehen (ich) – Diskothek Jet Dancing
k) Kuchen essen (ich) – Café Hag
l) Ski laufen (wir) – Dolomiten
m) Wein trinken gehen (wir) – Pfälzer Weinkeller

9. Bilden Sie Sätze.

B1/2
GR

a) ○ | Wo? | Urlaub | machen | ○ *Wo machen Sie dieses Jahr Urlaub?*

b) □ | an die Ostsee | fahren | mögen | □ *Ich möchte*

c) ○ | Warum (nicht) | an die Nordsee | fahren | ○ _____ ?

d) □ | schöner | sein | □ *Die Ostsee*

| Wohin? | fahren | *Und wohin* ?

e) ○ | in die Schweiz | fahren | ○ _____

Ihre Grammatik: Ergänzen Sie.

	Inversions-signal	Subjekt	Verb	Subjekt	Angabe	obligatorische Ergänzung	Verb
a	*Wo*		*machen*	*Sie*	*dieses Jahr*	*Urlaub?*	
b							
c							
d							
e							

10. Welche Antwort paßt?

B1/2
BD

a) *Können Sie etwas empfehlen?*
 Ⓐ Ja, ein Zimmer ist frei.
 Ⓑ Nein, das ist zu teuer.
 Ⓒ Ja, die Pension Fraunhofer.

b) *Kann man da auch essen?*
 Ⓐ Nein, es gibt kein Restaurant.
 Ⓑ Ja, mit Frühstück.
 Ⓒ Nein, ohne Abendbrot.

c) *Wie weit ist es zum Zentrum?*
 Ⓐ Nicht sehr laut.
 Ⓑ Nur 1 km.
 Ⓒ Sehr zentral.

d) *Liegt die Pension ruhig?*
 Ⓐ Es geht.
 Ⓑ Nein, sehr schlecht.
 Ⓒ Ja, sehr schön.

Lektion 6

B1/2
BD

11. Was paßt zusammen?

A	Was kostet das Zimmer?	1	Die Pension Oase ist ganz gut.
B	Liegt die Pension zentral?	2	Ja, aber zum Zentrum sind es 5 km.
C	Können Sie eine Pension empfehlen?	3	Nur 2 Minuten.
D	Liegt das Hotel ruhig?	4	Nein, es ist ohne Telefon.
E	Wie weit ist es ins Zentrum?	5	Ja, es gibt ein Restaurant.
F	Hat das Zimmer Telefon?	6	350 Schilling.
G	Gibt es Garagen?	7	Nur eine Dusche.
H	Ist der Preis mit oder ohne Frühstück?	8	Ja, fünf Stück.
I	Kann man im Hotel auch essen?	9	Ja, direkt im Zentrum.
J	Hat das Zimmer Bad oder Dusche?	10	Mit natürlich.

A	B	C	D	E	F	G	H	I	J
6									

B1/2
BD

12. Schreiben Sie einen Dialog.

Sie suchen in Linz ein Zimmer und gehen in die Tourist-Information.
Sie möchten einige Informationen und fragen.

Wie weit?	Bad?	laut?	Garage?	Privatzimmer?	billig?	Radio?
Verkehrsverbindungen?		Hotel?	teuer?	Pension?	Restaurant?	
Dusche?	Parkplätze?	Telefon?	zentral?	Fernsehen?	Zimmer frei?	

○ *Guten Tag. Wir suchen in Linz ein Zimmer.*

□ _____

○ ...

58

13. Ergänzen Sie.

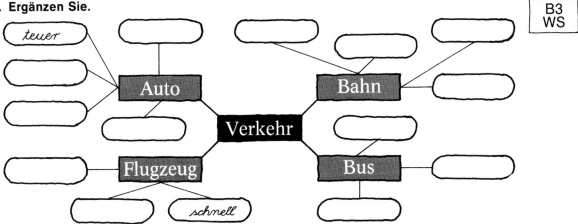

14. Bilden Sie Wörter.

Auto – Auto – Bahn – bahn – bahn – bindungen – ~~city~~ – Eisen – fah– fah – fahrt – fahrt –
flie – Flug – gen – gen – hafen – ~~Inter~~ – Ma – ren – ren – schine – stei – um – ver – Zug –

a) Bahn	b) Auto	c) Flugzeug
Intercity,		

15. Was paßt zusammen?

		a) fliegen	b) umsteigen	c) ankommen	d) fahren	e) steigen	f) liegen	g) empfehlen	h) dauern	i) suchen	j) abfahren	k) machen	l) mieten	m) nehmen
A	ein Hotelzimmer							X		X				X
B	Urlaub													
C	eine Pension													
D	den Zug													
E	ein Auto													
F	um 12.00 Uhr													
G	Bahn													
H	in Frankfurt													
I	auf Gleis 5													
J	einen Tag													
K	nach Toronto													
L	eine Wohnung													
M	schön													
N	auf den Mt. Blanc													

Lektion 6

B3
WS

16. Was paßt wo? Bilden Sie Beispielsätze.

schlafen gehen   Freunde treffen   aufstehen   schlafen   arbeiten gehen   Zeit haben   ankommen   kommen   dauern   anfangen   arbeiten

a)
Wann?	>	*anfangen*
Dienstag	>	
abends	>	
um 20.00 Uhr	>	
	> ...	

b)
Wie lange?	>	*arbeiten*
zwei Tage	>	
lange	>	
8 Stunden	>	
	> ...	

B3
BD

17. Welche Reise nehmen Sie? Warum?

Urlaub am Mittelmeer in Toulon (ab Düsseldorf)		
Busreise	**Bahnreise**	**Flugreise**
14 Stunden Fahrt	16 Stunden Fahrt	90 Minuten Flug
Pension im Zentrum	Appartement mit Bad	Hotel direkt am Strand
20 Min. zum Strand	und Küche	Zimmer mit Bad,
Zimmer ohne Dusche	3 Min. zum Strand	Telefon und Balkon
Etagendusche	kein Service	
1 Woche DM 498,–	1 Woche DM 956,–	1 Woche DM 1112,–

Schreiben Sie:

a) Ich nehme die Busreise. *Die Busreise ist ...   Die Pension liegt ...*

b) Ich nehme die Bahnreise. _____

c) Ich nehme die Flugreise. _____

B3
GR

18. Ergänzen Sie.

a) Welch__er__ Zug fährt nach Bonn? __Der__ um 8.20 Uhr.

b) Welch_____ Flugzeug nehmt ihr? _____ um 10.45 Uhr.

c) Welch_____ S-Bahn fährt nach Erding? _____ Linie 6.

d) Welch_____ Pension nehmen Sie? _____ mit Frühstück.

e) Welch_____ Gasthof finden Sie am ruhigsten? _____ am Wald.

f) Welch_____ Hotel liegt am günstigsten? _____ im Zentrum.

g) Welch_____ Zimmer nimmst du? _____ mit Balkon.

h) Welch_____ Flug empfehlen Sie? _____ um 6.35 Uhr.

i) Welch_____ Maschine hat Verspätung? _____ aus London.

B3
BD

19. Was können Sie auch sagen?

a) *Ist noch ein Doppelzimmer frei?*

   Ⓐ Haben Sie noch ein Doppelzimmer frei?

   Ⓑ Wo ist noch ein Doppelzimmer frei?

   Ⓒ Haben Sie auch Doppelzimmer?

b) *Kann man im Hotel essen?*

   Ⓐ Gibt es im Hotel ein Restaurant?

   Ⓑ Ist im Hotel eine Bar?

   Ⓒ Ist das Restaurant im Hotel gut?

c) *Wie weit ist es von Kiel nach Bonn?*
- Ⓐ Wieviel Kilometer sind es von Kiel nach Bonn?
- Ⓑ Wie kommt man von Kiel nach Bonn?
- Ⓒ Ist es von Kiel nach Bonn weit?

d) *Wie lange dauert der Flug nach Bremen?*
- Ⓐ Wie lange dauert der Flug nach Bremen denn noch?
- Ⓑ Dauert die Fahrt nach Bremen lange?
- Ⓒ Wie lange fliegt man nach Bremen?

e) *Der Zug kommt um 13.00 Uhr in Hamburg an.*
- Ⓐ Der Zug fährt um 13.00 Uhr nach Hamburg.
- Ⓑ Der Zug ist um 13.00 Uhr in Hamburg.
- Ⓒ Der Zug kommt um 13.00 Uhr aus Hamburg.

f) *Ist das Hotel im Zentrum?*
- Ⓐ Wie lange geht man ins Zentrum?
- Ⓑ Liegt das Hotel schön?
- Ⓒ Liegt das Hotel zentral?

g) *Ist das Zimmer mit Frühstück?*
- Ⓐ Was kostet das Frühstück?
- Ⓑ Muß man das Frühstück extra bezahlen?
- Ⓒ Wieviel kostet das Zimmer mit· Frühstück?

h) *Die Bahnfahrt ist kompliziert.*
- Ⓐ Die Bahnfahrt dauert lange.
- Ⓑ Die Bahnfahrt ist teuer.
- Ⓒ Die Bahnfahrt ist nicht sehr einfach.

i) *Wo fährt der Zug nach Bern ab?*
- Ⓐ Der Zug nach Bern. Welches Gleis bitte?
- Ⓑ Wann fährt der Zug nach Bern bitte?
- Ⓒ Wo ist das Gleis in Bern bitte?

j) *Kann ich ein Zimmer mit Bad haben?*
- Ⓐ Kann ich ein Zimmer mit Bad nehmen?
- Ⓑ Kann ich ein Zimmer mit Bad mieten?
- Ⓒ Kann ich ein Zimmer mit Bad bekommen?

20. Welche Antwort paßt?

B3
BD

a) *Wann ungefähr?*
- Ⓐ Am Abend, nicht zu spät.
- Ⓑ Um 16.23 Uhr.
- Ⓒ Dienstag nicht.

b) *Welche Maschine ist am günstigsten?*
- Ⓐ Das Auto ist besser.
- Ⓑ Die um 15.30 Uhr.
- Ⓒ Nimm doch den Zug um 15.30 Uhr.

c) *Wie lange dauert die Fahrt?*
- Ⓐ Zwei Uhr.
- Ⓑ Um zwei Uhr.
- Ⓒ Zwei Stunden.

d) *Wo fährt der Zug ab?*
- Ⓐ Nach Hamburg.
- Ⓑ Von Hamburg nach Kiel.
- Ⓒ Gleis sieben.

e) *Wohin fahren Sie?*
- Ⓐ Ich nehme den Zug.
- Ⓑ Nach Rom.
- Ⓒ Gleis neun.

f) *Müssen Sie umsteigen?*
- Ⓐ Ja, von Münster nach Bremen.
- Ⓑ Ja, in Wien.
- Ⓒ Ja, der Zug hat Verspätung.

g) *Welche Maschine nimmst du?*
- Ⓐ Die um 17.00 Uhr.
- Ⓑ Das Flugzeug.
- Ⓒ Die Maschine fliegt um 17.00 Uhr.

h) *Hat der Zug Verspätung?*
- Ⓐ Ja, aber nicht viel.
- Ⓑ Ja, um 16.00 Uhr.
- Ⓒ Ja, er kommt spät.

Lektion 6

21. Schreiben Sie einen Dialog.

Sie möchten nach London
fahren, aber sie wissen
noch nicht wie.

Sie gehen in ein Reisebüro
und möchten Informationen
haben.

Schreiben Sie einen Dialog.
Die folgenden Sätze sind
nur Beispiele. Sie müssen
auch selbst Sätze bilden.

Zug						
hin	(jeden Tag)		zurück	(jeden Tag)		
München ab:	23.00	15.33	10.15	London ab:	22.07	16.46	9.58
London an:	18.05	11.27	5.56	München an:	18.11	13.39	6.37
DM 308,– (einfach)				DM 616,– (hin und zürück)			

Bus						
hin	Fr	Mo	Mi	zurück	So	Di	Do
München ab:	5.00	23.00	23.00	London ab:	13.00	14.00	23.00
London an:	22.00	16.00	16.00	München an:	7.00	8.00	17.00
DM 160,– (einfach)				DM 320,– (hin und zurück)			

Linienflug						
hin	(jeden Tag)		zurück	(jeden Tag)		
München ab:	13.15	17.00	18.10	London ab:	9.40	13.30	19.50
London an:	14.05	17.50	18.55	München an:	12.25	16.15	22.25
DM 550,– (einfach)				DM 1056,– (hin und zurück)			

Charterflug				
hin	Fr	Mo	zurück	Mo	Fr
München ab:	20.50	20.50	London ab:	20.30	20.30
London an:	21.40	21.40	München an:	23.15	23.15
DM 340,– (nur hin und zurück)					

Geht das? ··· Wann kann man flicgen/fahren? Wie lange dauert ...? Haben Sie Prospekte?

Gibt es auch Charterflüge? Man kann nur Freitag/... fliegen.

Hin und zurück? Ich muß am/um ... in London sein. Am Montag/...

Wie teuer ist ...? Wann fährt ...? Ich möchte ... Das geht (nicht).

Wann möchten Sie zurückfliegen? Wann möchten Sie fahren?

Welcher Zug/Bus/Flug ist am günstigsten? Das ist bequemer/schneller ...

○ *Guten Tag, ich möchte ...* _____

□ _____

○ ...

Praktische Tips für das Trampen in der Bundesrepublik

Wink' nicht den Frauen über 30!

nicht lange. Besonders Lastwagenfahrer nehmen gern Tramper mit. Denn sie fahren oft allein und sehr weit und möchten deshalb gern mit Leuten sprechen. Man kann übrigens auch nachts trampen. Dann wartet man zwar länger, hält aber ein Fahrer, dann fährt er meistens sehr weit.

Nur die Dame bitte!

Ekkehart Schmidt (21) ist ein „alter" Tramper und kennt die ganze Welt. Hier gibt er ein paar Tips fürs Trampen in der Bundesrepublik.

Trampen ist leicht, Trampen ist billig, Trampen macht Spaß. Du lernst viele Leute kennen und kannst mit ihnen deutsch sprechen. Viele Deutsche können auch Englisch. Aber besser ist es, man spricht deutsch. Das finden die Leute sehr gut.
Am bequemsten und am schnellsten reisen Tramper auf den Autobahnen. Ich warte immer auf den Parkplätzen der Raststätten (so heißen die Restaurants an der Autobahn). Die haben Tag und Nacht geöffnet. Dort machen viele Leute eine Pause, und oft fahren sie sehr weit. Am besten fragt man die Leute direkt: „Ich möchte nach Stuttgart. Fahren Sie vielleicht auch nach Stuttgart? Können Sie mich mitnehmen?" Es ist nicht sehr einfach, Leute so direkt zu fragen. Aber das lernt man schnell.
Nicht alle nehmen gern Tramper mit. Besonders Frauen über 30, Familien mit Kindern und ältere Leute sagen oft „nein". Wichtig ist: Du mußt immer nett und sauber aussehen und nicht viel Gepäck haben. Dann wartest du bestimmt

Hat man Zeit, kann man auch auf Landstraßen trampen. Das ist viel interessanter als auf Autobahnen, denn man lernt auch die Kleinstädte, Dörfer und Landschaften in in der Bundesrepublik kennen. Man braucht dann aber gute Straßenkarten.
Bist du jünger als 27, dann kannst du in den Jugendherbergen schlafen. Die sind meistens sehr gut und am billigsten. Du brauchst aber einen Herbergsausweis.

Bis nach Marokko.

21 Länder Europas, Marokko und neuerdings auch der asiatische Teil der Türkei laden junge Leute unter 26 zu einer einzigartigen Entdeckungsreise ein: Mit dem „Inter-Rail-Ticket" für 420 DM haben Sie auf deren Schienenstrecken 1 Monat lang freie Fahrt. Im eigenen Land zahlen Sie den halben normalen Fahrpreis.

Für 80 Mark mehr bekommen Sie „Inter-Rail + Schiff". Damit gibt es zusätzlich auf mehreren Schiffsstrecken der europäischen Meere freie Fahrt. Und wer flexibel ist und nur an 10 Tagen innerhalb eines Monats mit Bahn und Schiff unterwegs ist, zahlt für das neue „Inter-Rail Flexi" nur 400 DM.

Deutsche Bundesbahn

Lektion 7

1. Ergänzen Sie.

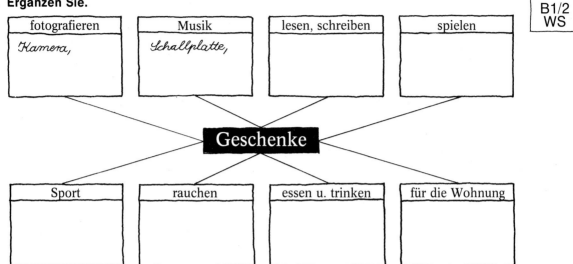

fotografieren	Musik	lesen, schreiben	spielen
Kamera,	Schallplatte,		

Geschenke

Sport	rauchen	essen u. trinken	für die Wohnung

2. Bilden Sie Sätze.

Familie Kurz

a)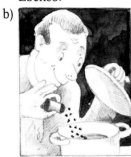

Mutter
45 Jahre
hört gern Musik
raucht viel
reist gern

~~Feuerzeug,~~
~~Schallplatte,~~
Reisetasche

Ihr kann man eine Schallplatte schenken.
Denn sie hört gern Musik.

Sie hört gern Musik.
Deshalb kann man ihr eine Schallplatte schenken.

Ihr kann man ein Feuerzeug schenken. *Denn ...*
Sie raucht ... *Deshalb ...*
Ihr ...

Ebenso:

b)

Vater
50 Jahre
spielt Fußball
kocht gern
Hobby-Fotograf

Fußball,
Kochbuch,
Kamera

c)

Tochter
18 Jahre
schreibt gern Briefe
lernt Spanisch
fährt gern Ski

Briefpapier,
Wörterbuch,
Skier

Lektion 7

B1/2
GR

3. Schreiben Sie.

wem?	was?	kaufen schenken mitbringen

a) Carlo / Kassette
b) Frau May / Reisetasche
c) Herr und Frau B. / Fernseher
d) Gina / Fotoapparat
e) ich / Kochbuch
f) ihr / Autoradio
g) du / Fahrrad
h) wir / Blumen
i) Kinder / Fußball
j) Sie / Lampe

ihm	*eine Kassette*	*kaufen schenken mitbringen*

B1/2
GR

4. Ihre Grammatik: Ergänzen Sie.

	Singular			Plural		
Nominativ wer?	ich	du Sie	er (Carlo) sie (Frau May) es	wir	ihr Sie	sie (Herr und Frau Kurz)
Dativ wem?	*mir*					

B1/2
GR

5. Ergänzen Sie.

○ Guten Tag. Kann ich _Ihnen_ _helfen_ ?
□ Ja, ich suche eine Bürolampe. Können Sie _____ welche _____?
○ Gern, hier habe ich eine zu 48 DM. Die kann ich _____ sehr _____. Die ist sehr günstig.
□ Ja, die ist ganz praktisch, aber sie _____ _____ nicht.
○ Und die hier? Wie _____ _____ die?
□ Ganz gut. Was kostet die denn?
○ 65,– DM.
□ Das _____ _____ zu teuer.
○ Wir haben hier noch eine zu 37,– DM.
□ Die finde ich ganz schön. Die nehme ich. Können Sie _____ die Lampe _____?
○ Ja, natürlich.

B1/2
GR

6. ‚Wer‘, ‚Was‘, ‚Wen‘, ‚Wem‘, ‚Wie‘, ‚Wann‘? Fragen Sie.

a) Das Bild gefällt mir gut. *Wie gefällt dir / Ihnen das Bild?*
b) Wir schenken Karla einen Plattenspieler.
c) Birgit hört gern Musik.
d) Gerd kauft ihm einen Kugelschreiber.
e) Gina sucht Yvonne.
f) Yussef hat morgen Geburtstag.
g) Der Film ist langweilig.

66

7. Lesen Sie und unterstreichen Sie.

Wer? _____ Wem? ~~~~~~ Was? _ _ _ _ _ _

a) Die Buchhändlerin zeigt ihnen
Wörterbücher.
b) Die Kassetten bringe ich ihnen morgen mit.
c) Erklären Sie mir doch bitte die Maschine.

d) Er kauft ihm deshalb eine Kamera.
e) Eine Schallplatte kann man ihr
schenken.
f) Ihm kannst du ein Radio schenken.

Ihre Grammatik: Ergänzen Sie.

	Inversions-signal	Subjekt	Verb	Subjekt	unbetonte Ergänzung	Angabe	obligatorische Ergänzung	Verb
a		Die Buchhändlerin	zeigt		ihnen		Wörterbücher.	
b								
c								
d								
e								
f								

8. Ihre Grammatik.

a) ○ Kauf ihm doch *einen Plattenspieler*. Er hat noch *keinen*.
　□ Doch, er hat schon *einen*, und *einer* ist doch genug.
b) ○ Kauf ihm doch *eine Kamera!* Er hat noch *keine*.
　□ Doch, er hat schon *eine*, und *eine* ist doch wirklich genug.
c) ○ Kauf ihm doch *ein Radio!* Er hat noch *keins*.
　□ Doch, er hat schon eins, und eins ist doch wirklich genug.
d) ○ Kauf ihm doch *Kassetten* von Louis Armstrong! Er hat noch *keine*.
　□ Doch er hat schon *welche*.

Ergänzen Sie.

		Nominativ		Akkusativ	
		indefiniter Artikel + Nomen	Indefinit-pronomen	indefiniter Artikel + Nomen	Indefinit-pronomen
a)	Maskulinum Singular (der)	ein Plattenspieler / kein	einer / keiner	einen Plattenspieler / keinen	einen / keinen
b)	Femininum Singular (die)	eine Kamera / keine			
c)	Neutrum Singular (das)	ein Radio / kein			
d)	Plural (die)	Kassetten / keine Kassetten			

Lektion 7

B1/2
GR

9. Schreiben Sie.

a) ○ *Möchtest du noch einen Apfel?*   ○ *Ich möchte noch einen Apfel.*
   Es sind noch welche da.   *Sind noch welche da?*
   □ *Nein danke, ich möchte keinen mehr.*   □ *Nein, es ist keiner mehr da.*

Ebenso:
b) Orange   d) Kartoffeln   f) Gurke   h) Brötchen
c) Zigarette   e) Ei   g) Pommes frites i) Kotelett

B1/2
GR

10. Was paßt? Schreiben Sie.

a) *Morgen hat Antonia Geburtstag.*
   Was schenken _____?
   Ⓐ wir ihr
   Ⓑ wir sie
   Ⓒ ihr wir

b) *Felix möchte eine Lampe kaufen.*
   Der Verkäufer zeigt _____.
   Ⓐ sie eine
   Ⓑ ihm welche
   Ⓒ sie die.

c) *Meine Tochter hört gern Radio.*
   Ich möchte _____ kaufen.
   Ⓐ sie eins
   Ⓑ ihr eins
   Ⓒ ihr es

d) *Brauchst du noch Zigaretten?*
   Ich kann _____ mitbringen.
   Ⓐ Ihnen welche
   Ⓑ Sie eine
   Ⓒ dir welche

e) *Franz ißt gern Äpfel.*
   Wir bringen _____ mit.
   Ⓐ ihm eine
   Ⓑ ihr welche
   Ⓒ ihm welche

f) *Ich möchte einen Werkzeugkasten.*
   Kaufst du _____?
   Ⓐ mir einen
   Ⓑ mir ein
   Ⓒ ich eins

B1/2
GR

11. Schreiben Sie.

a) die Lampe
○ *Nimm doch die Lampe da!*
□ *Die gefällt mir ja.*
   Aber ich finde sie zu teuer.

b) der Tisch
○ _____
□ _____
   _____

Ebenso:
c) das Radio   g) das Bett
d) die Teller   h) der Schrank
e) die Couch   i) der Teppich
f) die Stühle

68

12. Was paßt zusammen?

A	Wann paßt es dir?		1	Nein, ich habe auch keine Idee.
B	Können Sie mir die Kamera erklären?		2	Nein, das finde ich unpersönlich.
C	Was schenkst du Jochen?		3	Ja, sehr gut, den nehme ich.
D	Mag Jochen Rock-Musik?		4	Nein danke, ich schaue nur.
E	Kauf ihr doch einen Aschenbecher!		5	Nein, nur die hier.
F	Weißt du schon etwas?		6	Das von ‚Ultra‘.
G	Welches Radio empfehlen Sie?		7	Am Montag.
H	Gibt es noch andere?		8	Ich weiß noch kein Geschenk.
I	Kann ich Ihnen helfen?		9	Ja, am liebsten Jack Berry.
J	Gefällt Ihnen der hier?		10	Ja, die ist nicht kompliziert.

A	B	C	D	E	F	G	H	I	J
7									

13. Welche Antwort paßt?

a) *Hat Rita morgen Geburtstag?*
- Ⓐ Da kann ich leider nicht.
- Ⓑ Nein, da geht es leider nicht.
- Ⓒ Nein, am Mittwoch.

b) *Können Sie mir helfen?*
- Ⓐ Danke, jetzt nicht.
- Ⓑ Ja, natürlich.
- Ⓒ Ich weiß noch nichts.

c) *Hast du schon ein Geschenk?*
- Ⓐ Nein, ich habe noch keine Idee.
- Ⓑ Ja, das weiß ich.
- Ⓒ Nein, das weiß ich nicht.

d) *Bring ihr doch Zigaretten mit!*
- Ⓐ Hat er keine?
- Ⓑ Ich rauche nicht.
- Ⓒ Raucht sie denn?

e) *Kannst du am Montag?*
- Ⓐ Ja, das paßt mir gut.
- Ⓑ Ja, das gefällt mir gut.
- Ⓒ Ja, das weiß ich.

f) *Spielt er gern Fußball?*
- Ⓐ Ja, er hat einen Fußball.
- Ⓑ Ich glaube ja.
- Ⓒ Nein, er mag nur Fußball.

14. Was können Sie auch sagen?

a) *Die Blumen gefallen mir.*
- Ⓐ Die Blumen finde ich schön.
- Ⓑ Ich mag Blumen sehr.
- Ⓒ Die Blumen passen mir nicht.

b) *Ich habe Lust zu kommen.*
- Ⓐ Ich kann kommen.
- Ⓑ Ich möchte gern kommen.
- Ⓒ Ich komme.

c) *Morgen geht es nicht.*
- Ⓐ Morgen gehe ich nicht.
- Ⓑ Morgen weiß ich nicht.
- Ⓒ Morgen paßt es mir nicht.

d) *Zum Geburtstag schenke ich ihm ein Buch.*
- Ⓐ Zum Geburtstag bekommt er ein Buch.
- Ⓑ Zum Geburtstag kauft er ein Buch.
- Ⓒ Zum Geburtstag möchte er ein Buch.

Lektion 7

e) *Ich nehme die Schreibmaschine.*
   Ⓐ Ich möchte die Schreibmaschine.
   Ⓑ Die Schreibmaschine ist gut.
   Ⓒ Die Schreibmaschine gefällt mir.

f) *Sie hört gern Jazz.*
   Ⓐ Sie hat Jazz-Platten.
   Ⓑ Sie möchte Jazz-Platten.
   Ⓒ Jazz mag sie sehr.

**B1/2
BD**

15. Schreiben Sie einen Dialog.

Ich glaube ja.

~~Hallo Karin.~~

Tag Gerd, was machst du denn hier?

Nein, ich habe keine Idee.

Weißt du schon etwas?

Sie mag doch keine klassische Musik.

Liest sie gern?

Ich suche ein Geschenk für Eva.

Die Idee ist nicht schlecht.

Dann kauf ihr doch ein Buch.

Wie findest du eine Platte von Haydn oder Mozart?

○ *Hallo Karin.* _____
☐ _____
○ _____
☐ . . .

**B1/2
SA**

16. Lesen Sie im Kursbuch S. 86 und schreiben Sie dann den Text zu Ende.

Das Geschenk

Annabella hat *Geburtstag*, und Goofy möchte ihr etwas _____. Aber er weiß noch nicht was. Er _____ in die Stadt und _____ ein Geschenk. Er hat keine _____, denn _____, _____ und _____ hat sie schon. Dann _____ er Micky und Minnie. Minnie _____ sofort eine Idee. Sie weiß, Annabella _____ einen Pelz. Goofy findet die Idee _____. Deshalb _____ er in ein Pelzgeschäft. Der Verkäufer _____ _____ einen Pelzmantel. Der _____ 20 000,– DM. Goofy _____ das zu teuer. _____
_____
_____

70

17. Schreiben Sie einen Comic.

B1/2
SA

Gebrauchtwagen sind der Hit auf dem Automarkt. Wo sind sie besser: beim Händler oder von Privat? Der ADAC testete über 1000 Autos.

ADAC-Test: Wie gut sind die Gebrauchten?

Immer mehr Autofahrer möchten einen Gebrauchtwagen. Warum? Es gibt drei Gründe:

- Sehr viele junge Leute machen den Führerschein und kaufen als erstes Auto einen Gebrauchtwagen.
- Die Leute verdienen weniger, und Neuwagen sind ihnen zu teuer.
- Bei Neuwagen verliert man in den ersten zwei Jahren sehr viel Geld.

Der Ford-Fahrer Herr M. z. B. hat einen 4 Jahre alten Ford Granada. Er sagt: „Mein Wagen kostete neu 17.500 DM. Ich möchte eigentlich einen neuen Granada haben. Aber der Ford-Händler will mir nur noch 7.000 DM für den alten geben. Ein neuer Ford-Granada kostet heute 21.000 DM. Ich muß also noch 14.000 DM bezahlen. Das kann ich nicht. Da nehme ich doch lieber einen 2 Jahre alten gebrauchten Granada, der ist viel billiger."

Auch Christiane S. möchte einen Gebrauchtwagen. Sie ist erst 18 Jahre und hat erst 4 Wochen einen Führerschein. „Ich suche einen billigen VW-Polo oder Renault 5 für 3.000 bis 4.000 DM. Aber gute Kleinwagen gibt es sehr wenige, und die meisten kosten sehr viel Geld. Für einen 5 Jahre alten Polo wollen Händler noch 6.000 DM haben. Das ist mir zuviel."

Ein anderes Beispiel für einen typischen Gebrauchtwagenkäufer ist Monika F. Sie meint: „Warum einen Neuwagen für 15.000 DM kaufen? Nach zwei Jahren ist er dann nur noch 11.000 DM wert. Da kaufe ich doch lieber einen sehr guten Gebrauchtwagen."

Die meisten Leute möchten einen zwei oder drei Jahre alten, nicht zu großen Wagen und wollen dafür 7.000 bis 10.000 DM ausgeben. Doch diese Autos muß man suchen.

Gebrauchtwagen kaufen ist nicht einfach, denn über viele Dinge muß man genau nachdenken. Vielleicht können unsere Tips und Informationen Ihnen helfen. Der ADAC testete Gebrauchtwagen.

Das sind die Resultate:

1. Gebrauchtwagen vom Neuwagenhändler sind 6% besser als vom Gebrauchtwagenhändler und 8% besser als von Privat.
2. Anders ist es bei den Preisen. Am billigsten sind die Gebrauchtwagen von Privat. Gebrauchtwagenhändler nehmen 9% mehr, Neuwagenhändler 16%.
3. Gebrauchtwagen sind in den Städten 8% billiger als auf dem Land.
4. Die Qualität der Gebrauchtwagen ist sehr verschieden. Rechts das Testresultat für 1 bis 4 Jahre alte Autos.

Fabrikat/Typ	kW/PS	Neu-preis	Durchschnittspreise für Baujahr				
			1982	1981	1980	1979	1978
Porsche							
911 SC	150/204	55690	40400	36500	32400	26700	22100
911 Turbo	221/300	96400	68700	61400	54600	47200	40200
928*	177/240	64900	43900	38700	32900	27200	21900
Renault							
R 4/L	25/34	8990	6200	5500	4800	4050	3500
R 5 TL	33/45	11550	8100	7150	6250	5250	4350
R 9 C	35/48	11980	7950	7250	—	—	—
R 14 TL	43/59	13500	8600	7400	6200	5100	4050
R 16 TX*	66/90	16750	—	—	6800	5600	4300
R 18 TL*	47/64	15500	10000	8600	7200	5950	4900
Toyota							
Starlet DL	33/45	10990	7650	6750	5850	5000	4150
Tercel 4tg.*	48/65	12690	8100	7150	5900	4900	—
Corolla 1300 de Luxe	48/65	11990	8100	7200	6250	5300	—
Carina GL*	55/75	15990	10300	8900	7550	6500	—
Celica Liftback XT*	65/89	17890	11700	10200	8800	7450	6150
Volvo							
66 DL*	33/45	11450	—	—	5700	4700	3700
340 DL/GL 3tg.	46/63	16100	10600	9300	7950	6750	5450
240 GL 4tg.	82/112	23450	15600	13600	11300	9000	7150
240 GL (Diesel) 5tg.	60/82	30450	20900	18600	15600	13000	—
VW							
Polo L*	29/40	10965	—	7500	6850	6100	5200
Polo LS*	37/50	11330	—	7650	6950	6200	5200
Derby L*	29/40	11390	—	7400	6650	5750	4900
Derby GLS*	44/60	12870	—	8200	7250	6350	5300
1200 L	25/34	9395	6850	6200	5600	4850	4250
Golf L *	37/50	12265	—	8300	7500	6550	5650
Golf 1.1 CL 2tg.	37/50	13560	9800	8900	—	—	—
Golf Diesel 4tg.*	40/54	13530	—	9600	8800	7850	6850
Golf GTI 2tg.*	81/110	19305	13800	12300	10500	8950	7550
Golf Cabrio GLI	81/112	24610	16400	14800	12900	11100	—
Jetta 1.3 GL 4tg.*	44/60	15005	—	10200	9000	7900	—
Jetta 1.6 CL 4tg.	51/70	16055	11500	10500	—	—	—
Scirocco S 1.5 LS*	51/70	15855	—	9600	8450	7150	6100
Scirocco 1.6 GT	63/85	21250	14700	13300	—	—	—
Passat S 1.5 GLS 4tg.*	55/75	15910	—	—	8350	7350	6350
Passat 1.6 GL 4tg.	63/85	19610	13800	12500	—	—	—
Passat S Variant CL	55/75	18290	13100	12000	—	—	—

100%

Qualität der Gebrauchtwagen nach Marken

71 Mercedes — 70 Audi — 68 BMW — 67 Ford — 67 VW — 66 Opel — 65 Honda — 63 Renault — 62 Fiat — 57 Citroën

Verbraucher-Tip

Für viele Geräte (z. B. Fernseher, Plattenspieler, Radiorecorder) gibt der Händler (oder Produzent) 6 Monate Garantie. Oft ist die Garantiezeit länger (z. B. 12 Monate), aber 6 Monate sind normal. Der Käufer bekommt meistens eine Garantiekarte mit den Garantiebedingungen und der Garantiezeit.

Ist z. B. ein Plattenspieler erst zwei Monate alt und schon kaputt, dann muß der Händler ihn reparieren. Für die Reparatur müssen Sie nichts bezahlen. Funktioniert der Plattenspieler dann immer noch nicht, muß der Händler Ihnen einen neuen geben oder den Kaufpreis zurückzahlen.

Garantieschein
№ 1204139

Diese Karte bitte verwahren und im Garantiefall ausgefüllt oder mit dem Kaufbeleg und dem Gerät zusammen einschicken.

9330 F

1 Jahr Voll-Garantie + kostenloser Service:

Wir garantieren:
- 12 Monate kostenlose Beseitigung eventueller Störungen,
- kostenloser Ersatz aller Teile, die schadhaft werden,
- einschließlich kostenlosem, fachmännischem Service (d. h. unentgeltliche Montage durch unsere Fachleute).

Voraussetzung ist, daß der Fehler nicht auf unsachgemäße Behandlung zurückzuführen ist. Diese Garantie-Bedingungen gelten für alle Black & Decker Geräte. Jedoch nur dann, wenn Original Black & Decker Zusatzgeräte und -teile verwendet werden, die ausdrücklich von Black & Decker als zum Betrieb mit Black & Decker-Geräten geeignet bezeichnet worden sind.

Händler-Stempel

Kaufdatum:

A 3 FO. 2

Preisunterschiede bis zu 80,– Mark
Schüler lernen richtig einkaufen

Bielefeld: „Die Schüler in der Bundesrepublik lernen immer nur theoretisch, und theoretisch lernen ist nicht genug", das meint Herbert B., Lehrer an einer Schule in Bielefeld. Deshalb macht er den Unterricht anders. Seine Schüler lernen nicht nur aus Büchern, sondern auch aus der Realität.

Beim Thema „Einkaufen" z. B. gehen die Schüler in Radio-und Fernsehgeschäfte der Stadt und fragen nach den Preisen von Kassetten-recordern. Dabei bekommen sie immer wieder andere Antworten. So gibt es für einen Kassettenrecorder Preisunterschiede bis zu 80 Mark. „Das ist für Schüler sehr interessant", sagt Herr B, „und sie lernen kritisch einzukaufen."

Sie wissen z. B.:
- Es gibt verschiedene Preise für einen Artikel.
- Man muß Qualität und Preise vergleichen.
- Man muß kritisch fragen.
- Man kann Sonderangebote kaufen.
- Verbraucherzentralen und Test-Zeitschriften geben Tips und Informationen.

Lektion 8

1. Bernd sucht seine Brille. Wo ist sie? Schreiben Sie.

a) _vor dem_ _____

d) _____

g) _____

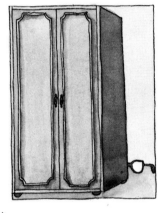

b) _____

e) _____

h) _____

c) _____

f) _____

i) _____

75

Lektion 8

2. Wer wohnt wo?

a) Wer wohnt neben Familie Reiter, aber nicht unter Familie Huber? *Familie Meier.*
b) Wer wohnt hinter dem Haus? _____
c) Wer wohnt neben Familie Meier, aber nicht über Familie Becker? _____
d) Wer wohnt neben Familie Reiter, aber nicht über Familie Schulz? _____
e) Wer wohnt vor dem Haus? _____
f) Wer wohnt neben Familie Schulz, aber nicht unter Familie Korte? _____
g) Wer wohnt zwischen Familie Holzmann und Familie Huber, aber nicht über Familie Meier?

_____

h) Wer wohnt neben Familie Berger, aber nicht über Familie Walter? _____
i) Wer wohnt zwischen Familie Becker und Familie Berger? _____

3. Ergänzen Sie.

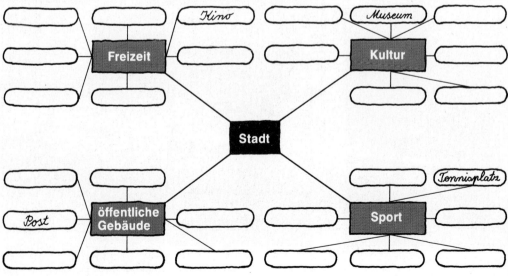

4. Welches Wort paßt nicht?

B2/3
WS

a) Rathaus – Post – ~~Kirche~~ – Arbeitsamt
b) Schwimmhalle – Diskothek – Tennisplatz – Sportzentrum
c) Kanal – Fluß – See – Straße
d) Hauptbahnhof – Kunsthalle – Theater – Museum
e) Theater – Diskothek – Nachtclub – Spielbank
f) Tennisplatz – Spielbank – Schwimmhalle – Sportplatz
g) Hauptbahnhof – Auto – Richtung – Station
h) Kreuzung – Platz – Kanal – Straße
i) Auto – Parkplatz – Bahn – Bus
j) Flugzeug – Taxi – Bus – Auto

5. Ergänzen Sie.

B2/3
WS

a) Schiff – Fluß : Auto – _____*Straße*_____
b) Schwimmhalle – schwimmen : Tennisplatz – _____
c) Bahn – Bahnhof : Schiff – _____
d) Post – telefonieren : Bücherei – _____
e) Auto – fahren : Segelboot – _____
f) Kunsthalle – Bilder : Kino – _____
g) mit der U-Bahn – fahren : mit dem Schiff – _____
h) Spielbank – Roulette spielen : Fußballplatz – _____
i) Bus – fahren : Flugzeug – _____

6. Was stimmt hier nicht? Schreiben Sie.

B2/3
GR

Auf der Couch liegt ein Teller.
Vor der Tür _____

Lektion 8

7. Wohin stellen wir . . .? Schreiben Sie.

○ Was meinst du?

a) Wohin stellen wir	den Fernseher?	□ Am besten	*auf den Tisch.*
b)	den Sessel?		
c)	den Tisch?		
d)	die Lampe?		
e)	das Bett?		
f)	die Blume?		
g)	den Kühlschrank?		

78

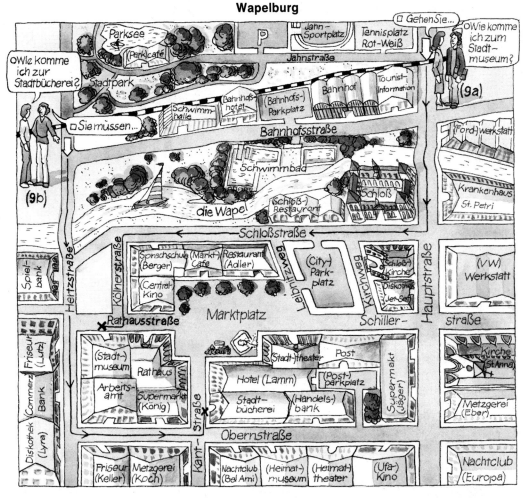

Wapelburg

8. **Beschreiben Sie den Stadtplan. Wo liegt was? Ergänzen Sie ‚in‘, ‚an‘, ‚neben‘, ‚vor‘, ‚hinten‘ oder ‚zwischen‘. ‚Der‘ oder ‚ein‘, ‚die‘ oder ‚eine‘, ‚das‘ oder ‚ein‘?**

B2/3
GR

a) _Der_ Postparkplatz liegt _hinter_ _einem_ Supermarkt.

b) _Hinter_ _dem_ Supermarkt Jäger liegt _ein_ Parkplatz.

c) _____ _____ Schloß ist _____ Restaurant.

d) _____ Markt-Café liegt _____ _____ Restaurant.

e) _____ Schwimmbad liegt _____ _____ Wapel.

f) _____ _____ Sprachschule Berger und _____ Restaurant Adler ist _____ Café.

g) _____ _____ Schloß ist _____ Schloßrestaurant.

h) _____ Tourist-Information ist _____ _____ Bahnhofstraße _____ _____ Bahnhof.

i) _____ Parkcafé liegt _____ Parksee.

j) _____ Jahn Sportplatz liegt _____ _____ Tennisplatz Rot-Weiß und _____ Parkplatz.

Lektion 8

B2/3 GR

9. Wie komme ich zur/zum . . .? Ergänzen Sie.

a) ○ Wie komme ich _zum_ Stadtmuseum?
□ Gehen Sie hier die Hauptstraße geradeaus
_____ _____ Wapel bis _____ Schloß. Dort
_____ Schloß rechts, dann immer geradeaus,
_____ _____ Parkplatz vorbei bis _____ Kreu-
zung Kölner-Straße. Dort _____ _____ Sprach-
schule links. Dann die Kölner-Straße geradeaus bis
_____ Rathausstraße. Dort rechts. Das Stadtmu-
seum ist _____ _____ Rathaus.

b) ○ Wie komme ich _____ Stadtbücherei?
□ Sie müssen hier die Hertzstraße geradeaus gehen, _____ _____ Wapel, _____ _____
Spielbank und _____ _____ Commerzbank vorbei, bis Sie _____ _____ Diskothek
kommen. Dort _____ _____ Diskothek gehen Sie links _____ _____ Obernstraße bis
_____ Supermarkt König. _____ _____ Supermarkt müssen Sie links. Rechts sehen
Sie dann schon die Stadtbücherei.

B2/3 GR

10. Wo kann man . . .? Schreiben Sie.

○ Wo kann man in Wapelburg . . .

a) Geld wechseln?
b) spazierengehen?
c) Kuchen essen?
d) um 3.00 Uhr nachts noch Wein trinken?
e) ein Hotelzimmer bekommen?
f) Bücher leihen?
g) Fußball spielen?
h) essen?

i) Lebensmittel einkaufen?
j) Fleisch kaufen?
k) telefonieren?
l) tanzen?
m) Deutsch lernen?
n) schwimmen?
o) Tourist-Informationen bekommen?
p) Tennis spielen?

□ Am besten . . .
a) _auf der Handelsbank._
b) _im_ _____
c) _____
Ebenso d–p

□ Am besten *gehen* Sie . . .
a) _auf die / zur Handelsbank._
b) _____
c) _____
Ebenso d–p

B2/3 GR

11. Wie komme ich zum/nach . . .? Schreiben Sie.

a) Hauptbahnhof – U-Bahn
□ _Wie komme ich zum Hauptbahnhof?_
○ _Am besten mit der U-Bahn._

Ebenso:
b) Berlin – Zug
c) Landungsbrücken – U-Bahn
d) Rathaus – Taxi

e) Alsterpark – Schiff
f) Hamburg Altona – S-Bahn
g) Köhlbrandbrücke – Bus

Lektion 8

12. Was paßt zusammen? Schreiben Sie.

B2/3
GR

a) U-Bahn
   Schiff
   Bus
   Fahrkarte

mit *der U-Bahn*	
mit *d*	fahren
mit	

b) Gabel
   Teller
   Finger
   Löffel

mit	
mit	essen
mit	

c) Kugelschreiber
   Schreibmaschine
   Papier
   Bleistift

mit	
mit	schreiben
mit	

d) Deutsch
   Grammatik
   Wörterbuch
   „Themen"

mit	
mit	lernen
mit	

13. Ergänzen Sie.

B2/3
GR

Hamburg, den 15. 3. 83

Liebe Sonja,

wir wohnen jetzt schon ein Jahr _____ Hamburg. Man lebt hier wirklich viel besser als _____ Köln. Komm doch mal _____ Hamburg. Hier kann man sehr viel machen: _____ _____ Musik-Club gehen und Musik hören und Leute treffen, _____ Restaurants gut essen, _____ Parks und _____ _____ Elbe spazieren-gehen, _____ _____ Alster segeln, _____ _____ Altstadt einkaufen oder abends _____ Theater oder _____ Kino gehen. Am Wochenende fahren wir oft _____ Grömitz. Das liegt _____ _____ Ostsee. Dort kann man _____ Meer schwimmen oder _____ Strand faul _____ _____ Sonne liegen. Wir fahren aber auch gern _____ _____ Nordsee. Dort gehen wir oft _____ Strand spazieren. Das ist phantastisch. Vielleicht können wir das einmal zusammen machen. Also, komm bald mal _____ Hamburg.

Herzliche Grüße
Jens und Petra

14. Ihre Grammatik: Ergänzen Sie.

B2/3
GR

a) ○ Wie komme ich am schnellsten zum Alsterpark?
b) □ Am besten nehmen Sie das Schiff.
c) ○ Kann ich nicht mit der U-Bahn fahren?
d) □ Zum Alsterpark fährt keine U-Bahn.

	Inversions-signal	Subjekt	Verb	Subjekt	Angabe	obligatorische Ergänzung	Verb
a)	Wie		komme	ich	am schnellsten	zum Alsterpark?	
b)							
c)							
d)							

81

Lektion 8

15. Ergänzen Sie ‚in‘, ‚an‘, ‚auf‘, ‚nach‘ und die Artikel.
Ergänzen Sie auch andere Beispiele. Bilden Sie Beispielsätze.

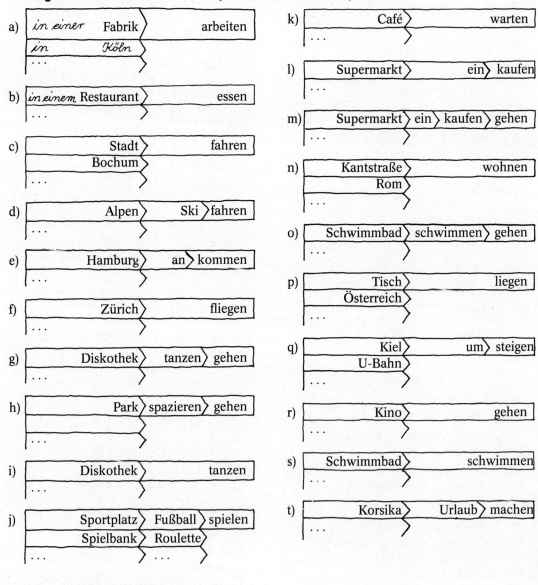

a) *in einer* Fabrik ⟩ arbeiten
   in Köln ⟩
   . . . ⟩

b) *in einem* Restaurant ⟩ essen
   . . . ⟩

c) Stadt ⟩ fahren
   Bochum ⟩
   . . . ⟩

d) Alpen ⟩ Ski ⟩ fahren
   . . . ⟩

e) Hamburg ⟩ an ⟩ kommen
   . . . ⟩

f) Zürich ⟩ fliegen
   . . . ⟩

g) Diskothek ⟩ tanzen ⟩ gehen
   . . . ⟩

h) Park ⟩ spazieren ⟩ gehen
   . . . ⟩

i) Diskothek ⟩ tanzen
   . . . ⟩

j) Sportplatz ⟩ Fußball ⟩ spielen
   Spielbank ⟩ Roulette ⟩
   . . . ⟩ . . . ⟩

k) Café ⟩ warten
   . . .

l) Supermarkt ⟩ ein ⟩ kaufen
   . . .

m) Supermarkt ⟩ ein ⟩ kaufen ⟩ gehen
   . . .

n) Kantstraße ⟩ wohnen
   Rom ⟩
   . . .

o) Schwimmbad ⟩ schwimmen ⟩ gehen
   . . .

p) Tisch ⟩ liegen
   Österreich ⟩
   . . .

q) Kiel ⟩ um ⟩ steigen
   U-Bahn ⟩
   . . .

r) Kino ⟩ gehen
   . . .

s) Schwimmbad ⟩ schwimmen
   . . .

t) Korsika ⟩ Urlaub ⟩ machen
   . . .

16. ‚In‘ oder ‚auf‘? Was paßt?

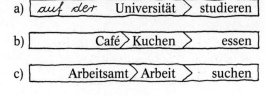

a) *auf der* Universität ⟩ studieren

b) Café ⟩ Kuchen ⟩ essen

c) Arbeitsamt ⟩ Arbeit ⟩ suchen

d) Kino ⟩ einen Film ⟩ sehen

e) Bank ⟩ Geld ⟩ wechseln

f) Post ⟩ Briefmarken ⟩ kaufen

g) | Hotel > wohnen |

i) | Krankenhaus > arbeiten |

h) | Metzgerei > Fleisch > kaufen |

j) | Rathaus > einen Paß > bekommen |

17. Was paßt zusammen?

B2/3
BD

A	Wo können wir uns treffen?	1	Ist die U-Bahn nicht schneller?
B	Muß ich umsteigen?	2	Am Dammtor.
C	Nehmen Sie am besten den Bus.	3	Ja, aber die U-Bahn ist schneller.
D	Wie komme ich zum Schloß?	4	Ja, in der Klenzestraße.
E	Gibt es hier eine Post?	5	Am besten im Parkcafé.
F	Fahrt ihr Samstag an die Ostsee?	6	Nein, die ist am Glockengießer Wall.
G	Ist das Krankenhaus in der Georgstraße?	7	Nein, die fährt direkt zum Zoo.
H	Fährt eine U-Bahn nach Poppenbüttel?	8	Gehen Sie hier immer geradeaus.
I	Wo muß ich aussteigen?	9	Nein, das ist in der Lohmühlenstraße.
J	Kann ich auch den Bus nehmen?	10	Nein, wir haben keine Lust.
K	Entschuldigung, ist hier die Kunsthalle?	11	Nein, aber eine S-Bahn.

A	B	C	D	E	F	G	H	I	J	K
5, 2										

18. Was können Sie auch sagen?

B2/3
BD

a) *Nehmen Sie die S7 bis Barmbek.*
   - Ⓐ Die S7 fährt bis Barmbek.
   - Ⓑ Fahren Sie mit der S7 bis Barmbek.
   - Ⓒ Sie können bis Barmbek fahren.

b) *Wo kann man hier telefonieren?*
   - Ⓐ Kann man auf der Post telefonieren?
   - Ⓑ Möchten Sie telefonieren?
   - Ⓒ Wo ist hier ein Telefon?

c) *Wie komme ich zum Marktplatz?*
   - Ⓐ Kommt man geradeaus zum Marktplatz?
   - Ⓑ Wo kommt der Marktplatz?
   - Ⓒ Können sie mir den Weg zum Marktplatz zeigen?

d) *Ich bin auch fremd hier.*
   - Ⓐ Ich kenne Hamburg auch nicht.
   - Ⓑ Ich bin auch Ausländer.
   - Ⓒ Ich arbeite auch nicht hier.

e) *Das Thalia Theater ist am Alstertor.*
   - Ⓐ Das Thalia Theater liegt am Alstertor.
   - Ⓑ Das Thalia Theater gibt es am Alstertor.
   - Ⓒ Am Thalia Theater ist das Alstertor.

f) *Steigen Sie am Dammtor in die S11 um.*
   - Ⓐ Sie können die S11 zum Dammtor nehmen.
   - Ⓑ Fahren Sie bis zum Dammtor und nehmen Sie dann die S11.
   - Ⓒ Die S11 fährt zum Dammtor.

Lektion 8

B2/3
SA

19. Lesen Sie den Brief.

Ort/Datum	Hamburg, 3.3.1983
Anrede	Lieber Jonas,
Text/ Informationen	Du möchtest mich besuchen, das finde ich toll! Hier schicke ich Dir eine Beschreibung Du kannst den Weg dann besser finden. Also, paß auf: am Hauptbahnhof steigst Du aus. Dann nimmst Du die U-Bahn, Linie 8 in Richtung Altona. Am Dammtor, das ist die fünfte Station, steigst Du um in die Straßenbahn in Richtung Osterbrook (das ist die Linie 15), und dann fährst Du drei Stationen bis zur Langwieder Straße. Da mußt Du aussteigen. Bis zur Kurzstraße sind es dann nur noch ungefähr 3 Minuten zu Fuß.
Schlußsatz	Bis Dienstag dann!
Gruß	Viele Grüße Tim!

Schreiben Sie zwei Briefe nach dem Modell.

	a)	b)	c)
Ort/ Datum	Hamburg 3. 3. 1983	. . . . . .	Sie haben Geburtstag und geben eine Party. Sie möchten einen Freund/eine Freundin einladen. Schreiben Sie eine Einladung und erklären Sie den Weg vom Hauptbahnhof in Ihrer Stadt zu Ihrer Wohnung.
Anrede	Lieber Jonas	Liebe . . . (Lieber) . . .	
Infor-mationen	Hauptbahnhof aussteigen S-Bahn 8 (→ Altona) Dammtor (fünfte Station) umsteigen Straßenbahn 15 (→ Osterbrook) 3. Station Langwieder Straße 3 Minuten zur Kurzstraße	Hauptbahnhof aussteigen U-Bahn 12 (→ Eppendorf) Hoheluft-Straße (siebte Station) umsteigen Bus 38 (→ Rotherbaum) 4. Station Sedanstraße hinter dem Krankenhaus	
Schlußsatz	Bis Dienstag dann!	. . .	
Gruß	Tim	. . .	

FREIE UND HANSESTADT HAMBURG
BEHÖRDE FÜR INNERES
DER SENATOR

Sehr geehrte Verkehrsteilnehmerin, sehr geehrter Verkehrsteilnehmer!

In der Hamburger-City gibt es 28.000 private und öffentliche Parkplätze. Das ist natürlich nicht genug, und die öffentlichen Parkplätze sind meistens Kurzparkplätze mit Parkuhren. Sie können also in der City nicht sehr lange, oft nur 30 oder 60 Minuten, parken. Denn die Hamburger-City ist ein Geschäftszentrum, und der Geschäftsverkehr braucht die Kurzparkplätze.

Am besten fahren Sie mit dem Bus, der U- oder der S-Bahn in die Stadt. Die öffentlichen Verkehrsmittel sind schneller als das Auto. Sie sind auch billiger. Denn die Parkplatzsuche dauert oft sehr lange, kostet also viel Zeit und Benzin. Die Polizei kontrolliert die Parkuhren sehr genau, und Dauerparker auf Kurzparkplätzen müssen in Zukunft 30 Mark bezahlen.

Der Hamburger Verkehrsverbund hat für Sie ein sehr attraktives Angebot: die P+R-Parkplätze. An 48 U- und S-Bahnstationen gibt es z. Z. 7.250 Parkplätze. Von diesen Parkplätzen können Sie direkt in die U- oder S-Bahnen umsteigen und bequem und schnell in die City fahren. Die P+R-Parkplätze sind kostenlos, Sie brauchen nur eine P+R-Dauerplakette. Der P+R-Service Dienst (Tel. 0 40/22 80 61 27) sagt Ihnen, wie Sie diese Plakette bekommen können.

Mit freundlichen Grüßen

Alfons Pawelczyk

Umsteigen zum HVV

In die Hamburger Innenstadt bringt Sie der HVV schnell, bequem, pünktlich und vor allem billig. Mit U-Bahnen, S-Bahnen, Bussen und den Schiffslinien auf Alster und Elbe. Steigen Sie ein!

Wir haben für Sie ein attraktives Tarifangebot mit verschiedenen Fahrkarten.

Für regelmäßige Fahrten (z. B. zwischen Wohnung und Arbeitsplatz) ist eine HVV-Zeitkarte am günstigsten. Zeitkarten gibt es für eine Woche, einen Monat oder im Abonnement für ein Jahr. Mit Zeitkarten kann man nur in bestimmten Tarifzonen, aber beliebig oft fahren. Sie bekommen die Zeitkarten in den HVV-Büros.

Fahren Sie nicht regelmäßig mit dem HVV, dann sind Einzelkarten richtig. Sie bekommen sie aus Automaten oder bei den Busfahrern. Ein Hit sind die Tageskarten für beliebig viele Fahrten. Mit der Netz-Tageskarte können Sie im ganzen HVV-Verkehrsnetz bis 4.30 Uhr, mit der Stadt-Tageskarte von 9.00 Uhr bis 4.30 Uhr fahren.

Mehr Informationen und Prospekte gibt es in den HVV-Büros. Auch telefonisch können Sie Informationen bekommen. Rufen Sie einfach die HVV-Information an.

220 19 61
HVV-Information

Kostenloses Parken bei einer der Schnellbahnhaltestellen mit P+R-Platz.

Alle Wochentage der Benutzung hier eintragen.

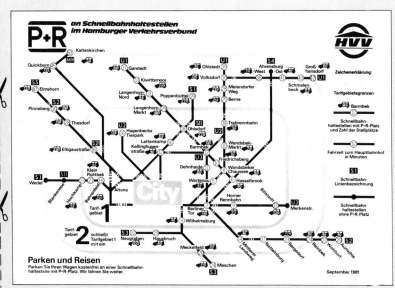

Bayerischer Behördenwegweiser

9. Kraftfahrzeug

Sie möchten…	Wer hilft Ihnen? Was müssen Sie tun?
1. ein Auto, Motorrad, oder Moped fahren	● bei einer Fahrschule einen Führerschein machen
2. ein eigenes Fahrzeug (halten) haben	● das Auto bei einer KFZ-Versicherung versichern (Deckungskarte holen)
	● zur KFZ-Zulassungsstelle in Ihrem Wohnort fahren und das Auto anmelden (zulassen), Deckungskarte und Auto-Papiere mitnehmen
	● alle 2 Jahre zum Technischen Überwachungsverein (TÜV) fahren und das Fahrzeug prüfen lassen (in Sonderfällen jedes Jahr)
3. in einen anderen Wohnort ziehen	● zur KFZ-Zulassungsstelle im neuen Wohnort fahren und das Auto ummelden, Auto-Papiere mitnehmen
4. das Auto nicht mehr fahren (stillegen)	● mit den Nummernschildern (nicht mit dem Auto) zur KFZ-Zulassungsstelle fahren und das Auto abmelden, Auto-Papiere mitnehmen
5. das Auto verkaufen	● die KFZ-Zulassungsstelle und die Versicherung informieren und die Adresse des Käufers mitteilen

Hägar der Schreckliche Von Dik Browne

Lektion 9

B1
WS

1. Vergleichen Sie. Was ist falsch?

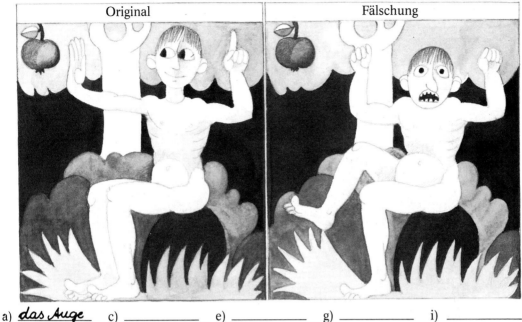

Original   Fälschung

a) *das Auge*   c) _____   e) _____   g) _____   i) _____

b) _____   d) _____   f) _____   h) _____   j) _____

2. Was paßt nicht?

B1
WS

a) Auge – Ohr – ~~Bein~~ – Nase   d) Rücken – Busen – Brust – Ohr

b) Arm – Zahn – Hand – Finger   e) Busen – Mund – Nase – Zahn

c) Kopf – Knie – Bein – Fuß   f) Zeh – Fuß – Hand – Bein

3. Ihr . . . tut weh. Was sagen Sie?

B1
WS

	Ich habe . . .	Mein(e) . . .	Ich habe Schmerzen . . .
Kopf	*Kopfschmerzen.*	*Kopf tut weh.*	—
Bein	—	*Bein tut weh.*	*im Bein.*
Nase			
Ohren			
Rücken			
Zahn			
Fuß			
Auge			
Knie			
Bauch			
Hand			
Schulter			

Lektion 9

B1
GR

4. Schreiben Sie.

a) ○ *Hast du*
...
□ *Nein, die*
...

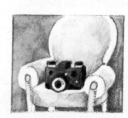

○ *Wo ist...*
□ *Die ist...*

b) ○ _____
□ _____

○ _____
□ _____

c) ○ _____
□ _____

○ _____
□ _____

B1
GR

5. Was paßt zusammen?

		a) mein Medikament	b) seine Nase	c) mit euren Füßen	d) Ihre Zähne	e) ihre Hand	f) in unserem Haus	g) mit eurem Auto	h) in ihrem Garten	i) dein Arzt	j) mein Geburtstag	k) ihre Kassetten	l) auf Ihrem Radio	m) in unserer Stadt	n) eure Kamera	o) Ihr Medikament	p) unsere Bücher	q) in eurem Urlaub	r) unter seinem Stuhl	s) ihre Tasche	t) mit meinem Fuß	u) in unserer Wohnung	v) deine Bücher
A	ich	X									X										X		
B	du							X															X
C	Sie				X								X	X									
D	er (Uwe) es man		X																				
E	sie (Maria)			X		X			X		X									X			
F	wir						X								X		X						
G	ihr		X						X										X				
H	sie								X		X												
I	Sie			X									X										

88

6. Schreiben Sie einen Dialog.

B1
BD

○ _____
□ _____
○ _____
□ _____
○ _____
□ _____

7. Ergänzen Sie.

B2
WS

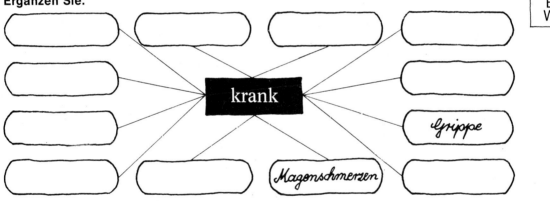

krank

Grippe

Magenschmerzen

8. Was muß Herr Kleimeyer tun? Was darf er nicht tun? Schreiben Sie.

B2
BD

a) erkältet ── im Bett bleiben
── schwimmen gehen
── heißen Tee trinken

Herr Kleimeyer ist erkältet.

Er muß im Bett bleiben.
Er darf nicht schwimmen gehen.
Er muß heißen Tee trinken.

Ebenso:

b) zuckerkrank ── Zucker essen
── Salat und Gemüse essen
── Kuchen essen

c) Verstopfung ── Schokolade essen
── Tabletten nehmen
── Joghurt essen

89

Lektion 9

d) Kopfschmerzen ⟨ viel rauchen / spazierengehen / Alkohol trinken

f) nicht schlafen können ⟨ Sport treiben / abends spät essen / Kaffee trinken

e) Magenschmerzen ⟨ Tee trinken / Wein trinken / fett essen

g) Magengeschwür ⟨ viel arbeiten / zum Arzt gehen / weniger arbeiten

B2
BD

9. ‚Müssen' oder ‚sollen'? ‚Nicht dürfen' oder ‚nicht sollen'?

○ Herr Doktor, ich habe immer so Magenschmerzen.

□ Herr Keller, Sie müssen weniger arbeiten und dürfen nicht so fett essen.

○ Herr Doktor, ich habe immer ...

□ Herr Keller,
  a) Sie *müssen* mehr schlafen.
  b) Sie _____ viel Obst essen.
  c) Sie _____ nicht Fußball spielen.
  d) Sie _____ Tabletten nehmen.
  e) Sie _____ keinen Kuchen essen.
  f) Sie _____ nicht so viel rauchen.
  g) Sie _____ jeden Tag schwimmen.
  h) Sie _____ keinen Wein trinken.

○ Was sagt der Arzt, Jochen?

□ Ich soll weniger arbeiten, und ich soll auch nicht fett essen.

○ Was sagt der Arzt, Jochen?

□
  i) *Ich soll mehr schlafen.*
  j) _____
  k) _____
  l) _____
  m) _____
  n) _____
  o) _____
  p) _____

90

10. ‚Können', ‚sollen', ‚müssen' oder ‚dürfen'? Ergänzen Sie.

a) Hier _muß_ man stoppen.

b) Hier _____ man parken.

c) Hier _____ man tanken.

d) Hier _____ man aufpassen.

e) Hier _____ man nicht radfahren.

f) Hier _____ man rechts fahren.

g) Hier _____ man nicht parken.

h) Hier _____ man telefonieren.

i) Hier _____ man auf dem Fußweg parken.

j) Man _____ nicht schneller als 60 km/h fahren.

k) Hier _____ man geradeaus fahren.

l) Man _____ zwischen 70 und 110 km/h fahren.

m) Hier _____ man Erste Hilfe bekommen.

n) Hier _____ man leise fahren.

o) Hier _____ man Kaffee trinken und etwas essen.

p) Hier _____ nur Fußgänger gehen.

q) Der Gegenverkehr _____ warten.

r) Hier _____ man nicht überholen.

Lektion 9

11. ‚Können‘, ‚müssen‘, ‚dürfen‘, ‚sollen‘, ‚wollen‘ oder ‚mögen‘? Was paßt?

a) Frau Moritz:
„Ich _muß_ jeden Monat zum Arzt. Der Arzt sagt, ich _____ dann am Morgen nichts essen und trinken. Denn er _____ mein Blut untersuchen. Jetzt habe ich Hunger. Ich _____ gern etwas essen, aber ich _____ noch nicht.“

b) Herr Becker:
„Ich habe eine Verletzung am Finger. Die tut sehr weh. Ich _____ Schmerztabletten nehmen, aber ich _____ das nicht, denn ich habe dann immer Magenschmerzen. Der Arzt sagt, ich _____ meine Hand ruhig halten, aber das _____ ich nicht immer, und meine Frau sagt, ich _____ im Bett liegen bleiben. Ich finde das langweilig; ich _____ lieber arbeiten gehen.“

c) Herr Müller:
„Ich habe Schmerzen im Knie. Ich _____ nicht richtig laufen. Deshalb sagt der Arzt, ich _____ oft schwimmen gehen. Das tut gut, aber ich habe immer so wenig Zeit. Ich _____ bis um 18 Uhr arbeiten. Der Arzt gibt mir immer Tabletten, aber die _____ ich nicht nehmen, denn die helfen ja doch nicht. Ich brauche Sonne für mein Knie. Vielleicht _____ der Arzt mir eine Reise nach Spanien verschreiben.“

d) Karin:
„Ich _____ nicht zum Doktor, denn er tut mir immer weh. Ich _____ keine Tabletten nehmen. Immer sagt er, ich _____ morgens, mittags und abends Tabletten nehmen. Ich _____ das nicht mehr!“

12. Ihre Grammatik: Ergänzen Sie.

	mögen	dürfen	müssen	sollen	wollen	können
ich	_möchte_					
du						
Sie						
er, sie, es						
wir						
ihr						
sie						

13. Was paßt zusammen?

B2
BD

A	Jens sieht aber schlecht aus.	1	Ich habe Kopfschmerzen.
B	Was ist los?	2	Na ja, es geht.
C	Hast du Grippe?	3	Auch keinen Wein?
D	Ist es schlimm?	4	Ich weiß auch nicht. Gehen Sie am besten zum Arzt!
E	Was sagt der Arzt?	5	Kann ich dir helfen?
F	Was soll ich tun?	6	Nein danke, die helfen nicht.
G	Sie dürfen keinen Alkohol trinken.	7	Er hat doch Zahnschmerzen.
H	Möchten Sie die Kopfschmerz-tabletten noch mal?	8	Der weiß auch nichts.
I	Mir ist schlecht.	9	Ich kann nicht; ich bin krank.
J	Spiel doch mit!	10	Nein, aber ich bin erkältet.

A	B	C	D	E	F	G	H	I	J
7, 2									

14. Welche Antworten passen?

B2
BD

a) *Du siehst heute aber schlecht aus!*
- A Ich bin aber nicht krank.
- B Ich sehe auch schlecht.
- C Seit gestern habe ich Zahnschmerzen.

b) *Ich wünsche dir gute Besserung.*
- A Nein, danke.
- B Ich dir auch.
- C Danke.

c) *Tut sein Bein weh?*
- A Ja, ziemlich.
- B Nein, deshalb kann er nicht laufen.
- C Ja, er liegt im Bett.

d) *Willst du nicht mitspielen?*
- A Doch, aber ich kann nicht.
- B Nein, aber ich muß nicht.
- C Ja, aber ich darf nicht.

e) *Haben Sie Zahnschmerzen?*
- A Ja, seit gestern.
- B Ja, noch zwei Tage.
- C Nein, mein Zahn tut weh.

f) *Darfst du Kaffee trinken?*
- A Nein, aber Tee.
- B Das soll ich sogar.
- C Nein, Kaffee trinke ich nicht.

g) *Du mußt zum Arzt gehen.*
- A Ich habe Zahnschmerzen.
- B Kennst du einen?
- C Der kann mir auch nicht helfen.

h) *Tut es sehr weh?*
- A Ja, schon vier Tage.
- B Es geht.
- C Nein, erst zwei Stunden.

i) *Wie ist das denn passiert?*
- A Das weiß ich nicht.
- B Ich bin gefallen.
- C Mir geht es gut.

j) *Komm, geh doch mit!*
- A Ich habe keine Idee.
- B Ich habe keine Zeit.
- C Das geht nicht.

Lektion 9

B2
BD

15. Schreiben Sie einen Dialog.

Die Sätze sind nur Beispiele.
Sie müssen auch selbst Sätze bilden.

Tut es sehr weh?

Ich kann (nicht) ...

Ich/habe ... Sie dürfen (nicht) ...
/bin ...

Trinken Sie viel Wein/ ...?

Seit ... Tagen/Wochen.

Sie haben ein Magengeschwür/ ...

Sie müssen ... Was fehlt ihnen denn?

Mein(e) ... tut/tun weh.

Können Sie mir ... Rauchen Sie?

Nein, nur wenig. ... aufschreiben?

Ich schreibe Ihnen ... auf.

Ja sehr viel.

Tut es hier weh? Mir geht es nicht gut.

Arbeiten Sie viel? Wie lange schon?

- □ _____
- ○ _____
- □ _____
- ○ _____
- □ _____
- ○ ...

B3
GR

16. Ihre Grammatik: Ergänzen Sie.

a)

Partizip II	Infinitiv	Partizip II	Infinitiv
gespielt (haben)	*spielen*	gekommen (sein)	*kommen*
geholfen (haben)	helfen	gebraucht (haben)	brauchen
gefallen (sein)	fallen	gegessen (haben)	essen
gearbeitet (haben)	arbeiten	geflogen (sein)	fliegen
getrunken (haben)	trinken	angefangen (haben)	anfangen
aufgeräumt (haben)	aufräumen	gesprochen (haben)	sprechen
gefrühstückt (haben)	frühstücken	gegangen (sein)	gehen
mitgenommen (haben)	mitnehmen	gelernt (haben)	lernen
aufgestanden (sein)	aufstehen	eingekauft (haben)	einkaufen
umgestiegen (sein)	umsteigen	gemacht (haben)	machen
gezeigt (haben)	zeigen	eingeladen (haben)	einladen
genommen (haben)	nehmen	geraucht (haben)	rauchen
gewartet (haben)	warten	geschenkt (haben)	schenken
mitgebracht (haben)	mitbringen	geschlafen (haben)	schlafen
geblieben (sein)	bleiben	geschrieben (haben)	schreiben
gesehen (haben)	sehen	gelesen (haben)	lesen

b) Ordnen Sie die Partizipien.

ge	-t	*gespielt, aufgeräumt*
ge	-en	*geholfen, umgestiegen,*

17. Ihre Grammatik: Ergänzen Sie.

B3
GR

a) Ich habe gestern Fußball gespielt.
b) Wie ist das denn passiert?
c) Darfst du keinen Kaffee trinken?
d) Du mußt unbedingt mitspielen.
e) Gestern hat sie nicht mitgespielt.
f) Hat das Bein sehr weh getan?
g) Die Wohnung habe ich noch nicht aufgeräumt.
h) Plötzlich bin ich gefallen.

	Inversions-signal	Subjekt	Verb	Subjekt	Angabe	obligatorische Ergänzung	Verb
a		*Ich*	*habe*		*gestern*	*Fußball*	*gespielt.*
b							
c							
d							
e							
f							
g							
h							

18. Perfekt mit ‚sein' oder ‚haben'? Ergänzen Sie.

B3
GR

Hallo, Thomas, lange nicht gesehen. Wo warst Du?

Wir _____ in Rijeka gewesen und _____ dort Urlaub gemacht. Es war toll dort, aber die Fahrt war sehr anstrengend. Sie _____ 22 Stunden gedauert. Morgens um 4.00 Uhr _____ wir in München abgefahren. Es war . . .

. . . viel Verkehr. An der Grenze nach Italien _____ wir drei Stunden gewartet. In Rijeka _____ wir erst um 12.00 Uhr nachts angekommen und _____ natürlich kein Hotelzimmer mehr gefunden. Morgens _____ wir dann zur Tourist-Information gegangen, und die Leute da _____ für uns ein Hotelzimmer gesucht. Das Wetter war phantastisch. Wir _____ immer sehr lange geschlafen, _____ viel gelesen, _____ spazierengegangen oder _____

Lektion 9

geschwommen. Oft _____ wir mit einem Boot zu den Inseln vor der Küste gefahren. Ich _____ übrigens segeln gelernt. Im Hotel _____ wir nur gefrühstückt. Abends _____ wir immer in einem anderen Restaurant gegessen. Und wo _____ du gewesen?

B3 BD

19. Frieda Still hat mit dem Schiff „Europa" im Mittelmeer eine Kreuzfahrt gemacht. Was hat sie jeden Tag gemacht? Schreiben Sie.

a)

Um 8.30 ist sie ... _____

b)

_Um 9.30 ..._ _____

c)

_____

d)

_____

e)

Sie hat ... _____

f)

_Um 13.00 ..._ _____

g)

Von 15.00 bis 16.00 ... _____

h)

_____

i)

_Um 17.00 ..._ _____

j)

_____

k)

_Um 18.00 ..._ _____

l)

_____

Niemand kann ihn erklären

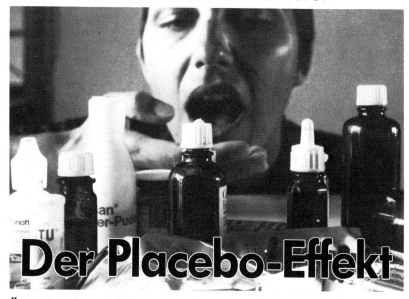

Der Placebo-Effekt

Ärzte hören es nicht gern und wollen nicht gern darüber sprechen, denn medizinisch erklären kann man es nicht. Aber es gibt ihn doch: den Placebo-Effekt.

Placebos – das sind Medikamente, die eigentlich gar keine Medikamente sind. Sie sehen aus wie Medikamente und schmecken auch wie Medizin, aber es sind nur Tabletten aus Zucker u. Wasser. In vielen Experimenten hat man gezeigt, wie man Menschen mit Placebos gesund machen kann. Ein Experiment war z. B. folgendes: 30 Patienten mit starken Magenbeschwerden bekommen 10 Tage Placebos. Sie wissen das nicht und glauben, sie machen eine Therapie mit Medikamenten. Interessant ist das Resultat: 35 % der Patienten hatten nach der Therapie keine Magenbeschwerden mehr. Warum ist das so? Bis heute können Mediziner den Placebo-Effekt nicht erklären. Haben vielleicht doch die Leute recht, die gegen zu viel Chemie in der Medizin sind? Machen Medikamente die Patienten wirklich gesund? Über die Frage müssen die Ärzte noch viel mehr diskutieren.   bts

Die Gesetzliche Krankenversicherung

Das ist die Situation 1860: Kranke Arbeitnehmer bekommen kein Gehalt. Nur wenige sind in einer Krankenkasse, die meisten können die Ärzte und Medikamente nicht bezahlen. Die Not ist sehr groß. 23 Jahre später, 1883, gibt es deshalb in Deutschland die erste gesetzliche Arbeiter-Krankenversicherung in Europa. Gesetzlich heißt: alle Arbeiter *müssen* in der Arbeiter-Krankenversicherung sein.

(Betriebskrankenkassen) und die Allgemeine Ortskrankenkasse. Diese Krankenkasse muß *alle* Arbeitnehmer nehmen, die anderen nicht.

Beiträge

Alle gesetzlichen Krankenkassen sind Solidargemeinschaften, d. h. verdient man mehr, bezahlt man auch mehr, und ist man nicht krank, muß man trotzdem für die Kranken mitbezahlen.

Auch heute noch ist die Krankenversicherung in der Bundesrepublik gesetzlich: Angestellte mit weniger als 4.575 DM Monatsgehalt und alle Arbeiter müssen in einer gesetzlichen Krankenkasse sein. Aber es gibt heute mehr Versicherungen als früher: z. B. Ersatzkassen für Arbeiter und Angestellte, Krankenkassen für bestimmte Berufe, Krankenkassen für große Betriebe

Hier ein Beispiel:
Der Beitrag für eine Krankenkasse X ist 12–13% vom Monatsgehalt.
Verdient man z. B. 3.525 DM im Monat, dann kostet die Krankenkasse etwa 440 DM im Monat. Ist das Gehalt z. B. 2500 DM, dann zahlt man nur rund 300 DM. Der Arbeitnehmer bezahlt nur 50%, die anderen 50% der Arbeitgeber.

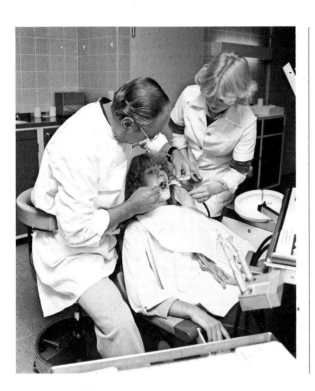

Leistungen

Das sind die wichtigsten Leistungen der Krankenkasse:
- Untersuchung und Behandlung durch Ärzte und Zahnärzte
- Medikamente und Brillen (2 DM pro Medikament muß man selbst bezahlen.)
- 60 % der Kosten für Zahntechnik (z. B. neue Zähne)
- Krankenhauskosten
- Krankengeld für kranke Arbeitnehmer (Die ersten 6 Wochen zahlt der Arbeitgeber das Gehalt weiter, dann zahlt die Krankenkasse Krankengeld.)

Den Arzt darf man frei wählen. Man muß ihm nur einen Krankenschein geben. Er bekommt sein Honorar dann direkt von der Krankenkasse. Die Krankenscheine gibt es bei der Krankenkasse.

O Allgemeine Ortskrankenkasse	**M** **F**	Kalendervierteljahr der Gültigkeit:
Telefon-Nummer	Zutreffende Vers.-Gruppe mit × ankreuzen	

Krankenschein für kassenärztliche Behandlung

Dieser Krankenschein gilt – falls nicht im oberen rechten Feld ein bestimmtes Kalendervierteljahr eingetragen ist – für das Kalendervierteljahr, in dem er ausgestellt wurde.

Abrechnungsstelle KVB Bezirksstelle	eine evtl. kürzere Gültigkeit ist hier zu vermerken:

MUSTER

Straße

Postleitzahl/Wohnort

Geburtsdatum   **Familienmitglied**   – Bitte zutreffend ankreuzen –   ☐ Ehegatte   ☐ Kind

Familienname   Vorname   Geburtsdatum

Arbeitgeber:

Ich bestätige, daß ich Mitglied der AOK   bin

Tag der Ausstellung   Unterschrift des Mitgliedes

III/7 e   10. 82   100 000

Zur Beachtung für den Versicherten!

Dieser Krankenschein gilt **nicht für zahnärztliche Behandlung.** Falls die Krankheit durch einen Unfall verursacht wurde, bitten wir um sofortige Meldung.
Bei Kassenwechsel wird der Krankenschein sofort ungültig.

Bitte tragen Sie in diesen Abschnitt Ihre Personalien (Name, Vorname und Geburtsdatum) und Ihre Anschrift ein.

Bei Verwendung des Krankenscheines für einen Familienangehörigen (Ehegatte oder Kind) bitte die Nr. 7 der Hinweise auf dem Merkblatt beachten.

Bitte geben Sie den Namen und den Betriebssitz Ihres Arbeitgebers an.

Der Krankenschein ist hier vor der Abgabe an den Arzt vom Mitglied zu unterschreiben und mit dem Ausstellungsdatum zu versehen.

Lektion 10

1. Was paßt wo? Ergänzen Sie auch andere Beispiele. Bilden Sie Beispielsätze.

das Abitur   Deutscher   Abendessen   das Spiel   zur Schule

Arbeit   das Examen   schwimmen   die Wahl   die Arbeit

den Krieg   Klaus   Deutsch   Mitglied   einen Freund

Marianne   Soldat   ein Kind

auf die Universität   ein Buch

Freunde   nach Athen   zum Gymnasium   Jazz-Musik

in Hannover   die Staatsbürgerschaft   Mechaniker   ein Hotelzimmer

für die Schule

den Nobelpreis   bei Siemens   das Kino   nach Hamburg   in Japan

ein Haus   das Studium   eine Reise   Englisch   in Stuttgart

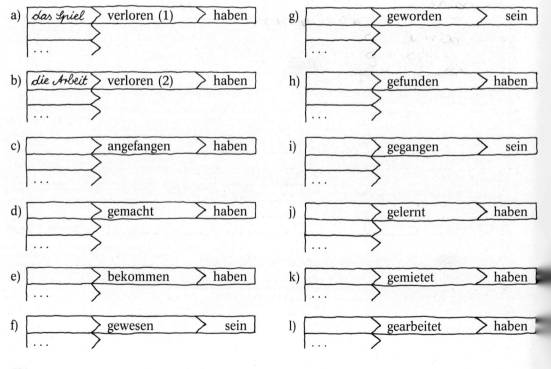

a) *das Spiel* > verloren (1) > haben
... >

b) *die Arbeit* > verloren (2) > haben
... >

c) > angefangen > haben
... >

d) > gemacht > haben
... >

e) > bekommen > haben
... >

f) > gewesen > sein
... >

g) > geworden > sein
... >

h) > gefunden > haben
... >

i) > gegangen > sein
... >

j) > gelernt > haben
... >

k) > gemietet > haben
... >

l) > gearbeitet > haben
... >

100

m)	> gelebt	> haben
...		

p)	> geschrieben	> haben
...		

n)	> studiert	> haben
...		

q)	> besucht	> haben
...		

o)	> gefahren	sein
...		

r)	> geheiratet	> haben
...		

2. Die Familie.

B1/2
WS

Anton   Weigl   Martha

Sebastian Weigl   Ute Weigl   Helga Weigl

Frau
Mann
Vater ⎫
Mutter ⎭ = Eltern
Sohn ⎫
Tochter ⎭ = Kinder
Bruder
Schwester

Wer ist was?	Anton Weigl	Martha Weigl	Sebastian	Ute	Helga
Anton Weigl	/////////	Mann von			
Martha Weigl		/////////			
Sebastian Weigl	Sohn von		/////////		
Ute Weigl				/////////	
Helga Weigl					/////////

Anton Weigl ist der Mann von Martha Weigl.
Sebastian Weigl ist der Sohn ...
Martha Weigl ist ...
Ute ...
Helga ...

...

Lektion 10

3. Wann ist . . . geboren? Schreiben Sie.

a) Martin Luther   – 1483   *vierzehnhundertdreiundachtzig*

b) Friedrich Schiller   – 1759 _____

c) Heinrich Heine   – 1797 _____

d) Karl Marx   – 1818 _____

e) Immanuel Kant   – 1724 _____

f) Otto von Bismarck   – 1815 _____

g) Albert Einstein   – 1879 _____

h) Günter Grass   – 1927 _____

i) Karl der Große   – 704 _____

j) Thomas Mann   – 1875 _____

4. Hast du das schon gemacht? Ergänzen Sie die Verben.

- Paß suchen
- Geld wechseln
- Filme kaufen
- Wohnung aufräumen
- Hund zu Frau Bloch bringen
- Reisetabletten kaufen
- mit Tante Ute sprechen Katze bringen (?)
- Auto aus der Werkstatt holen

| vergessen | finden | sein | gehen | machen |

O _*Hast*_ du den Paß schon _*gesucht*_ ?

□ Ja, ich _____ ihn _____. Und du?
_____ du Geld _____?

O Nein, das _____ ich nicht _____. Wir haben doch Schecks.
Aber ich _____ Filme _____ und die Wohnung _____.
Und was _____ du noch _____?

□ Ich _____ auch nicht faul. Ich _____ den Hund zu Frau Bloch _____
und _____ in die Apotheke _____ und _____ Reisetabletten
_____. _____ du mit Tante Ute _____?

O Ja, sie nimmt die Katze. Ich _____ sie ihr schon _____.
_____ du das Auto aus der Werkstatt _____?

□ Nein. Warum ich? Das _____ doch deine Aufgabe.

O Entschuldigung, aber das _____ ich total _____. Dann fahren wir eben morgen.

102

5. Ihre Grammatik: Ergänzen Sie.

a) Was hast du am Wochenende gemacht?
b) Wir haben 1983 ein Kind bekommen.
c) 1982 ist Italien Weltmeister geworden.

d) In Irland bin ich noch nicht gewesen.
e) Gestern war Bernd im Kino.
f) Das habe ich leider vergessen.

	Inversions-signal	Subjekt	Verb	Subjekt	Angabe	obligatorische Ergänzung	Verb
a)	Was		hast	du	am Wochenende		gemacht?
b)							
c)							
d)							
e)							
f)							

6. Ergänzen Sie ‚da‘, ‚das‘ oder ‚deshalb‘.

a) ○ Wir waren doch verabredet.
b) ○ Wo warst du gestern?
c) ○ Was hast du am Wochenende gemacht?
d) ○ Ich bin gestern lange in der Uni gewesen.
e) ○ Wollen wir sofort anfangen?
f) ○ Er wohnt doch noch in Bonn? Oder?
g) ○ Warum ist er nicht hier geblieben?
h) ○ Die Italiener haben wirklich sehr gut gespielt.
i) ○ Kommst du morgen mit?
j) ○ Er ist Kaufmann geworden.

□ *Das* habe ich total vergessen.
□ _____ war ich im Kino.
□ _____ habe ich zu Hause gearbeitet.
□ _____ habe ich nicht gewußt.
□ _____ bin ich doch früher gekommen.
□ _____ weiß ich nicht.
□ _____ verstehe ich auch nicht.
□ _____ sind sie auch Fußballweltmeister geworden.
□ _____ kann ich leider nicht.
□ _____ hat mir Jens schon erzählt.

7. Bilden Sie Sätze.

a) Paul und Paula gehen ins Reisebüro. Sie wollen nach Paris fahren.
   Paul und Paula gehen ins Reisebüro, denn sie wollen nach Paris fahren.
   Paul und Paula gehen ins Reisebüro. Sie wollen nämlich nach Paris fahren.

b) Nachts kann er nicht schlafen. Er hat immer Kopfschmerzen.

Ebenso:
c) Jens kann nichts essen. Er hat Magenschmerzen.
d) Herr Kahl schläft im Kino. Der Film ist langweilig.
e) Gestern war ich den ganzen Tag im Büro. Ich hatte viel Arbeit.
f) Helga kann nicht mitkommen. Sie ist schon verabredet.
g) Jochen kann jetzt schwimmen. Er hat schwimmen gelernt.

Lektion 10

8. Was wissen Sie über die Person? Schreiben Sie.

treffen *met*	schreiben	segeln *sailed*	machen *made*	leben *lived*	spielen *played*	haben *had*

arbeiten *worked*   fliegen *flew*   heiraten *married*   studieren *studied*   gewinnen *won*   sterben *died*

schwimmen *swam*   bekommen *became*   machen *made*   lieben *loved*   fahren *travelled*   werden *became*

a) Bertold Brecht: __Er hat__ die „Dreigroschenoper" __geschrieben__.

b) Johann Wolfgang von Goethe: __Er hat__ eine Reise nach Italien __gemacht__.

c) Ludwig van Beethoven: __Er ist__ 1827 in Wien __gestorben__.

d) Michail Bakunin: __hat__ in Deutschland, Frankreich, der Schweiz und in Rußland __gelebt__.

e) F. Bormann, J. Lovell, W. Anders: __sind__ 1968 auf den Mond __geflogen__.

f) Kleopatra: __hat__ Antonius 37 v. Chr. __geheiratet__.

g) Jomo Kenyatta: __hat__ in Moskau und London __studiert__.

h) Katarina II: __hat__ viele Männer __geliebt__.

i) Honoré de Balzac: __hat__ immer wenig Geld __gehabt__.

j) Sir Francis Drake: __ist__ von 1577–1580 um die Welt __gesegelt__.

k) Fjodor M. Dostojewskij: __hat__ sehr gern Roulette und Karten __gespielt__.

l) Alexander von Humboldt: __ist__ 1799 nach Südamerika __gefahren__.

m) Duke Ellington: __hat__ Jazz Musik __gemacht__.

n) Marlene Dietrich: __ist__ Amerikanerin __geworden__.

o) Alexander Kortschnoi: __hat__ 1981 die Schachweltmeisterschaft __gewonnen__.

p) Maria Theresia: __hat__ 16 Kinder __bekommen__.

q) Mark Spitz: __ist__ 100 m Butterfly in 54,27 Sekunden __geschwimmen__.

r) Richard M. Nixon: __hat__ 1969 Breschnjew in Moskau __getroffen__.

s) Albert Schweitzer: __hat__ von 1924–1965 in Afrika __gearbeitet__.

9. Was können Sie antworten?

a) *Wir waren verabredet.*
   Ⓐ Tut mir leid. Das habe ich vergessen.
   Ⓑ Wirklich?
   Ⓒ Wo warst du Montag abend?

b) *Und was war Dienstag abend?*
   Ⓐ Das war Dienstag abend.
   Ⓑ Da war ich nicht da.
   Ⓒ Da habe ich Gerd getroffen.

c) *Wo warst du gestern?*
   Ⓐ Im Kino. Warum?
   Ⓑ Das tut mir leid.
   Ⓒ Das habe ich vergessen.

d) *Was hast du da gemacht?*
   Ⓐ Ja.
   Ⓑ Schach gespielt.
   Ⓒ Nichts.

e) *Wir haben uns lange nicht gesehen.*
   Was hast du die ganze Zeit gemacht?
   Ⓐ Ich habe viel gearbeitet.
   Ⓑ Ich war drei Wochen in Hamburg.
   Ⓒ Ich habe gerade telefoniert.

f) *Haben Sie gestern auch ferngesehen?*
   Ⓐ Ja, morgen.
   Ⓑ Ja, den ganzen Abend.
   Ⓒ Nein, ich war im Theater.

10. Schreiben Sie Ihr Tagebuch.

Das ist Sybilles Tagebuch.

B1/2
SA

Montag, 7.3.
mit Gerd essen gegangen, war phantastisch, zu spät zur Arbeit gekommen

Dienstag, 8.3.
die Eltern besucht, Claudia getroffen, hatte keine Zeit, mit Gerd schwimmen gegangen

Mittwoch, 9.3.
zu Hause gewesen und ferngesehen, war sehr langweilig, früh schlafen gegangen

Donnerstag, 10.3.
viel gearbeitet, im Kino gewesen, Film war sehr gut, mit Claudia einen Wein getrunken

Freitag, 11.3.
schon um 14.00 Uhr zu Hause gewesen, eingekauft, Englisch gelernt, ferngesehen

Samstag, 12.3.
lange geschlafen, lange gefrühstückt, mit Gerd an die Ostsee gefahren, um 18.00 Uhr wieder zu Hause gewesen

Sonntag, 13.3.
spät aufgestanden, Musik gehört, mit Claudia spazierengegangen, abends mit ihr Schach gespielt

Ihr Tagebuch

Montag,

Dienstag,

Mittwoch,

Donnerstag,

Freitag,

Samstag,

Sonntag,

105

Der kleinste Zirkus der Welt

Zirkusdirektor Gugelmann macht Zirkus wie vor 100 Jahren. Ihm gefällt unsere moderne Welt nicht. In seinem Zirkus gibt es nicht viel Technik, keine Sensationen und keine großen Stars. Seine 'Stars' sind: eine Siamkatze, zwei Ratten, eine Ente, ein Hahn und ein Hund.

Er spielt auf Plätzen und auf Straßen, in Dörfern und Städten. Eine Vorstellung im „Zirkus Maus" dauert nicht lange, meistens nur 15 Minuten. Nach der Vorstellung geht er dann mit einem Hut herum. Einige Leute geben Geld, andere Leute gehen schnell weg. Mit dem Geld muß Herr Gugelmann alles bezahlen, alles für die Tiere und für sein eigenes Leben.

„Geboren bin ich 1947 in Zürich", erzählt er, „und schon als Kind hatte ich Interesse für Tiere. Nach der Schule habe ich Landwirt-

schaft studiert. Das hat meinen Eltern gar nicht gefallen. Dann habe ich zwei Jahre die Kunstgewerbeschule in Bern besucht. Früher war ich in einem großen Zirkus, erst als Stallknecht, später habe ich dann mit Pferden, aber auch mit Tigern und Löwen gearbeitet. Heute lebe ich mit meinen Tieren zusammen. Sie kennen mich sehr gut, und ich verstehe sie. Für die Arbeit mit Tieren muß man sensibel, konsequent und fleißig sein."

Herr Gugelmann lebt in Basel, aber er spielt nicht nur in der Schweiz, sondern er reist auch in der Bundesrepublik herum. Er wohnt dann zusammen mit seinen Tieren in einem kleinen Pferdewagen. Das ist oft nicht leicht

und sehr unbequem. Denn nicht immer findet er in den Städten einen guten Platz für die Nacht. Er hat auch Probleme mit Ämtern. Die Stadt Berlin z. B. hat ihm geschrieben: „Sehr geehrter Herr Gugelmann! ... Leider kann ich Ihnen ... keinen Straßenplatz auf öffentlichem Straßenland zur Verfügung stellen". Trotzdem macht Herr Gugelmann sehr gerne Zirkus. Er liebt den direkten Kontakt mit den Menschen auf den Straßen. Das gibt es natürlich nur in einem sehr kleinen Zirkus. Ein großer Zirkus, so findet er, ist kalt und nicht menschlich. „Am liebsten spiele ich für Kinder, dann kann ich alle Probleme vergessen", sagt Direktor Gugelmann. Nur Frauen mit Pelzmänteln mag er nicht, denn „dann haben meine Tiere vielleicht Angst", erzählt er. Geld hat er nie sehr viel, aber das ist für ihn auch nicht wichtig: „Ich möchte gar nicht anders leben. Ich bin frei und kann leben, wie ich möchte". Für später hat er schon Pläne: „Ich möchte mir ein Bauernhaus kaufen und zusammen mit meinen Tieren dort leben."

Augenblicke

Ich besuche meinen Vetter in Aschaffenburg und seine Frau, die Helga. Lange war ich nicht mehr bei ihnen auf der Schweinheimer Höh, wo ich früher als Kind am liebsten war, an den Wochenenden, in den Ferien. Denn hier auf dem Land war ein freieres Leben als mitten in der Stadt. Jetzt gibt es auch hier schon viele Häuser, Häuser mit Garagen, Gärten und Blumen.

Wir sitzen auf der Terrasse hinter dem Bungalow, abends, an einem heißen Tag. Isa, die Tochter, grillt hinten im Garten Würste. Wir trinken ein Bier und sprechen über den nächsten Urlaub (mein Vetter möchte nach Nizza reisen), über die Kinder, über einen Autokauf. Helga sitzt in der Hollywoodschaukel. Es ist gemütlich, wir haben Zeit.

Plötzlich spreche ich von den Juden in Aschaffenburg, im Dritten Reich. In der Zeitung „Main-Echo"

oder ich habe nie gewußt, wohin man sie gebracht hat. Plötzlich waren die Menschen mit dem Stern nicht mehr in der Stadt. Und meine Freunde und Verwandten haben nicht von den Juden gesprochen. „Man muß es doch gewußt haben", sage ich. „Die Leute müssen doch etwas gesehen und gehört haben". Aber ich habe schon

viele Menschen gefragt und keine Antwort bekommen. Einige erklären mir, wie es war mit den Juden: die Juden haben isoliert in der Stadt gelebt, man hatte Angst vor der Gestapo, denn der Kontakt mit Juden war ja verboten, die Deportationen waren immer mitten in der

Nacht.... Die Leute sagen, sie haben nichts gewußt. Da sagt Helga: „Oder sie wollen es nicht wissen".

Und nun erzählt Helga: „Bei Freunden in Kleinostheim haben halbjüdische Kinder aus dem Rheinland mit ihrer Mutter gewohnt. Meine Eltern haben diesen Menschen Essen und Kleider gebracht, wir haben sie in unser Haus eingeladen und ihnen geholfen. Dann war da noch der Dorfpfarrer Hepp. Die Nazis haben ihn gesucht, denn er hat in der Kirche gegen Hitler gepredigt. Meine Eltern haben geholfen, und ich habe ihm als Kind den Weg gezeigt zu einem Bunker. Wir sind mit dem Fahrrad gefahren, der Pfarrer in Zivil. Die Leute haben gedacht: da kommt ein Vater mit seiner Tochter. In dem Bunker hat sich der Pfarrer dann versteckt". Das erzählt Helga. Sie sitzt noch immer in der Hollywoodschaukel.

Mein Vetter und seine Frau leben wie viele andere Leute. Auch im Dritten Reich waren Helga und ihre Eltern eine ganz normale Familie, aber trotzdem haben sie den Juden geholfen. Bis heute habe ich das nicht gewußt.

habe ich gelesen, daß man 1942 im April an einem Tag 123 Juden aus Aschaffenburg nach Polen deportiert hat. Damals habe ich in der Stadt gelebt, ein Dreizehnjähriger, und ich denke noch oft an die Menschen mit dem gelben Judenstern. Aber ich habe vergessen,

Lektion 11

1. Was paßt nicht?

a) blond – schwarz – rot – hübsch

b) dick – groß – sympathisch – schlank

c) dünn – langweilig – ruhig – intelligent

d) schmal – jung – lang – klein

e) nett–sympathisch–langweilig–interessant

f) nervös – schön – dumm – unsympathisch

g) weiß – braun – rot – rund

h) hübsch – attraktiv – schön – lustig

2. Ergänzen Sie.

a)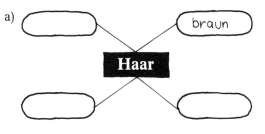

braun

Haar

b)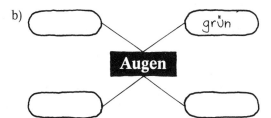

grün

Augen

c)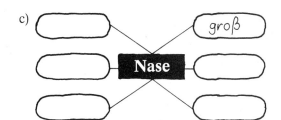

groß

Nase

d)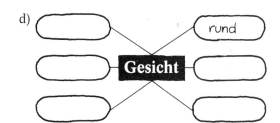

rund

Gesicht

3. Ergänzen Sie.

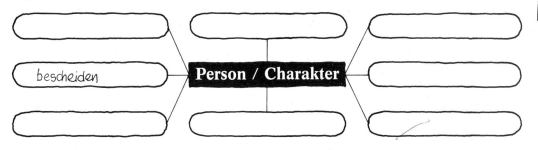

bescheiden

Person / Charakter

4. Was paßt nicht?

a) Rock: kurz – lang – ~~rund~~ – neu – ~~jung~~

b) Schuhe: blau – dick – hübsch – sympathisch – sportlich

c) Brille: lang – dunkel – rund – weich – alt

d) Beine: lang – groß – kurz – dick – freundlich

e) Kleidung: gemütlich – dezent – blond – häßlich – sportlich

f) Pullover: dick – schlank – blau – dünn – nervös

g) Strümpfe: rot – sympathisch – dünn – jung – dick

109

Lektion 11

B1/2
WS

5. Was ist ähnlich?

a) *schlank*
  Ⓐ lang
  Ⓑ dünn
  Ⓒ rund

b) *hübsch*
  Ⓐ schön
  Ⓑ jung
  Ⓒ sympathisch

c) *nett*
  Ⓐ sympathisch
  Ⓑ attraktiv
  Ⓒ lustig

d) *intelligent*
  Ⓐ klug
  Ⓑ dezent
  Ⓒ ruhig

B1/2
WS

6. Ergänzen Sie. Wie heißt das Gegenteil?

a) alt – _____
b) groß – _____
c) schlank – _____
d) lustig – _____
e) schön – _____

f) unattraktiv – _____
g) ruhig – _____
h) interessant – _____
i) sportlich – _____
j) freundlich – _____

k) dick – _____
l) neu – _____
m) häßlich – _____
n) dumm – _____
o) gemütlich _____

B1/2
WS

7. Ergänzen Sie.

a)   aussehen   . . .

b)   sein   . . .

c)   tragen   . . .

B1/2
WS

8. Ergänzen Sie.

a) Ich _____ Klaus sympathisch.
b) Eva _____ sehr nervös aus.
c) Uta _____ groß und schlank.

d) Karin _____ einen roten Rock.
e) Der rote Rock _____ sie jünger.
f) Brigitte _____ mir gut.

B1/2
WS

9. Was ist das?

a) die anderen Menschen   – *die Leute*
b) eine sehr junge, nicht verheiratete Frau   – _____
c) sehr junge Menschen (bis 14 Jahre)   – _____
d) Es hat eine Nase, zwei Augen und einen Mund.   – _____
e) Sie sind rechts und links von der Nase.   – _____
f) Mit ihm ißt man.   – _____
g) Sie ist über dem Mund.   – _____
h) Mit diesen Personen arbeitet man zusammen.   – _____
i) Viele Leute können ohne sie nicht sehen.   – _____
j) Man bekommt es von der Post, und es kostet wenig Zeit.   – _____
k) Man bekommt es von der Post, und es ist nur ein Stück Papier. – _____
l) Man trägt sie an den Füßen.   – _____
m) Es heißt bei der Frau ‚Bluse‘, beim Mann anders.   – _____
n) eine Hose und Jacke mit gleicher Farbe   – _____
o) Sie hat zwei Beine, aber sie kann nicht gehen.   – _____
p) Man trägt ihn meistens über einem Hemd oder einer Bluse. – _____

110

10. Welches Wort paßt wo?

B1/2
WS

rothaarig sein   kurzhaarig sein   verheiratet sein   meistens   oft   voll   langweilig
richtig sein   sehr gut aussehen   kennenlernen   nett finden   sympathisch sein   gesund
lustig sein   dumm   reich sein   Sorgen   selten   sparsam sein   nervös   glauben

a) nicht interessant – _____

b) unruhig – _____

c) nicht intelligent – _____

d) ein Ehepaar sein – _____

e) schön sein – _____

f) rote Haare haben – _____

g) gerne mögen
   (eine Person) – _____

h) meinen – _____

i) wenig Geld
   ausgeben – _____

j) viel Geld haben – _____

k) oft lachen – _____

l) kurze Haare haben – _____

m) nicht selten – _____

n) nicht immer,
   aber sehr oft – _____

o) stimmen – _____

p) Probleme – _____

q) nicht leer – _____

r) nicht oft – _____

s) eine Person zum
   ersten Mal sehen und
   mit ihr sprechen – _____

t) nett sein – _____

u) nicht krank – _____

11. Was ist typisch für . . .?

B1/2
GR

a)

Robert
Redford

b)

Bud
Spencer

Haare: blond _Die blonden Haare._
Augen: blau _Die_____
Gesicht: schön _____
Figur: gut _____

Gesicht: lustig _____
Arme: stark _____
Bauch: dick _____
Appetit: groß _____

Lektion 11

c)

Klaus
Kinski

d)

Mick
Jagger

Augen: gefährlich _____
Gesicht: schmal _____
Haare: dünn _____
Haut: hell _____

Beine: lang _____
Lippen: dick _____
Bauch: dünn _____
Nase: groß _____

B1/2
GR

12. „Welchen findest du besser?" Schreiben Sie.

a) Pullover (dick/dünn)
   O *Welchen findest du besser, den dicken*
     oder den dünnen Pullover?
   □ *Den dicken.*

Ebenso:
b) Schuhe   e) Strümpfe
   (modern/sportlich)   (braun/schwarz)
c) Rock (lang/kurz)   f) Kleid (gelb/rot)
d) Bluse (weiß/blau) g) Jacke (grün/braun)

B1/2
GR

13. Was paßt wozu? Schreiben Sie?

a)

Strümpfe: dick – Schuhe: schwer

Die dicken Strümpfe passen zu den
schweren Schuhen.
_____
_____
_____
_____
_____

112

Ebenso:

b)

Rock: schwarz – Bluse: weiß

d)

Mantel: dünn – Anzug: hell

c)

Hemd: sportlich – Hose: kurz

e)

Jacke: modern – Kleid: kurz

14. Hartmut hatte Geburtstag. Von wem hat er welche Geschenke? Schreiben Sie.

B1/2
GR

a) Fotoapparat: billig, von Bernd
   Den billigen Fotoapparat hat
   er von Bernd.

Ebenso:
b) Uhr: komisch, von Petra
c) Buch: langweilig, von Udo
d) Pullover: häßlich, von Inge
e) Kuchen: alt, von Carla
f) Schallplatte: kaputt, von Dagmar
g) Hemd: unbequem, von Horst
h) Schuhe: alt, von Rolf
i) Strümpfe: kaputt, von Holger

15. Ihre Grammatik: Ergänzen Sie.

B1/2
GR

	Nominativ	Akkusativ	Dativ
Rock: schwarz	der schwarze Rock	den schwarzen	dem schwarzen
Jacke: modern	die moderne	die moderne	der modernen
Hemd: neu	das neue	das neue	dem neuen
Schuhe: groß	die großen	die großen	den großen - n

113

Lektion 11

16. „Wie findest du . . .?" Schreiben Sie.

a) Garten: zu klein
   O <u>Wie findest du den Garten?</u>
   ☐ <u>Ich finde ihn zu klein.</u>

Ebenso:
b) Kinder: süß
c) Küche: praktisch
d) Hund: dumm
e) Gerd: etwas nervös
f) Bad: zu dunkel
g) Wohnzimmer: phantastisch
h) Gerd und Gisela: nett
i) Auto: nicht schlecht
j) Möbel: sehr modern
k) Gisela: sympathisch

17. Kennen Sie das Märchen von König Drosselbart? Die schöne Königstochter soll heiraten, aber kein Mann gefällt ihr.

Was sagt sie über die anderen Männer? Schreiben Sie.

Über b)? <u>Wie häßlich! So ein</u>

Ebenso: c–h

die Brust	der Mund	die Arme	Beine	Bauch	Nase	Gesicht
lang	dick	kurz	traurig	dünn	groß	schmal

114

18. Beschreiben Sie die Personen.

a) Er hat *einen dicken* _____ Bauch.

       kurze _____ Beine.

       große _____ Füße.

       kurze _____ Haare.

       _____ Brille.

       _____ Gesicht.

       _____ Nase.

       _____ Mund.

c) Sie hat _____ Ohren.

       _____ Haare.

       _____ Nase.

       _____ Mund.

       _____ Beine.

       _____ Gesicht.

       _____ Füße.

       _____ Hals.

b) Sein Bauch ist *dick* _____

  Seine Beine sind _____

  Seine Füße sind _____

  Seine Haare sind _____

  Seine Brille ist _____

  Sein Gesicht ist _____

  Seine Nase ist _____

  Sein Mund ist _____

d) Ihre Ohren sind _____

  Ihre Haare sind _____

  Ihre Nase ist _____

  Ihr Mund ist _____

  Ihre Beine sind _____

  Ihr Gesicht ist _____

  Ihre Füße sind _____

  Ihr Hals ist _____

19. Ergänzen Sie.

a) Er trägt einen schwarz*en* _____ Anzug mit einem weiß_____ Hemd.

b) Sie trägt einen blau_____ Rock mit einer gelb_____ Bluse.

c) Er trägt schwer_____ Schuhe mit dick_____ Strümpfen.

d) Sie trägt einen dunkl_____ Rock mit einem rot_____ Pullover.

e) Sie trägt ein weiß_____ Kleid mit einer blau_____ Jacke.

f) Er trägt eine braun_____ Hose mit braun_____ Schuhen.

Lektion 11

20. Ihre Grammatik: Ergänzen Sie.

	Nominativ	Akkusativ	Dativ
Bluse: grau	eine graue Bluse	eine	
Kleid: neu			
Mantel: alt			
Augen: grün			

21. Schreiben Sie Anzeigen.

a) Frau (jung) → Mann (attraktiv) mit Figur (sportlich), Augen (braun), Haaren (schwarz)

b) Mann (jung) →Freundin (nett) mit Kopf (intelligent), Gesicht (hübsch), Haare (rot)

> Junge Frau sucht attraktiven Mann mit sportlicher Figur, braunen Augen und schwarzen Haaren.
> Zuschriften unter 753928 an die WAZ.

Ebenso:

c) Mann (nett) → Mädchen (hübsch) mit Haaren (lang), Augen (blau)

d) Frau (sympathisch) → Mann (ruhig) mit Charakter (gut)

e) Mädchen (attraktiv) → Freund (reich) mit Armen (stark), Auto (schnell)

f) Herr (ruhig) → Lehrerin (freundlich) mit Kopf (intelligent) und Figur (gut)

g) Mann (jung) → Mädchen (jung) mit Augen (lustig) und Ideen (verrückt)

Ihre Grammatik: Ergänzen Sie.

	Nominativ	Akkusativ	Dativ
Mann: jung	junger Mann	j	
Kleidung: sportlich			
Auto: schnell			
Frauen: reich			

22. Schreiben Sie Dialoge.

a) Bluse: weiß, blau

○ Du suchst doch eine Bluse. Wie findest du die ○

□ Welche meinst du?

○ Die weiße.

□ Die gefällt mir nicht.

○ Was für eine möchtest du denn?

□ Eine blaue.

Ebenso:

b) Hose: braun, schwarz

c) Kleid: kurz, lang

d) Rock: rot, gelb

e) Schuhe: rot, blau

23. Was paßt zusammen?

B1/2
BD

A	Gefällt Ihnen Eva gut?
B	Wie finden Sie Klaus?
C	Hat Klaus eine nette Frau?
D	Was trägt Karin?
E	Wie sieht deine Freundin aus?
F	Was für Augen hat Uta?
G	Welches Kleid trägst du heute abend?
H	Wie kann ich Sie am Bahnhof erkennen?
I	Ist Klaus schwarzhaarig?

1	Das weiße.
2	Ich finde ihn langweilig.
3	Ich glaube, sie sind braun.
4	Ja, sie ist sehr nett.
5	Nein, er ist blond.
6	Er ist sehr sympathisch.
7	Mir gefällt sie nicht.
8	Ich trage einen braunen Anzug.
9	Grüne.
10	Sie ist groß und schlank.
11	Ein blaues Kleid.

A	B	C	D	E	F	G	H	I
4,7								

24. Was können Sie auch sagen?

B1/2
BD

a) *Eva trägt gern sportliche Kleidung.*
   Ⓐ Eva ist sportlich.
   Ⓑ Eva mag sportliche Kleidung.
   Ⓒ Eva treibt gern Sport.

b) *Dann ist ja alles klar.*
   Ⓐ Das verstehe ich gut.
   Ⓑ Das ist ja einfach.
   Ⓒ Dann gibt es ja keine Probleme mehr.

c) *Findest du Bruno nett?*
   Ⓐ Magst du Bruno?
   Ⓑ Ist Bruno schön?
   Ⓒ Ist Bruno attraktiv?

d) *Peter und Susanne sind verheiratet.*
   Ⓐ Peter und Susanne haben Kinder.
   Ⓑ Peter und Susanne sind ein Ehepaar.
   Ⓒ Peter und Susanne wohnen zusammen.

e) *Das finde ich gut.*
   Ⓐ Das schmeckt mir nicht.
   Ⓑ Das gefällt mir.
   Ⓒ Das ist gemütlich.

f) *Bernd ist schwarzhaarig.*
   Ⓐ Bernd hat schwarze Haare.
   Ⓑ Bernd sieht schwarz aus.
   Ⓒ Bernd trägt schwarz.

g) *Udo sieht sehr gut aus.*
   Ⓐ Udo kann gut sehen.
   Ⓑ Udo ist sehr attraktiv.
   Ⓒ Udo ist sehr nett.

h) *Jochen ist langhaarig.*
   Ⓐ Jochen ist lang und haarig.
   Ⓑ Jochen hat viele Haare.
   Ⓒ Jochen hat lange Haare.

Lektion 11

B1/2
SA

25. Schreiben Sie einen Brief.

Sie haben eine(n) Brieffreund(in) in Berlin. Sie besuchen ihn (sie) und kommen mit dem Flugzeug. Er (Sie) soll Sie am Flughafen abholen, aber hat Sie noch nie gesehen. Schreiben Sie, wann Sie ankommen und wie Sie aussehen.

..., den ...

Liebe (r) ...

B3
WS

26. Ergänzen Sie.

Kollege

Arbeit

B3
WS

27. Welches Wort paßt?

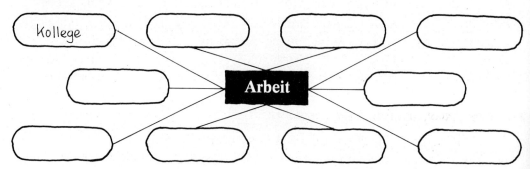

ärgern   normal   kritisieren   verrückt   pünktlich   kündigen   Frisur   verlangen
wirklich   Fehler   angenehm   arbeitslos   Arbeitgeber   Arbeitsamt   zufrieden
Stelle

a) Jemand hat keine Stelle. Er (Sie) ist _____.
b) Der Chef einer Firma ist der _____.
c) Jemand will nicht mehr in seiner Firma arbeiten. Dann muß er (sie) _____.
d) Sie hat keine Arbeit. Sie sucht eine _____.
e) Hans ist arbeitslos. Er bekommt Geld vom _____.
f) Heinz hat selbst gekündigt. Ich glaube, das war ein _____.
g) Das macht jeder. Das ist ganz _____.
h) Vorher hatte Karin lange Haare. Jetzt hat sie eine kurze _____.
i) Klaus kommt nie zu spät. Er ist immer _____.
j) Eine Irokesenfrisur, das ist doch nicht normal, das ist _____.
k) Heinz war ein guter Angestellter. Sein Arbeitgeber war mit ihm _____.
l) Heinz hat nicht recht. Er kann vom Arbeitsamt kein Geld _____.

118

m) Junge Leute wollen anders leben. Man soll sie nicht immer _____.

n) Du sagst, Heinz will keine Stelle. Das stimmt nicht. Er will _____ arbeiten.

o) Heinz hat gekündigt, denn seine Kollegen haben ihn immer _____.

p) Die neue Kollegin ist ruhig, nett und freundlich. Sie ist wirklich _____.

28. Ergänzen Sie ‚welch-?' und ‚dies-'.

B3
GR

a) O Welcher _____ Rock ist teurer? □ Dieser _____ rote hier.
   O _____ Hose ist teurer? □ _____ braune hier.
   O _____ Kleid ist teurer? □ _____ gelbe hier.
   O _____ Strümpfe sind teurer? □ _____ blauen hier.

b) O _____ Anzug nimmst du? □ _____ schwarzen hier.
   O _____ Bluse nimmst du? □ _____ weiße hier.
   O _____ Hemd nimmst du? □ _____ blaue hier.
   O _____ Schuhe nimmst du? □ _____ braunen hier.

c) O Zu _____ Rock paßt die Bluse? □ Zu _____ roten hier.
   O Zu _____ Hose paßt das Hemd? □ Zu _____ weißen hier.
   O Zu _____ Kleid paßt der Mantel? □ Zu _____ braunen hier.
   O Zu _____ Schuhen paßt die Hose? □ Zu _____ schwarzen hier.

29. ‚Jeder', ‚alle', ‚manche'? Ergänzen Sie.

B3
GR

a) O Wie finden Sie die Entscheidung des Arbeitsamtes?
   □ Richtig! _____ Punks sind doch gleich! Die wollen doch nicht arbeiten.
   Das weiß doch jeder.
   O Aber _____ suchen doch Arbeit. Heinz Kuhlmann zum Beispiel.
   □ Das glaube ich nicht.

b) O Finden Sie _____ Punk unsympathisch?
   □ Nein. Eigentlich finde ich _____ Leute nett, auch Punks. Nur _____ mag ich
   nicht.

c) O Hat das Arbeitsamt recht?
   □ Nein, das Arbeitsamt muß _____ Arbeitslosen die gleichen Chancen geben, auch
   _____ arbeitslosen Punk.

d) O Gefallen Ihnen Punks?
   □ Ich finde sie eigentlich ganz lustig, aber nicht _____ sind gleich. Viele tragen tolle
   Kleidung, nur _____ finde ich häßlich.

30. Ihre Grammatik: Ergänzen Sie. Vergleichen Sie den definiten Artikel mit den anderen Artikelwörtern.

B3
GR

	mask. Singular		fem. Singular		neutr. Singular		Plural		
Nominativ	der	jeder	die	jede	das	jedes	die	alle	manche
Akkusativ	den		die		das		die		
Dativ	dem		der		dem		den		

Lektion 11

31. Was können Sie auch sagen?

a) *Das finde ich auch.*
- Ⓐ Das ist gut.
- Ⓑ Das gefällt mir auch.
- Ⓒ Das meine ich auch.

b) *Das macht doch nichts.*
- Ⓐ Das ist doch egal.
- Ⓑ Das macht man nicht.
- Ⓒ Das ist doch kein Problem.

c) *Das ist falsch.*
- Ⓐ Das ist nicht wahr.
- Ⓑ Das ist nicht richtig.
- Ⓒ Das weiß ich nicht.

d) *Da haben Sie recht.*
- Ⓐ Da bin ich Ihrer Meinung.
- Ⓑ Da haben Sie eine Chance.
- Ⓒ Das finde ich auch.

e) *Das stimmt, aber...*
- Ⓐ Sicher, aber...
- Ⓑ Nein, aber...
- Ⓒ Richtig, aber...

f) *Das stimmt.*
- Ⓐ Einverstanden.
- Ⓑ Das ist richtig.
- Ⓒ Meinetwegen.

g) *Das glaube ich nicht.*
- Ⓐ Das sieht nicht gut aus.
- Ⓑ Da bin ich anderer Meinung.
- Ⓒ Da bin ich sicher.

h) *Sind Sie sicher?*
- Ⓐ Sind Sie richtig?
- Ⓑ Haben Sie recht?
- Ⓒ Wissen Sie das genau?

i) *Meinetwegen.*
- Ⓐ Das weiß ich genau.
- Ⓑ Das können Sie mir glauben.
- Ⓒ Das ist mir egal.

j) *Da bin ich anderer Meinung.*
- Ⓐ Das weiß ich genau.
- Ⓑ Das ist mir egal.
- Ⓒ Das glaube ich nicht.

32. Was paßt wo?

> Da bin ich anderer Meinung.   Sicher, aber...   Das stimmt.   Das glaube ich auch.
> Richtig, aber...   Das ist falsch.   Das stimmt nicht.   Das ist
> auch meine Meinung.   Das ist wahr, aber...   Das ist Unsinn.   Das glaube ich nicht.
> Da hast du recht.   Das finde ich auch.   Da hast du recht, aber...
> Das finde ich nicht.   Das ist richtig.   Das meine ich auch.

+	−	+/−

NUMEROLOGIE
– EIN SPIEL FÜR LANGE WINTERABENDE

Wollen Sie mehr über sich selbst wissen? Über Ihren Lebensweg – oder über Ihren Partner? Spielen Sie mit Zahlen, nach uralten Regeln. Es ist nicht so kompliziert, wie es auf den ersten Blick vielleicht aussieht.

Den meisten Menschen sind bestimmte Zahlen sympathisch, andere unsympathisch. Für viele ist die 13 eine „böse" Zahl – in manchen Hotels steht neben Zimmer 12 gleich Zimmer 14. Auf dem internationalen Flughafen Genf-Cointrin haben die Uhren eine 24-Stunden-Einteilung, aber zwischen 12 und 14 steht nicht 13, sondern 12a! Natürlich kann man nicht beweisen, daß die 13 Unglück bringt, aber viele glauben doch daran. Daneben gibt es die „böse 7" (aber viele glauben, daß die 7 ihre Glückszahl ist), und manche Leute haben ihre eigene, ganz private Glücks- oder Unglückszahl.

Dieser Glaube an die Bedeutung von Zahlen ist uralt. Manche dieser Bedeutungen gibt es schon seit Tausenden von Jahren, sie gehen zurück auf die Babylonier und Assyrer. Auch unser Spiel, die Numerologie, gibt es schon sehr lange. Es ist eine Übertragung aus der Kabbala. Das war eine Art „Geheimwissenschaft": Jedem Buchstaben des hebräischen Alphabets wurde eine Zahl zugeordnet, und jede Zahl hatte eine bestimmte Bedeutung. Die Kabbalisten nahmen das sehr ernst, für sie war es eine Wissenschaft. Wir betrachten es eher als ein Spiel – ein lustiges Spiel für lange Winterabende.

DIE SPIELREGELN DER NUMEROLOGIE

- Jeder Buchstabe entspricht einer Zahl zwischen 1 und 8. In der Tabelle ist die Zahl für jeden Buchstaben angegeben.
- Setzen Sie an die Stelle der Buchstaben die Zahlen, addieren Sie sie und nehmen Sie die Quersumme (s. Beispiel!).
- Die Buchstaben ä, ö und ü schreiben Sie als ae, oe und ue.
- Die 10 gilt als $1 + 0 = 1$.
- Die Zahlen 11 und 22 gelten als „Meister-Zahlen", sie haben besondere Eigenschaften. Deshalb bleiben sie stehen, wir nehmen von ihnen also nicht die Quersumme.

Für die *Namenszahl* nimmt man den Vornamen und den Famliennamen. Titel läßt man weg, auch einen zweiten Vornamen rechnen Sie nur dann mit, wenn Sie ihn auch wirklich benutzen.

So werden die Buchstaben zu Zahlen

1	2	3	4	5	6	7	8
A	B	C	D	E	U	O	F
I	K	G	M	H	V	Z	P
Q	R	L	T	N	W		
J		S			X		
Y							

Beispiel:
SYBILLE GREILING
3121335 32513153
$3+1+2+1+3+3+5 = 18$
$3+2+5+1+1+5+3 = 23$
$18: 1+8 = 9$
$23: 2+3 = 5$
$9+5 = 14$
$1+4 = \mathbf{5}$

DAS BEDEUTET IHRE NAMENSZAHL

1 Sie sind ehrgeizig und selbstsicher, vielleicht auch egoistisch und kalt. Sie können sich gut konzentrieren.

2 Sie sind gewissenhaft, bescheiden und intelligent. Sie brauchen sehr viel Liebe.

3 Sie sind ein fröhlicher, geselliger Mensch, künstlerisch sehr begabt, ein richtiger Glückspilz!

4 Sie können hart und genau arbeiten. Sie sagen wenig. Man kann sich auf Sie verlassen.

5 Sie mögen die Abwechslung, den Wechsel, das Neue und Unbekannte. Sie finden leicht Kontakt mit anderen Menschen und reisen besonders gern.

6 Sie haben sehr viel Sinn für Schönheit und Harmonie. Sie sind ein Idealist, aber vielleicht sind Sie etwas zu konservativ.

7 Sie denken gern, Sie sind ihrer Natur nach ein Philosoph oder ein Wissenschaftler. Sie sollten aber etwas öfter lachen.

8 Sie sind ein praktischer Mensch, und was sie wollen, das bekommen Sie auch. Sie sind nicht sehr geduldig, Sie warten nicht gern.

9 Sie denken wenig an sich selbst, Ihre Aufgaben sind Ihnen wichtiger. Manchmal sind Sie zu leichtgläubig.

11 Ihre Persönlichkeit gleicht der 9, aber Sie sind stärker und möchten andere führen. Manchmal sind Sie nervös oder ungeduldig.

22 Die Zahl des Meisters: In Ihnen sind alle guten Eigenschaften der Zahlen 1 bis 9. Wenn nicht: nehmen Sie die Quersumme aus $22 = 4$!

Neu in der Firma –
und schon gibt es Schwierigkeiten

**Jeder Anfang ist schwer. Das gilt besonders
für den Beruf. Aber wer sich ein bißchen klug verhält,
kann viele Probleme schnell lösen**

Neu am Arbeitsplatz – das kann Probleme geben. Probleme mit Chefs und Kollegen, Probleme mit den neuen Aufgaben oder mit dem Arbeitsrhythmus der neuen Stelle. In einem kleinen Büchlein, das der Nürnberger Diplom-Psychologe Jochen Chema unter dem Titel „Stellenwechsel" herausgebracht hat, gibt dieser Fachmann Tips darüber, wie Sie sich am besten verhalten, wenn es an Ihrem neuen Arbeitsplatz Schwierigkeiten gibt, und vor allem, wie Sie solche Schwierigkeiten schon gleich am Anfang vermeiden können.

Es ist zum Beispiel möglich, daß Sie gleich am Anfang das Gefühl haben, Ihre neuen Kolleginnen und Kollegen mögen Sie nicht und finden Sie unsympathisch. Vielleicht sieht man Sie komisch an, vielleicht lacht jemand in dem Moment, in dem Sie einen Büroraum betreten, oder Sie finden, daß die anderen Mitarbeiter Sie absichtlich nicht über alles informieren, was Sie – Ihrer Meinung nach – wissen müßten. Auch wenn Sie ganz sicher sind, daß es so ist: Prüfen Sie auf jeden Fall zuerst einmal selbst, suchen Sie den Grund für solche Gefühle nicht sofort bei den Kollegen. Hatten Sie nicht schon ein ungutes Gefühl über den neuen Job, bevor Sie überhaupt mit der Arbeit angefangen haben? Haben Sie vielleicht schon vorher gedacht: „Die neuen Kollegen werden mich bestimmt nicht mögen, weil ich sofort eine so gute Stelle bei der Firma bekommen habe" oder „Bei dieser Firma habe ich es bestimmt schwer, von den Kolleginnen und Kollegen akzeptiert zu werden, weil ich noch nie in dieser Branche gearbeitet habe"? Wer so denkt, ist meistens unsicher und glaubt deshalb schnell, daß die anderen Mitarbeiter gegen ihn sind, auch wenn dies in Wirklichkeit gar nicht so ist.

Unsicherheit ist ein Problem, mit dem die meisten Neuen in einer Firma kämpfen müssen. Sie können aber etwas tun, damit daraus nicht größere Schwierigkeiten entstehen. Vor allem müssen Sie selbst genau wissen, was Sie können und was Sie nicht können. Sagen Sie nie – nicht zu sich selber, und schon gar nicht zu anderen – daß Sie die und die Fähigkeit haben, obwohl Sie sie in Wirklichkeit gar nicht besitzen. Behaupten Sie zum Beispiel nicht, Sie könnten Schreibmaschine schreiben, wenn Sie gerade erst einen Anfängerkurs gemacht haben. Versuchen Sie nicht, sich selber und Ihren Mitarbeitern einzureden, daß Sie mit einer für die neuen Maschine arbeiten können, wenn Sie in Wirklichkeit nur die Bedienungsanleitung einmal durchgelesen haben. Viele Menschen sind unsicher, weil sie nicht ehrlich sind und eigentlich weniger können, als sie in Gesprächen mit Kollegen gesagt haben.

Wenn Sie an Ihrem neuen Arbeitsplatz etwas nicht verstehen oder wenn Ihnen eine Arbeit zu schwer ist, dann sagen Sie es sofort. Bitten Sie einfach um Hilfe; das ist ganz natürlich, und Ihre Kollegen werden Ihnen bestimmt helfen. Auch wenn Ihnen etwas nicht gefällt, ist es besser, wenn Sie es sofort sagen; später ist es vielleicht schwieriger und führt leichter zu Ärger mit den Kolleginnen und Kollegen.

Alle Menschen haben Fehler und Schwächen, auch Sie. Wenn Sie diese Fehler bei sich selber und bei den anderen akzeptieren, dann werden Sie auch weniger Angst haben, daß die anderen Sie und Ihre kleinen Fehler nicht akzeptieren können. Aber seien Sie auch nicht zu bescheiden. Spielen Sie nie das Dummchen („Das verstehe ich nicht, ich bin wohl ein bißchen dumm") – Sie werden damit Ihren neuen Kollegen nicht sympathischer. Sie bekommen nur ein schlechtes Image, man nimmt Sie nicht mehr ernst.

Fragen Sie, wenn Sie etwas nicht verstehen, das ist Ihr gutes Recht, und man erwartet es von Ihnen. Aber fragen Sie bitte nicht alle fünf Minuten, sonst stören Sie Ihre Kolleginnen und Kollegen zu sehr bei der Arbeit. Am besten ist es, Sie sammeln Ihre Fragen. Schreiben Sie sie auf und diskutieren Sie sie dann später in Ruhe mit einer Kollegin oder einem Kollegen. So stören Sie keinen, und außerdem wirken Sie sicher und gut organisiert. Die anderen merken dann, daß Sie genau wissen, was Sie wollen.

Niemand in der neuen Firma verlangt, daß Sie von der ersten Minute an Höchstleistungen bringen. Versuchen Sie also am Anfang nicht, mehr zu leisten, als Sie wirklich können. Sie machen sich sonst nur nervös und werden dann unsicher. Wenn Sie zum Beispiel in einem Dienstgespräch mit Kollegen nichts zum Thema sagen können, weil Sie die Zusammenhänge noch nicht kennen, dann schweigen Sie lieber. Aber sehen Sie immer der Person in die Augen, die gerade spricht. Dann merken die Kollegen nämlich, daß Sie das Gespräch interessant finden und versuchen, so schnell wie möglich zu verstehen, worum es geht.

Werden Sie auch nicht gleich unruhig, wenn eine Kollegin oder ein Kollege Sie wirklich unsympathisch findet. Das ist schließlich ganz normal: nicht alle Menschen passen zusammen. Schlimm ist es natürlich, wenn ausgerechnet jemand Sie nicht mag, mit dem Sie jeden Tag zusammenarbeiten müssen. Dann ist es am besten, wenn Sie ganz offen über das Problem reden und der Kollegin oder dem Kollegen klarmachen, daß es für beide besser ist, wenn man höflich und möglichst ohne Konflikte miteinander arbeitet. Aber sprechen Sie über solche Schwierigkeiten immer nur „unter vier Augen", nie wenn andere Kollegen mithören können. Wenn ein solches Gespräch nicht hilft dann sollten Sie ein gemeinsames Gespräch mit dem Chef vorschlagen.

Fünf Frisuren für langes Haar

Haben Sie lange Haare? Dann können Sie jeden Tag anders aussehen. Es ist gar nicht so schwierig: diese fünf Frisuren können Sie zu Hause selbst machen. Vielleicht klappt es nicht beim ersten Mal, aber mit etwas Übung schaffen Sie es bestimmt.

Kommt nie aus der Mode und ist unproblematisch: Pony und Pferdeschwanz.

Wenn Sie's etwas wilder mögen: Drehen Sie das nasse Haar auf große Lockenwickler und warten Sie, bis es trocken wird. Dann über den Kopf ausbürsten und mit den Händen in Form bringen.

Für diese sehr jugendliche Frisur nehmen Sie ein paar Haarsträhnen und stecken sie oben fest. Die übrigen Haare rollen Sie am Hinterkopf ein.

Eine romantische Frisur für festliche Stunden: Auf der rechten Seite flechten Sie die Haare zu einem hoch angesetzten Zopf, legen diesen über den Kopf nach hinten und machen ihn am Hinterkopf mit Haarspangen fest.

Diese Frisur ist immer richtig: Legen Sie die Haare auf den Seiten und hinten mit dem Fön und einer runden Bürste nach innen. Benutzen Sie eine Fön-Lotion, dann hält die Frisur läng

Lektion 12

1. Ergänzen Sie.

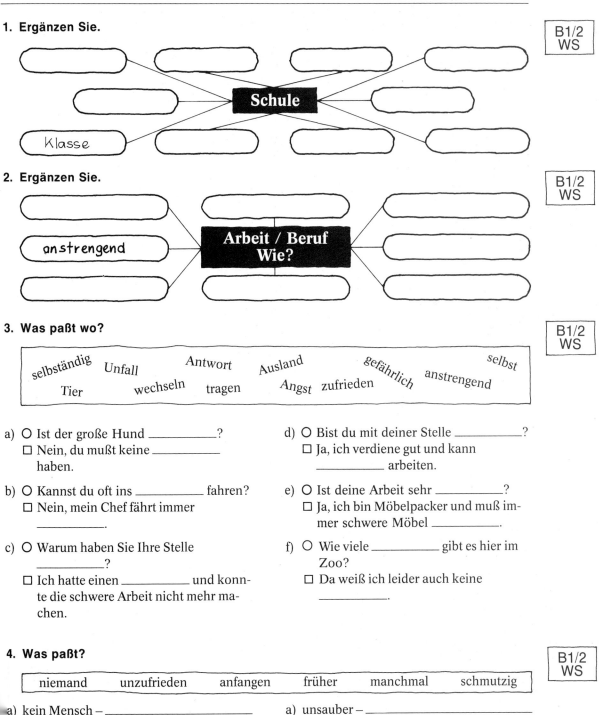

Schule

Klasse

2. Ergänzen Sie.

Arbeit / Beruf
Wie?

anstrengend

3. Was paßt wo?

selbständig   Unfall   Antwort   Ausland   gefährlich   selbst

Tier   wechseln   tragen   Angst   zufrieden   anstrengend

a) ○ Ist der große Hund _____?
   □ Nein, du mußt keine _____ haben.

b) ○ Kannst du oft ins _____ fahren?
   □ Nein, mein Chef fährt immer _____.

c) ○ Warum haben Sie Ihre Stelle _____?
   □ Ich hatte einen _____ und konnte die schwere Arbeit nicht mehr machen.

d) ○ Bist du mit deiner Stelle _____?
   □ Ja, ich verdiene gut und kann _____ arbeiten.

e) ○ Ist deine Arbeit sehr _____?
   □ Ja, ich bin Möbelpacker und muß immer schwere Möbel _____.

f) ○ Wie viele _____ gibt es hier im Zoo?
   □ Da weiß ich leider auch keine _____.

4. Was paßt?

niemand   unzufrieden   anfangen   früher   manchmal   schmutzig

a) kein Mensch – _____
b) nicht immer – _____
c) vor vielen Jahren – _____

a) unsauber – _____
b) beginnen – _____
c) nicht zufrieden – _____

125

Lektion 12

5. Was paßt?

| Klasse | Sprache | Angst | Schüler | studieren | Freizeit | besuchen | Schule |

a) Morgen bekommt Manfred sein Zeugnis. Er kann nicht schlafen, weil er _____ hat.

b) Herbert geht zur Schule. Er ist _____.

c) Inge ist Dolmetscherin. Sie spricht sechs _____.

d) Kann man an der Hamburger Universität Geographie _____?

e) Angela ist fünf Jahre alt. Nächstes Jahr muß sie zur _____ gehen.

f) Muß jedes Kind die Grundschule _____?

g) 48 Schüler – das ist eine große _____.

h) Herr Bauer arbeitet sehr viel. Er hat nur wenig _____.

6. Schreiben Sie.

a) Stefan kann nicht Elektriker werden, weil ... (keine Lehrstelle finden)

weil er keine Lehrstelle _____ findet.

weil er keine Lehrstelle finden _____ kann.

weil er keine Lehrstelle gefunden _____ hat.

Ebenso:

b) Michael kann nicht studieren, weil ... (nur die Hauptschule besuchen)

c) Ruth kann ihre Stelle nicht wechseln, weil ... (keine neue bekommen)

d) Uwe hat seine Stelle verloren, weil ... (nicht selbständig arbeiten)

e) Kurt ist nicht zufrieden, weil ... (nur wenig Geld verdienen)

Ihre Grammatik: Ergänzen Sie.

		Inversions- sign.	Subjekt	Verb	Subjekt	unbetonte obligator. Ergänzung	Angabe	obligato- rische Ergänzung	Verb
a	weil		Stefan	kann			nicht	Elektriker	werden,
b									
c									
d									

7. Sie können es auch anders sagen.

so	oder	so

a) Thomas möchte nicht mehr zur Schule
gehen, denn er hat keine Lust mehr. — *Thomas möchte nicht mehr zur Schule gehen, weil er keine Lust mehr hat.*

b) Jens findet seine Stelle nicht gut, weil er
zu wenig Freizeit hat. — *Jens findet seine Stelle nicht gut, denn ...*

c) Herr Köster kann nächste Woche nicht arbeiten, denn er hatte gestern einen Unfall.

d) Manfred soll noch ein Jahr zur Schule gehen, denn er hat keine Stelle gefunden.

e) Christophs neue Stelle ist besser, weil er jetzt selbständiger arbeiten kann.

f) Kerstin kann nicht studieren, denn sie hat nur die Hauptschule besucht.

g) Andrea möchte kein Abitur machen, weil Studenten auch nur schwer eine Stelle finden.

h) Cornelia hat doch noch das Abitur gemacht, denn sie konnte keine Lehrstelle finden. -

i) Simon mag seinen Beruf nicht, weil er eigentlich Automechaniker werden wollte.

j) Herr Bender möchte einen anderen Beruf, denn er hat nur wenig Zeit für seine Familie.

8. Sie können es auch anders sagen. Schreiben Sie.

so	oder	so

a) Manfred will nicht mehr zur Schule
gehen. Trotzdem soll er den Realschulab-
schluß machen. — *Manfred soll den Realschulabschluß machen, obwohl er nicht mehr zur Schule gehen will.*

b) Andrea will kein Abitur machen,
obwohl sie keine Lehrstelle findet. — *Andrea findet keine Lehrstelle. Trotzdem ...*

c) Frau Arndt muß samstags arbeiten. Trotzdem findet sie ihre Arbeit schön.

d) Jens will Englisch lernen, obwohl er schon Französisch und Spanisch kann.

e) Eva soll Lehrerin werden. Trotzdem ist sie Krankenschwester geworden.

f) Frau Herbart kann bei einer anderen Stelle mehr Geld verdienen. Trotzdem möchte sie ihren
Arbeitsplatz nicht wechseln.

g) Christine findet keine Stelle als Sekretärin, obwohl sie zwei Sprachen spricht.

h) Bernhard hat das Abitur gemacht. Trotzdem möchte er lieber einen Beruf lernen.

i) Doris möchte keinen anderen Beruf, obwohl sie sehr schlechte Arbeitszeiten hat.

j) Max hatte eigentlich keine Lust. Trotzdem mußte er Automechaniker werden.

9. Bilden Sie Sätze.

a) Kurt – eine andere Stelle suchen – weil – mehr Geld verdienen wollen
Kurt sucht eine andere Stelle, weil er mehr Geld verdienen will.
Weil Kurt mehr Geld verdienen will, sucht er eine andere Stelle.
Ebenso:

b) Herr Bauer – unzufrieden sein – weil – anstrengende Arbeit haben

c) Eva – zufrieden sein – obwohl – wenig Freizeit haben

d) Hans – nicht studieren können – wenn – schlechtes Zeugnis bekommen

e) Herbert – arbeitslos sein – weil – Unfall haben (hatte)

f) Ich – die Stelle nehmen – wenn – nicht nachts arbeiten müssen

Lektion 12

B1/2
GR

10. Geben Sie einen Rat.

Wolfgang hat gerade seinen Realschulabschluß gemacht. Er weiß noch nicht, was er
jetzt machen soll. Geben Sie ihm einen Rat.

a) Bankkaufmann werden – jetzt schnell eine Lehrstelle suchen
   Wenn du Bankkaufmann werden willst, dann mußt du jetzt schnell eine Stelle suchen.
   dann such jetzt schnell eine Stelle.

Ebenso:

b) studieren – aufs Gymnasium gehen
c) sofort Geld verdienen – die Stellenanzeigen in der Zeitung lesen
d) nicht mehr zur Schule gehen – einen Beruf lernen
e) keine Lehrstelle finden – weiter zur Schule gehen
f) später zur Fachhochschule gehen – jetzt zur Fachoberschule gehen
g) einen Beruf lernen – die Leute beim Arbeitsamt fragen

B1/2
BD

11. ‚Wenn‘, ‚weil‘ oder ‚obwohl‘? Ergänzen Sie.

Helga ist Sekretärin. Abends geht sie noch
zur Schule. Sie lernt Englisch und Französisch.

○ Willst du deine Stelle wechseln, _____ du mit der Schule fertig bist?

□ Ich glaube ja, _____ ich jetzt ganz gut verdiene.

○ Und was machst du, _____ du keine findest?

□ Ach, das ist nicht so schwer, _____ ich jetzt zwei Sprachen kann.

○ Hat eine Sekretärin wirklich bessere Berufschancen, _____ sie Englisch und Französisch kann?

□ Ich bin nicht sicher, _____ ich ja noch nicht gesucht habe. Aber ich bin auch nicht
   traurig, _____ ich keine andere Stelle finde.

○ Es ist dir egal, _____ du nichts Besseres findest, _____ du zwei Jahre die
   Abendschule besucht hast?

□ Warum? Es ist doch immer gut, _____ man Sprachen kann.

12. Was können Sie auch sagen?

a) *Ich bin oft im Ausland.*
- Ⓐ Ich bin wenig zu Hause.
- Ⓑ Ich reise viel in andere Länder.
- Ⓒ Ich spreche viele Sprachen.

b) *Der Arbeitgeber verlangt von mir ein gutes Zeugnis.*
- Ⓐ Ich kann die Stelle nur bekommen, wenn ich ein gutes Zeugnis habe.
- Ⓑ Der Arbeitgeber gibt mir ein gutes Zeugnis.
- Ⓒ Ich muß ein großes Zeugnis haben.

c) *Gaby möchte eine andere Stelle.*
- Ⓐ Gaby findet ihre Stelle anstrengend.
- Ⓑ Gaby findet eine bessere Stelle.
- Ⓒ Gaby sucht eine neue Stelle.

d) *Ich spreche drei Sprachen.*
- Ⓐ Ich kenne drei Sprachen.
- Ⓑ Ich kann drei Sprachen.
- Ⓒ Ich verstehe drei Sprachen.

e) *Ralf ist um 5 Uhr mit der Arbeit fertig.*
- Ⓐ Ralf ist um 5 Uhr kaputt.
- Ⓑ Ralf arbeitet bis 5 Uhr.
- Ⓒ Ralf arbeitet 5 Stunden. Dann ist er fertig.

f) *Ich wollte eigentlich Lehrerin werden.*
- Ⓐ Ich wollte Lehrerin werden, aber jetzt habe ich einen anderen Beruf.
- Ⓑ Ich bin gerne Lehrerin.
- Ⓒ Ich wollte selbst Lehrerin werden.

g) *Diese Arbeit muß ich selbst machen.*
- Ⓐ Ich muß selbständig arbeiten.
- Ⓑ Diese Arbeit kann ich nur machen.
- Ⓒ Diese Arbeit kann niemand machen.

h) *Kurt möchte seine Stelle wechseln.*
- Ⓐ Kurt hat keine Stelle.
- Ⓑ Kurt möchte einen anderen Beruf lernen.
- Ⓒ Kurt möchte eine andere Stelle haben.

13. Schreiben Sie eine kleine Zusammenfassung für den Text auf S. 148 im Kursbuch.

Andrea ist ... und möchte ...
Sie sucht ...
35 Bewerbungen ...
Trotzdem ..., weil ...

Aber sie ..., denn ...
Andrea möchte noch ...
Wenn sie ..., dann ...

16 Jahre, Krankenschwester
Lehrstelle
schreiben
keine Lehrstelle, Zeugnis
nicht gut genug
nicht studieren wollen, keinen Zweck
sechs Monate warten
nichts finden, zur Schule gehen

14. Schreiben Sie.

a) ○ Welches Datum haben wir heute?
- ☐ (12. Mai)
  Heute ist der zwölfte Mai.
- ☐ (28. Februar)
  Heute ist der Acht und zwanzigste Februar
- ☐ (1. April)
  Heute ist der Erste April
- ☐ (3. August)
  Heute ist der dritte August

b) ○ Ist heute der fünfte September?
- ☐ (3. September)
  Nein, wir haben erst den dritten.
- (4. September)
  ☐ Nein, wir haben erst den vierten
- (7. September)
  ☐ Nein, wir haben schon den siebten
- (8. September)
  ☐ Nein, wir haben schon den Achten

Lektion 12

c) ○ Wann sind Sie geboren?
    □ (7. April 1962)
    Am siebten April 1962.
    □ (Sie?)
    _____
    □ (Ihr Vater?)
    _____
    □ (Ihre Mutter?)
    _____

d) ○ Wann war Carola in Spanien?
    □ (4. August–10. September)
    Vom vierten August bis zum zehnten September.
    (23. Januar–15. März)
    □ _Vom dreiundzwanzigsten Januar bis_
    (14. Februar–1. Juli) _zum fünfzehnten n_
    □ _Vom vierzehnten Februar bis zum E_
    (7. April–2. Mai)
    □ _Vom siebten April bis zum zwe_
    _na_

B3 GR

15. Wo steht das Subjekt? Ergänzen Sie.

a) Armin hat viel Freizeit. Trotzdem ___—___ ist _er_ unzufrieden.
b) Brigitte verdient gut. Aber _sie_ ist ___—___ unzufrieden.
   Ebenso:
c) Dieter lernt sehr viel. Trotzdem _____ hat _____ ein schlechtes Zeugnis.
d) Inge spricht sehr gut Englisch. Denn _____ war _____ 2 Jahre in Birmingham.
e) Waltraud mag Tiere. Deshalb _____ will _____ Tierärztin werden.
f) Klaus will Politiker werden. Dann _____ ist _____ oft im Fernsehen.
g) Renate ist in der zwölften Klasse. Also _____ macht _____ nächstes Jahr Abitur.
h) Paul hat einen anstrengenden Beruf. Aber _____ verdient _____ viel Geld.
i) Petra geht doch weiter zur Schule. Denn _____ hat _____ keine Lehrstelle gefunden.
j) Simon hat gestern sein Zeugnis bekommen. Aber _____ ist _____ nicht sehr gut.
k) Utas Vater ist Lehrer. Deshalb _____ wird _____ auch Lehrerin.
l) Klaus hat morgen Geburtstag. Dann _____ ist _____ 21 Jahre alt.

B3 BD

16. ‚Doch' hat verschiedene Bedeutungen.

a) Warum willst du deine Stelle wechseln? Du verdienst *doch* sehr gut.
   (Jemand sagt oder tut etwas, was man nicht versteht oder falsch findet.)
b) Geh *doch* noch ein Jahr zur Schule und mach den Realschulabschluß.
   Warten Sie *doch* noch fünf Minuten! *(starker Wunsch oder höfliche Bitte)*
c) Nach zwei Monaten hat sie *doch* noch eine Lehrstelle gefunden.
   (Etwas ist passiert, was man nicht erwartet hat.)
d) Rolf ist *doch* Automechaniker. Wie findet er den Beruf?
   (Mit dem Wort ‚doch' sagt man einem Gesprächspartner: „Ich habe eine Information über eine Person oder Sache, und ich bin sicher, du hast sie auch. Diese Information ist wichtig für meine Frage oder Bitte".)
   Welche Bedeutung (a, b, c oder d) hat ‚doch' in den folgenden Sätzen?

	1	2	3	4	5	6	7	8	9	10	11	12
a												
b												
c												
d												

1. Du kannst doch Französisch. Was heißt ‚Auto' auf französisch?
2. Du möchtest Automechaniker werden? Aber deine Eltern wollen das doch nicht.
   Du sollst doch Bürokaufmann werden.
3. Jens wollte eigentlich sofort Geld verdienen, aber dann hat er doch einen Beruf gelernt.
4. Komm doch morgen! Dann habe ich mehr Zeit.
5. Du willst den Mann als Babysitter? Das geht doch nicht, das kann der doch nicht.
6. Studier doch nicht! Lern doch lieber einen Beruf!
7. Du suchst doch eine neue Stelle. Hast du schon eine?
8. Den blauen Rock und die grüne Bluse willst du nehmen? Das paßt doch nicht. Das sieht
   doch häßlich aus.
9. Jürgen ist doch nicht lange arbeitslos gewesen. Er hat doch noch eine Stelle gefunden.
10. Wir wollten gestern mit Petra und Wolfgang ins Kino gehen. Doch sie konnten nicht
    kommen, weil ihr Auto kaputt war.
11. Du gehst doch einkaufen. Bring mir bitte Zigaretten mit!
12. Bleib doch bei deiner alten Stelle! Das ist bestimmt besser.

17. In Fragesätzen hat ‚denn' zwei wichtige Bedeutungen.

B3
BD

a) O Punks wollen nicht arbeiten.
   □ Wie können Sie das *denn* wissen? Kennen Sie *denn* welche?
   (Vorwurf: Jemand tut oder sagt etwas, was man nicht gut findet.)

b) O Ist das *denn* ein sicherer Arbeitsplatz?
   □ Ich glaube ja.
   (Man möchte die Antwort sehr gerne wissen. Höfliche Frage.)

Welche Bedeutung (a oder b) hat ‚denn' in den folgenden Sätzen?

	1	2	3	4	5	6
a						
b						

1. O Hör mal. Da ist ein junger Mann arbeitslos und bekommt kein Geld vom Arbeitsamt.
   □ Warum das denn? Jeder Arbeitslose bekommt doch Geld.
2. O Warum hast du denn gekündigt? Das war bestimmt ein Fehler.
   □ Das ist doch meine Sache.
3. O Warum hast du denn nicht angerufen? Ich habe sehr lange gewartet.
   □ Tut mir leid, aber ich hatte keine Zeit.
4. O Wie sind denn die Angebote?
   □ Na ja, es geht.
5. O Ich möchte Elektriker werden.
   □ Hast du denn schon eine Lehrstelle?
6. O Sind Sie denn immer noch nicht fertig?
   □ Nein, leider noch nicht. Ich muß noch eine andere Arbeit machen.

Lektion 12

18. Was paßt wo?

| Sonst | Trotzdem | Denn | Aber | Dann | Deshalb |

a) Klaus ist sehr unfreundlich. _____ hat er wenig Freunde.

b) Du mußt zuerst das Abitur machen. _____ kannst du nicht studieren.

c) Manfred soll noch weiter zur Schule gehen. _____ er hat keine Lust.

d) Gabi kann sehr schnell laufen. _____ hat sie Note 1 in Sport.

e) Als Lehrer hat man viel Freizeit. _____ ist der Beruf sehr anstrengend.

f) Wenn man nachts arbeitet, _____ muß man am Tag schlafen.

g) Ich kann die Stelle nicht nehmen, _____ ich habe kein Auto, und der Bus braucht für die Fahrt zwei Stunden.

h) Meine Kollegin ist nicht sehr fleißig. _____ muß ich die meiste Arbeit selbst machen.

i) Such dir lieber einen sicheren Arbeitsplatz. _____ bist du nächstes Jahr wieder arbeitslos.

j) Du hast morgen eine Prüfung. _____ geh lieber früh ins Bett.

k) Zuerst mußt du einen Beruf lernen. _____ kannst du immer noch studieren.

l) Heinz Kuhlmann will doch bestimmt gar nicht arbeiten. Ich glaube, das sagt er nur. _____ bekommt er doch kein Geld vom Arbeitsamt.

m) Jürgen muß morgens lange zur Arbeit fahren. _____ muß er immer früh aufstehen.

n) Frau Cordes braucht unbedingt eine Arbeit. _____ hat sie gekündigt.

o) Schüler in der Bundesrepublik müssen das Abitur machen. _____ können sie nicht studieren.

p) Udo ist jetzt schon sechs Jahre bei seiner Firma. _____ er darf trotzdem nicht selbständig arbeiten.

19. Was paßt zusammen?

A	Ich heiße Bauer.	1	Ja, ich bekomme ein ausgezeichnetes Gehalt.
B	Hast du einen sicheren Arbeitsplatz?	2	Ich finde ihn nicht besonders nett.
C	Wie hast du die neue Stelle gefunden?	3	Und wie ist Ihr Vorname?
D	Wie ist dein Chef?	4	Ja, ich bin selten vor 20 Uhr zu Hause.
E	Bekommst du die Stelle bei Karcher?	5	Oh ja, die Firma ist sehr gesund.
F	Fährst du mit dem Auto zur Arbeit?	6	Ich glaube ja; sie suchen dringend eine Sekretärin.
G	Verdienst du gut?	7	Nein, ich gehe zu Fuß. Der Weg ist nicht so weit.
H	Mußt du lange arbeiten?	8	Ich habe eine Anzeige in der Zeitung gelesen.

A	B	C	D	E	F	G	H

20. Schreiben Sie einen Dialog.

B3
BD

Hast du das deinem Chef denn schon mal gesagt?

Und was machst du? Nimmst du die Stelle?

Die Arbeit ist mir zu langweilig. Nie darf ich selbständig arbeiten.

Sag mal Petra, du willst kündigen? Warum das denn?

Ja, ein sehr interessantes Angebot bei einer Elektrofirma. Ich kann dort selbständig arbeiten und verdiene auch ganz gut.

Hast du denn schon eine neue Stelle?

Das ist doch nicht schlimm. Ich muß auch immer um 6 Uhr aufstehen.

Ich weiß noch nicht, denn die Firma liegt in Offenbach. Ich muß ziemlich weit fahren, also morgens sehr früh aufstehen.

Nein, das hat doch keinen Zweck. Der macht lieber alles allein. Ich darf immer nur Briefe schreiben.

○ Sag mal Petra, du willst kündigen? Warum das denn? _____

□ _____

○ _____

□ ....

Halis und Antonio auf dem Arbeitsamt

BERUFSBEREICH 13
ZIMMER 229

Ausländer sind nicht alle gleich. Es gibt, wie bei Deutschen auch, welche mit guten und welche mit schlechten Berufschancen. Beatrix Didzoleit beschreibt die Situation von zwei jungen Ausländern. Beide suchen Arbeit oder einen Ausbildungsplatz, beide haben aber unterschiedlichen Erfolg.

9 Uhr auf dem Arbeitsamt. Antonio sitzt auf einer Bank vor einem Büro und wartet. Er ist nicht zum ersten Mal hier, er muß nicht nach dem Weg fragen, er kennt die Beamten. Eine Arbeitserlaubnis hat er schon und ein gutes Zeugnis auch. Jetzt sucht er einen Ausbildungsplatz. Seine Chancen sind nicht schlechter als die Chancen deutscher Jungen und Mädchen in seinem Alter.

Antonio, 20 Jahre alt, Portugiese mit ausgezeichneten Deutschkenntnissen ist kein typischer Fall. Er hat das Abitur gemacht und hatte auf der Schule keine großen Probleme. Antonio weiß, daß es ihm besser geht als den meisten anderen Ausländerkindern.

Er wohnt in einer schönen Wohnung und hat sogar ein Auto. Noch hat er keinen Ausbildungsplatz, aber er kann warten. Mit Abitur findet er irgendwann bestimmt den richtigen.

Halis, ein junger Türke, sitzt neben Antonio auf der Bank. Seine Zukunft sieht schlechter aus. Er ist in der Türkei geboren, hat aber nur sechs Jahre dort gelebt. Die Türkei kennt er nicht mehr gut, und türkisch sprechen kann er auch nicht mehr richtig. Die Bundesrepublik ist keine neue Heimat für ihn geworden. Sein Deutsch ist nicht besonders gut. Der Unterricht auf der Schule war nur auf deutsch, obwohl Halis nur sehr wenig deutsch konnte. Er hat deshalb sehr wenig gelernt und den Hauptschulabschluß nicht bekommen. Deshalb findet er bestimmt auch keine Lehrstelle. Doch arbeiten will er unbedingt. Die Arbeit ist ihm egal, nur eine feste Stelle mit 40 Stunden pro Woche möchte er. Eine Arbeitserlaubnis hat Halis auch noch nicht. Die bekommt er erst, wenn er eine Stelle hat. Antonio hat seine schon lange. Er hat damals mit dem Beamten gesprochen, und der hat sie so-

fort gegeben. Halis kann das nicht, denn sein Deutsch ist nicht gut genug.

Antonio ist mit zwei Jahren in die Bundesrepublik gekommen, hat im Kindergarten, auf der Straße und in der Schule immer deutsch gesprochen, nur zu Hause portugiesisch. Deshalb kann er heute zwei Sprachen perfekt. Auch Antonios Eltern hatten viel Kontakt mit Deutschen, wohnten in einer deutschen Wohngegend in einer schönen 3-Zimmer-Wohnung mit Bad und Toilette. Sein Vater hatte eine sichere Stelle bei der Post und deutsche Freunde und Bekannte. Heute leben Antonios Eltern wieder in Portugal. Ihnen geht es ganz gut, denn der Vater hat jetzt sein eigenes Taxigeschäft. Antonio und seine Schwester, 25 Jahre alt und mit einem Deutschen verheiratet, sind allein in der Bundesrepublik geblieben.

Halis' Familie wohnt in einer Gegend, in der es sehr viele Türken gibt. Alle haben wenig Kontakt zu Deutschen und deshalb sehr wenig deutsche Freunde und Bekannte. Die Familien wohnen in einer türkischen Welt in der Bundesrepublik Deutschland. Für Halis' Vater waren eine gute Schulausbildung und gute deutsche Sprachkenntnisse nicht sehr wichtig. Denn die Familie wollte eigentlich nach ein paar Jahren wieder zurück in die Türkei, und dort braucht man Deutsch nicht. Jetzt ist die Familie immer noch hier, denn in der Türkei gibt es immer noch zu wenig Arbeit. Aber auch in der Bundesrepublik ist das Leben für Halis nicht leicht. Das Arbeitsamt hat manchmal kleinere Jobs für ein paar Tage, doch wirklich helfen können die Beamten wenig.

Antonio wartet nicht auf ein Angebot des Arbeitsamtes, sondern studiert die Stellenanzeigen in der Zeitung und sucht selbst eine Lehrstelle. Heute hat ihm der Beamte die Adresse einer Baufirma gegeben. Seine Chancen sind gut, denn die Firma macht auch Geschäfte in Brasilien und braucht Leute, die portugiesisch und deutsch perfekt sprechen können. Halis hat wieder nichts gefunden, aber er hofft immer noch. Die Bundesrepublik ist so reich, denkt er, da muß es doch auch einen Platz für mich geben.

In unserer Februar-Ausgabe haben wir Ausbildungsberufe von A bis E vorgestellt, im April-Heft folgt dann der dritte Teil über Berufe mit den Anfangsbuchstaben M bis Z. Natürlich gibt es noch viel mehr Berufe. Gehen Sie unbedingt auch zum Arbeitsamt und lassen Sie sich dort beraten.

Ausbildungsberufe (Teil 2)

Beruf	Vorbildung	Ausbildungs-möglichkeiten	Dauer der Ausbildung in Jahren	Anforderungen	Entwicklung in den letzten Jahren (Zahl der Arbeitsplätze)	Anteil von Frauen	Es gibt zu wenig Bewerber	Es gibt zu wenig Ausbildungsplätze	Es gibt zu wenig Arbeitsplätze	Viele Konkurrenten mit besserer Vorbildung	Weiterbildungs- und Aufstiegsmöglichkeiten zum/zur
Filmkopienfertiger/in			3	Präzision							Cutter/in
Fremdsprachen-korrespondent/in			1 – 3	Mindestens 2 Fremdsprachen, Steno, kaufmännische Grundkenntnisse						O	Fremdsprachen-Sekretär/in Dolmetscher/in, Übersetzer/in
Friseur/Friseuse			3	Sorgfalt, gesunde Beine			O				Maskenbildner/in
Gärtner/in			3	Biologisches, technisches und kaufmännisches Verständnis			O				Gartenbau-/ Agrartechniker/in
Gas- und Wasser-installateur/in			3½	Technisches Verständnis, Teamarbeit							Heizungs-, Lüftungs-, Sanitärtechniker/in
Grafik-Design-Assistent/in			3	Form- und Farbgefühl, Phantasie					O	O	Designer/in
Hauswirtschafter/in			3	Organisations- und Improvisationstalent, Kontaktfähigkeit							Städt. bzw. ländl. Hauswirtschaftsleiter/in, Landfrauenberaterin
Heilerziehungs-pflegehelfer/in			2	Pädagogisch-psychologisches Geschick, medizinisch-pflegerische Sorgfalt						O	Heilerziehungspfleger/in, Arbeitserzieher/in, Heilpädagoge/Heilpädagogin
Informations-elektroniker/in			+ 1½	Sorgfalt, Präzision, Selbständigkeit						O	Staatlich geprüfte/r Techniker/in EDV
Kaufmännische Berufe			3	Kontaktfähigkeit, Organisationstalent, Sprach- und Schriftgewandtheit						O	Handelsfachwirt/in, Wirtschaftl. Assistent/in, Fachschulkaufmann/--frau, Betriebswirt/in
Kfz-Mechaniker/in			3	Praktische und theoretische Fähigkeiten, Teamarbeit						O	Berufskraftfahrer/in, Fahrzeugbautechniker/in
Krankenpfleger-helfer/in			1	Umsicht, Sorgfalt, Kontaktfähigkeit						O	Krankenschwester, Krankenpfleger, Hebamme, Altenpfleger/in
Laborant/in			2 – 3½	Wissenschaftliches, praktisches Arbeiten, Beobachtungsgabe						O	Bio-, Physik-, Umweltschutz-Chemotechniker/in
Logopäde, Logopädin			3	Pädagogisch-psychologisches Geschick					O	O	Logopäde/Logopädin mit eigener Praxis

Zeichenerklärung: **Vorbildung:** *Hauptschulabschluß* *mittlere Reife o. ä.* *Praktikum*

Ausbildungsmöglichkeiten: *Industrie* *Handel* *Handwerk* *Fachschule* *Landwirtschaft*

Anteil der Frauen: *Frauen sind nicht zugelassen* *unter 5 Prozent* *bis 20 Prozent* *um 50 Prozent* *fast 100 Prozent*

Lektion 13

B1
WS

1. Welches Wort paßt?

Nudeln   Hunger   Gewürze

Pfund   Menü

kochen   fett   Rezepte

Rezepte   braten   Nudeln

18.00 Uhr Diätclub

Jeden Mittag ein _____ mit Suppe, Fleisch, _____ und Obst. Wie gefällt Ihnen das? Wir zeigen Ihnen gesunde _____ für Ihre Diät. Unser Tip: Wenn Sie klug kochen, können Sie gut essen und haben nie _____. Trotzdem können Sie pro Woche zwei oder drei _____ leichter werden. Fleisch muß man nicht immer _____, man kann es auch in Salzwasser _____, dann ist es nicht so _____. Auch _____ müssen nicht dick machen. Wir zeigen Ihnen auch dazu _____. Wichtig ist: Essen Sie weniger Salz; es gibt noch viele andere _____.

B1
WS

2. Bringen Sie die Wörter in eine Reihenfolge.

manchmal   sehr oft   ~~nie~~

fast nie   meistens

oft   selten   ~~immer~~

immer _____
_____
_____
_____
_____
nie _____

B1
WS

3. Was paßt? Ergänzen Sie.

a) Ich sehe jeden Tag fern. – Ich sehe _____ fern. (immer, regelmäßig, zwei Stunden, gern, manchmal)

b) Fernsehen interessiert mich nicht. – Ich sehe _____ fern. (meistens, nie, schlecht, oft, selten)

c) Ich sehe nur fern, wenn es einen guten Krimi gibt. – Ich sehe _____ fern. (fast immer, manchmal, gewöhnlich, meistens, selten)

d) Ich habe wenig Freizeit. – Ich kann _____ fernsehen. (gewöhnlich, oft, nicht oft, meistens, selten)

e) Ich ärgere mich meistens über das Programm. – Ich ärgere mich _____ über das Programm. (jeden Tag, sehr oft, manchmal, fast immer, selten)

f) Ich habe keinen Fernseher. Wenn ich mich für einen Film interessiere, gehe ich zu Freunden. – Ich sehe _____ fern. (oft, fast immer, manchmal, selten, regelmäßig)

4. Ergänzen Sie.

a) ○ Kommt ihr bitte? Wir müssen gehen.

☐ Eine halbe Stunde noch, bitte, der Film fängt gleich an. _Wir_ freuen _uns_ doch immer so _auf_ Lassie.

b) ○ Warum macht ihr nicht den Fernseher aus? Interessiert _ihr_ _euch_ denn wirklich _für das_ Gesundheitsmagazin?

☐ Oh ja. Das ist immer sehr interessant.

c) ○ Du, ärgere _dich_ doch nicht _über den_ Film!

☐ Ach, _ich_ habe _mich_ so _auf den_ Krimi gefreut, und jetzt ist er so schlecht.

d) ○ Warum sind Klaus und Jochen denn nicht gekommen?

☐ Sie sehen den Ski-Weltcup im Fernsehen. Ihr wißt doch, _sie_ interessieren _sich_ sehr _für_ Ski-Sport.

e) ○ Was macht Marianne?

☐ Sie sieht das Auslandsjournal. _Sie_ interessiert _sich_ doch _für_ Politik.

f) ○ Will dein Mann nicht mitkommen?

☐ Nein, er möchte unbedingt fernsehen. _Er_ freut _sich_ schon seit gestern _auf den_ Film.

g) ○ Siehst du jeden Tag die Tagesschau?

☐ Natürlich, man muß _sich_ doch _für_ Politik interessieren.

5. Ihre Grammatik: Ergänzen Sie.

ich	du	Sie	er	sie	es	man	wir	ihr	sie
mich	dich	sich	sich	sich	sich	sich	uns	euch	sich

6. Ihre Grammatik: Ergänzen Sie.

	der Film	die Sendung	das Programm
Ich interessiere mich für	den Film	''	''
Ich ärgere mich über	den Film	''	''
Ich freue mich auf/ über	den Film	''	''

7. Ihre Grammatik: Ergänzen Sie.

a) Bettina interessiert sich sehr für Sport.
b) Darüber haben wir uns noch nie geärgert.

c) Worauf freust du dich am meisten?
d) Besonders freue ich mich auf Kinofilme.

	Inversions-signal	Subjekt	Verb	Subjekt	unbet. obl. Ergänzung	Angabe	obligator. Ergänzung	Verb
a		Bettina	interessiert		sich	sehr	für Sport	
b								
c								
d								

Lektion 13

8. Was können Sie auch sagen?

a) *In dieser Sendung fehlt der Pfeffer.*
   Ⓐ Diese Sendung ist langweilig.
   Ⓑ Diese Sendung hat kein Gewürz.
   Ⓒ Diese Sendung schmeckt nicht.

b) *Die Nachrichten muß ich immer sehen.*
   Ⓐ Ich interessiere mich sehr für Politik
      im Fernsehen.
   Ⓑ Es gibt jeden Tag Nachrichten.
   Ⓒ Ohne Nachrichten fehlt mir etwas.

c) *Der Moderator regt mich auf.*
   Ⓐ Ich ärgere mich über den Moderator.
   Ⓑ Ich finde den Moderator dumm
      und langweilig.
   Ⓒ Der Moderator ärgert sich über mich.

d) *Diesen Film kenne ich schon.*
   Ⓐ Über diesen Film weiß ich etwas.
   Ⓑ Ich habe den Film schon gesehen.
   Ⓒ Dieser Film ist bekannt.

e) *Das Programm dauert heute bis 23.45 Uhr.*
   Ⓐ Das Programm hört heute um 23.45 Uhr
      auf.
   Ⓑ Die Sendungen sind heute um 23.45 Uhr
      zu Ende.
   Ⓒ Der Fernseher hört heute um 23.45 Uhr
      auf.

f) *Wollen wir fernsehen?*
   Ⓐ Wollen wir den Fernseher anmachen?
   Ⓑ Wollen wir den Fernsehapparat ansehen?
   Ⓒ Magst du meinen Fernseher?

9. Schreiben Sie einen Dialog.

Ich glaube, du willst mich ärgern. Die Nachrichten sehe ich nur manchmal und Sport auch nicht oft.

~~Was gibt es heute eigentlich im Fernsehen?~~

Na und? Ist es vielleicht ein Fehler, wenn sich ein Mann für Politik interessiert?

Das stimmt nicht! Sport siehst du fast immer und die Nachrichten auch meistens.

Jetzt ärgere dich doch nicht! Ich freue mich doch auch auf den Bogart-Film.

Ich glaube einen Film mit Humphrey Bogart.

Den muß ich unbedingt sehen!

Wirklich? Ich habe gedacht, du magst nur Sport und Politik.

○ Was gibt es heute eigentlich im Fernsehen? _____
□ _____
○ _____
□ . . .

138

10. Ergänzen Sie.

B2/3
WS

> sich setzen   verboten   sich ausruhen   angeblich   ganz   Boden   stehen   gewöhnlich
> unterschreiben   verbieten   beantragen   stören   laufen

a) Die Geschäftsleute sind _____ gegen die Straßenmusik, aber ich glaube das nicht.

b) Es gibt zu wenig Stühle in der Fußgängerzone. Wo soll man _____ denn _____, wenn man _____ _____ möchte.

c) Hier können Sie nicht einfach Musik machen. Das müssen Sie im Rathaus _____.

d) Ich würde mich ja auf den _____ setzen, aber der ist hier so schmutzig.

e) Nur 5 Zigaretten am Tag ist doch Unsinn. Dann sollte man besser _____ aufhören.

f) Gabriela spielt _____ zwei Stunden pro Tag, selten länger.

g) Mich _____ die Straßenmusikanten nicht. Ich mag immer Musik.

h) Warum soll ich denn den langen Weg _____, wenn ich auch den Bus nehmen kann?

i) Meine Füße tun weh. Ich mußte den ganzen Tag im Geschäft an der Kasse _____.

j) Der Vertrag ist fertig. Sie müssen nur noch _____.

k) Laute Musik ist in der Fußgängerzone _____.

l) Wenn Straßenmusik verboten ist, dann sollte man aber auch die Musik in den Geschäften _____.

11. Sie ist nie zufrieden.

B2/3
GR

a) Sie macht jedes Jahr 8 Wochen Urlaub, aber *sie würde gern noch mehr Urlaub machen.*

b) Sie hat zwei Autos, aber *sie hätte gern...*

c) Sie ist schlank, aber *sie wäre gern ...*

Ebenso:

d) Sie sieht jeden Tag vier Stunden fern, aber . . .

e) Sie verdient sehr gut, aber . . .

f) Sie hat drei Hunde, aber . . .

g) Sie schläft jeden Tag zehn Stunden, aber . . .

h) Sie sieht sehr gut aus, aber . . .

i) Sie spricht vier Sprachen, aber . . .

j) Sie hat viele Kleider, aber . . .

k) Sie kennt viele Leute, aber . . .

l) Sie fährt oft Ski, aber . . .

m) Sie geht oft einkaufen, aber . . .

n) Sie weiß sehr viel über Musik, aber . . .

Lektion 13

B2/3 GR

12. Ihre Grammatik: Ergänzen Sie.

	ich	du	Sie	er/sie/es	man	wir	ihr	sie
Indikativ	gehe	gehst						
Konjunktiv	würde gehen	würdest gehen						
Indikativ	bin							
Konjunktiv	wäre							
Indikativ	habe							
Konjunktiv	hätte							

B2/3 GR

13. ‚hat‘, ‚hatte‘, ‚hätte‘, ‚ist‘, ‚war‘, ‚wäre‘ oder ‚würde‘? Ergänzen Sie.

Gabriela _ist_ Straßenpantomimin. Natürlich _____ sie nicht viel Geld, aber wenn sie einen anderen Beruf _____, dann _____ sie nicht mehr so frei. Früher _____ sie einen Freund. Der _____ ganz nett, aber sie _____ oft Streit. Manchmal _____ das Leben einfacher, wenn Helmut noch da _____. Im Moment _____ Gabriela keinen Freund. Deshalb _____ sie oft allein, aber trotzdem _____ sie nicht wieder mit Helmut zusammen spielen. „Wir _____ doch nur wieder Streit", sagt sie. Gestern _____ Gabriela in Hamburg gespielt. „Da _____ ein Mann zu mir gesagt: „Wenn Sie meine Tochter _____, dann _____ ich Ihnen diesen Beruf verbieten", erzählt sie. Natürlich _____ Gabrielas Eltern auch glücklicher, wenn ihre Tochter einen ‚richtigen‘ Beruf _____. Es _____ ihnen lieber, wenn Gabriela zu Hause wohnen _____ oder einen Mann und Kinder _____. Aber Gabriela _____ schon immer ihre eigenen Ideen.

B2/3 GR

14. Geben Sie einem Freund/einer Freundin einen Rat. Schreiben Sie.

a) ○ Was soll ich nur machen?
Ich bin immer so nervös.
□ (weniger arbeiten)
– _Es wäre gut, wenn du weniger arbeiten würdest_
– _Du solltest weniger arbeiten._

Ebenso:
b) ○ Ich bin zu dick.
c) ○ Ich bin immer erkältet.
d) ○ Ich komme immer zu spät zur Arbeit.
e) ○ Mein Auto ist immer kaputt.
f) ○ Meine Miete ist zu teuer.
g) ○ Ich bin zu unsportlich.
h) ○ Meine Arbeit ist so langweilig.
i) ○ Ich habe so wenig Freunde.

□ (weniger essen)
□ (wärmere Kleidung tragen)
□ (früher aufstehen)
□ (ein neues kaufen)
□ (eine andere Wohnung suchen)
□ (jeden Tag 30 Minuten laufen)
□ (eine andere Stelle suchen)
□ (netter sein)

15. Was sollte/könnte/müßte man im Fernsehprogramm anders machen? Machen Sie Vorschläge. Sie können die folgenden Beispiele verwenden.

| mit den Sendungen | später früher ... | aufhören beginnen | die | Kultursendungen ... | interessanter machen lustiger machen ... |

| mehr weniger | Kindersendungen Sport ... | ins Programm nehmen zeigen | die guten Filme nicht so spät zeigen, nicht so viele Sendungen wiederholen |

| die | langweiligen ... | Krimis aus dem Programm nehmen ... |

| in | den Politiksendungen ... | eine einfachere Sprache sprechen ... |

Man sollte mit den Sendungen früher anfangen.
Man müßte ...
Man könnte ...

16. Ihre Grammatik: Ergänzen Sie.

	ich	du	Sie	er sie/es	man	wir	ihr	sie
müssen	müßte							
dürfen	dürfte							
können								
sollen								

17. Ergänzen Sie ‚auf‘, ‚über‘, ‚nach‘, ‚für‘ oder ‚gegen‘ und die Artikel.

a) In der Sendung diskutieren Schüler und Lehrer _über_ _das_ Thema Schulangst.
b) Warum interessierst du dich nicht _für_ _den_ Film? Der ist doch wirklich gut.
c) Bruno ärgert sich immer _über_ _die_ Sportsendungen.
d) Die Leute freuen sich _über_ _das_ Pantomimenspiel von Gabriela.
e) Die Geschäftsleute in München haben sich _über_ _die_ Straßenmusiker beschwert.
f) Endlich hat die Stadt etwas _gegen_ _die_ Straßenmusik getan und nicht nur _über_ _das_ Problem diskutiert.
g) _auf_ _die_ Lizenzregelung haben die Geschäftsleute schon lange gewartet.
h) _über_ _den_ Urlaub können wir nachher noch sprechen. Ich möchte jetzt lieber den Film sehen.
i) Ich finde Charly Chaplin sehr gut, aber ich kann _über_ _die_ Filme von ihm nicht lachen.
j) Wenn man _nach der_ Meinung der Zuschauer fragen würde, würde das Fernsehprogramm ganz anders aussehen.
k) Morgen gibt es das Gesundheitsmagazin. Ich freue mich immer _auf_ _die_ Sendung.

Lektion 13

B2/3
GR

18. Ihre Grammatik. Ergänzen Sie.

a)

	der Film	die Musik	das Programm	die Sendungen	
über	den Film	d			sprechen
sich über					ärgern
sich für					interessieren
sich auf/ über					freuen

b)

	der Durst	die Erkältung	das Fieber	die laute Musik	
etwas gegen					tun

c)

	der Weg	die Meinung	das Buch	die Briefe	
nach					fragen

B2/3
GR

19. ‚Ihn‘, ‚sie‘, ‚es‘ oder ‚sich‘? Ergänzen Sie.

a) Der Chef des Ordnungsamtes mag keine Straßenmusikanten. Die haben _____ schon immer geärgert.

b) Der Chef des Ordnungsamtes hat _____ schon immer über die Straßenmusikanten geärgert.

c) Frau Berger sieht selten Krimis. Die interessieren _____ nicht.

d) Frau Berger interessiert _____ nicht für Krimis.

e) Ein älterer Herr mit Bart findet das Pantomimenspiel nicht gut. Es regt _____ auf.

f) Ein älterer Herr mit Bart regt _____ über das Pantomimenspiel auf.

g) In München muß Gabriela _____ im Rathaus anmelden.

h) Wenn Eltern ein Kind bekommen, müssen Sie _____ im Rathaus anmelden.

B2/3
GR

20. Ergänzen Sie.

worüber?	→ über ...	→ darüber	worauf?	→ auf ...	→ darauf
wofür?	→ für ...	→ dafür	wonach?	→ nach ...	→ danach

a) □ Was machst du denn für ein Gesicht? _____ ärgerst du dich?

O Ach, _____ meine schlechte Schreibmaschine. Ich muß jeden Brief dreimal schreiben.

□ _____ mußt du dich nicht ärgern. Du kannst meine nehmen.

b) □ _____ regst du dich so auf?

O _____ meine Arbeitszeit. Ich muß schon wieder am Wochenende arbeiten.

□ _____ solltest du dich nicht mehr aufregen. Such doch eine andere Stelle.

c) □ _____ sprecht ihr?

O _____ unseren Deutschkurs.

□ _____ möchte ich auch mit euch sprechen.

d) □ _____ hast du Peter gefragt?

O _____ seiner Meinung zur Straßenmusik.

□ _____ wollte ich ihn auch gerade fragen.

e) □ _____ diskutiert ihr denn?

O _____ unsere Berufschancen.

□ _____ habt ihr doch schon gestern diskutiert.

f) ☐ Du lachst ja heute schon den ganzen Tag. _____ freust du dich denn so?
O _____ mein gutes Zeugnis.
☐ Hast du es Bernd schon gezeigt? Der freut sich bestimmt auch _____.

g) ☐ _____ wollen Sie sich beschweren?
O _____ mein schlechtes Gehalt.
☐ _____ müssen Sie sich beim Chef beschweren.

h) ☐ _____ interessierst du dich?
O Nur _____ meinen Beruf.
☐ _____ interessiere ich mich weniger. Meine Arbeit ist sehr langweilig.

i) ☐ _____ freust du dich?
O _____ unseren nächsten Urlaub.
☐ _____ freue ich mich auch.

j) ☐ _____ wartest du?
O _____ meinen Bus.
☐ Wartest du _____ schon lange?

21. Ihre Grammatik. Ergänzen Sie.

B2/3 GR

Präposition + Artikel + Nomen	Fragewort	Pronomen
über den Film (sprechen)	wor ?	dar
nach deiner Meinung (fragen)		
auf diese Sendung (warten)		
gegen das Fieber (etwas tun)		

22. Was können Sie auch sagen?

B2/3 BD

a) *Wir hätten gern einen größeren Fernseher.*
Ⓐ Wir kaufen bald einen größeren Fernseher.
Ⓑ Wir möchten einen größeren Fernseher.
Ⓒ Wir hatten früher einen größeren Fernseher.

b) *Ich wäre lieber Chefsekretärin.*
Ⓐ Eine Stelle als Chefsekretärin würde mir besser gefallen.
Ⓑ Ich war Chefsekretärin.
Ⓒ Ich wollte Chefsekretärin werden.

c) *In Spanien wäre das Essen besser.*
Ⓐ Ich glaube, in Spanien hätten wir besseres Essen.
Ⓑ Man kann nie wissen, wie das Essen in Spanien ist.
Ⓒ Wenn wir in Spanien wären, würden wir besser essen.

d) *Als Arzt würde ich mehr Geld verdienen.*
Ⓐ Als Arzt möchte ich mehr Geld verdienen.
Ⓑ Ein Arzt hätte gern mehr Geld.
Ⓒ Wenn ich Arzt wäre, hätte ich mehr Geld.

e) *Hätten Sie vielleicht kurz Zeit für mich?*
Ⓐ Ich würde gerne kurz mit Ihnen sprechen.
Ⓑ Kann ich Sie kurz haben?
Ⓒ Haben Sie einen Moment Zeit? Ich möchte Sie kurz sprechen.

f) *Würdest du wie Gabriela leben wollen?*
Ⓐ Hättest du gern ein Leben wie Gabriela?
Ⓑ Willst du denn wie Gabriela leben?
Ⓒ Wärst du gern wie Gabriela?

Lektion 13

B2/3
SA

23. Was wissen Sie über Gabriela? Schreiben Sie einen kleinen Text.
Die folgenden Informationen können Ihnen helfen:

Gabriela, 20 Jahre, Straßenpantomimin
zieht von Stadt zu Stadt, spielt auf Plätzen und Straßen
Leute mögen ihr Spiel, nur wenige regen sich auf
sammelt Geld bei den Leuten, verdient ganz gut, muß regelmäßig spielen
früher mit Helmut zusammen, auch Straßenkünstler, ihr hat das freie Leben gefallen
für Helmut Geld gesammelt, auch selbst getanzt
nach einem Krach, Schnellkurs für Pantomimen gemacht
findet ihr Leben unruhig, möchte keinen anderen Beruf

B2/3
BD

24. Leute diskutieren über das Thema Fernsehen. Finden Sie eine Reihenfolge.

a) Trotzdem, Kinder sollten nachmittags spielen und Sport treiben. Das ist besser als Fernsehen.

b) Also, das ist doch alles Unsinn! Diese ganze Diskussion ist Unsinn! Warum macht Fernsehen dumm? Können Sie mir das vielleicht erklären?

c) Ich finde, wenn man Kinder hat, sollte man keinen Fernseher kaufen.

d) Da haben Sie ganz recht. Das Fernsehen macht dumm. Kein Mensch liest heute noch Bücher. Alle sitzen vor dem Fernseher.

e) Warum denn nicht? Das Kinderprogramm ist doch oft ganz gut.

f) Das glaube ich auch. Man kann es den Kindern nicht verbieten, und ich finde, man sollte es auch nicht. Fernsehen ist nicht schlecht, wenn die Eltern vorher oder nachher mit den Kindern über die Sendungen sprechen.

g) Regen Sie sich doch nicht so auf. Man kann doch auch ruhig über dieses Problem sprechen.

h) Sicher, da haben Sie recht. Aber wenn man zu Hause keinen Fernseher hat, dann gehen sie zu Freunden und sehen dort fern. Dagegen kann man nichts machen.

i) Aber welche Eltern tun das denn? Die meisten haben doch keine Zeit dafür. Das Fernsehen ist der moderne Babysitter. Und dann fragen die Eltern den Lehrer, warum ihre Kinder so dumm sind.

c) Ich finde, wenn man Kinder hat, sollte man keinen Fernseher kaufen.

e) Warum denn nicht? Das Kinderprogramm ...

Gebühreneinzugszentrale (GEZ)
Postfach 10 80 25, 5000 Köln 200

GEZ

Erst anmelden - dann einschalten!

GEZy sagt, wie's geht...

Für welche Geräte müssen Sie zahlen?

Wenn Sie ein Radio, einen Fernseher oder einen Video-Recorder in Ihrer Wohnung haben, müssen Sie Gebühren an die GEZ zahlen – auch dann, wenn Sie die Geräte nicht benutzen. Haben Sie in Ihrer Privatwohnung mehrere Geräte (z.B. zwei Fernseher oder zwei Radios), dann müssen Sie nur für eines dieser Geräte Gebühren zahlen. Nur dann, wenn das zweite Gerät von einem Familienmitglied (z.B. einem Ihrer Kinder, Ihren Eltern oder einem anderen Verwandten) mit eigenem Einkommen benutzt wird, dann muß diese Person das von ihr genutzte Gerät anmelden und dafür auch Gebühren zahlen. Auch Radios und Fernseher, die Sie zusätzlich an anderen Orten, z.B. in einer Zweitwohnung oder an Ihrem Arbeitsplatz haben, sind nicht gebührenfrei; Sie müssen auch diese Geräte extra anmelden. Nicht bezahlen müssen Sie dagegen für Ihr Autoradio, wenn Sie das Auto nur privat benützen und wenn Sie schon für ein Radio in Ihrer Wohnung Gebühren bezahlen; dann gilt das Autoradio nämlich als gebührenfreies Zweitgerät.

Wie können Sie die Gebühren zahlen?

Sie können die Rundfunkgebühren einmal, zweimal oder viermal pro Jahr bezahlen. Die GEZ schickt Ihnen dann immer eine Rechnung. Am einfachsten ist es aber, wenn Sie der GEZ den Auftrag geben, die Gebühr von Ihrem Konto automatisch abzubuchen. Dann haben Sie weniger Arbeit, und Sie vergessen die Zahlungstermine nicht.

Gebührentabelle

Geräteart	Radio	Fernseher	Radio und Fernseher
Grund-gebühr	5,05 DM	5,05 DM	5,05 DM
Fernseh-gebühr	–	11,20 DM	11,20 DM
Gebühren zusammen	5,05 DM	16,25 DM	16.25 DM

Zwei irre Spaßvögel

Komödie, Farbe
88 Minuten
Darsteller:
Pierre Richard,
Gérard Depardieu,
Anny Duperey,
Michel Aumaunt.
Regie: Francis Veber

Die zwei beliebtesten Schauspieler Frankreichs zusammen in einem tollen Film. Pierre Richard, ungeschickt und vom Pech verfolgt, und Gérard Depardieu als mutiger Reporter suchen einen jungen Mann. Jeder der beiden glaubt, der junge Mann sei sein Sohn, und keiner weiß, daß der andere ihn auch sucht. Bei dieser Suche geraten sie in die Gesellschaft von Rockern und Killern... Ein Klassefilm, der Millionen zum Lachen bringt. (VPS)

Der Zeuge

Spielfilm, Farbe
120 Minuten
Darsteller:
Charles Bronson,
Lino Ventura,
Jill Ireland.
Regie: Terence Young

„Der Zeuge" ist die filmische Umsetzung des Bestsellers „Die Valachi-Papiere". Er schildert das organisierte Verbrechen im Amerika der 30er Jahre. Die authentischen Berichte von Joe Valachi, dem Mann, den die Mafia am meisten haßt: Er wußte alles, und er sagte alles – sogar über Lucky Luciano.
Ein perfekter Film des Regisseurs Terence Young, der sich mit „James Bond" einen Namen gemacht hat. (VPS)

Tapetenwechsel

Komödie, Farbe
84 Minuten
Darsteller:
Claudia Demarmels,
Rolf Zacher,
August Zirner,
Iris Berben,
Erni Singerl.
Regie: Gabriele Zerau

Mona, 26 Jahre jung, sieht gut aus und ist intelligent. Für mich kann Wohnungssuche doch kein Problem sein, denkt sie. Aber so einfach ist es nicht: Schon frühmorgens verliert sie den Kampf um die ersten Exemplare der Tageszeitung mit den Wohnungsanzeigen und um eine freie Telefonzelle...
Auch andere Wege zu einer Wohnung sind schwierig, aber sie gibt nicht auf; sie ist schließlich jung, sieht gut aus und ist intelligent... (Thorn-Emi)

Der zweite Weltkrieg ist fast zu Ende – da treffen sich auf einer kleinen Insel im Pazifik ein amerikanischer Pilot und ein japanischer Offizier. Die beiden sind allein, und sie führen den Krieg allein weiter. Jeder verfolgt den anderen und versucht, ihn zu töten. Sie stellen sich immer, immer neue, immer raffiniertere Fallen und können nicht sehen, daß der Krieg schon lange entschieden ist. Vor allem die Leistung der beiden Schauspieler in diesem Film ist sehr gut.
(Thorn-EMI)

Die Hölle sind wir

Kriegsfilm, Farbe
98 Minuten
Darsteller:
Lee Marvin,
Toshiro Mifune.
Regie: John Boorman

Die Geschichte für diesen spannenden Action-Thriller hat Harold Pinter geschrieben. Quiller (George Segal), der charmante Agent, ist schneller, härter und intelligenter als jeder andere. Und er ist mehr als nur ein Agent: Quiller ist ein Killer, ein Einzelkämpfer. Eines Tages bekommt er von seinem Chef Pol (Alec Guinness) eine Aufgabe, die für jeden anderen den sicheren Tod bedeuten würde: Er soll Oktober, den Chef einer Terroristenbande (Max von Sydow), töten.
(VPS)

Steckbrief für einen Killer

Thriller, Farbe
100 Minuten
Darsteller:
George Segal,
Alec Guinness,
Max von Sydow,
Senta Berger.
Regie: Michael Anderson

Jahrelang war „Tiger" ein berühmter Pirat auf allen Meeren der Welt. Aber jetzt ist er alt geworden und will nur noch seine Ruhe haben. Wer soll der neue „Tiger" werden? Das soll ein Kampf mit dem Degen entscheiden. Der Sieger aus diesem Kampf muß dann auch noch die schöne Tochter des alten Piraten besiegen, und dann kann er das Schiff übernehmen. Der junge William gewinnt den Kampf, aber die Tochter will er nicht besiegen, denn er liebt sie. Da ermordet jemand den alten Piraten, ihren Vater...
(VPS)

Tiger der Meere

Piratenfilm, Farbe
90 Minuten
Darsteller:
Anthony Steel,
Gianna Maria Canale.
Regie: Luigi Capuano

Lektion 14

B1/2
WS

1. Ergänzen Sie.

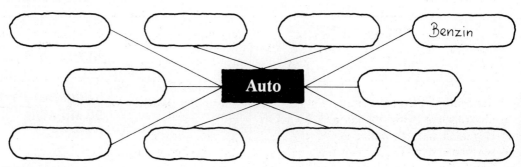

B1/2
WS

2. Was paßt wo?

| leicht | preiswert | voll | niedrig | schwach | schnell |

a) langsam – _____   c) leer – _____   e) schwer – _____

b) teuer – _____   d) stark – _____   f) hoch – _____

B1/2
WS

3. Was kann man nicht sagen?

a) Ich muß meinen Wagen waschen/tanken/baden/abholen/anmelden.

b) Der Tank ist kaputt/schwierig/leer/voll/stark.

c) Ich finde, der Motor läuft zu langsam / sehr gut/nicht richtig/zu schwierig/sehr laut.

d) Ist der Wagen preiswert/blau/blond/hübsch/neu?

e) Das Auto verliert/braucht/hat genug/ißt/nimmt Öl.

f) Mit diesem Auto können Sie Benzin sparen/schnell fahren/gut laufen/Geld sammeln/gut parken.

B1/2
WS

4. Was paßt wo?

| bremsen | reparieren | abschleppen | bezahlen | fahren | tanken |

a) Benzin – _____   c) Räder – _____   e) Werkstatt – _____

b) Panne – _____   d) Wagen – _____   f) Steuer – _____

B1/2
WS

5. Was paßt wo?

| Brille | Kind | Auto | Papier | Gemüse | Hemd | Benzin | Brief |
| Haare | Geld | Hals | Wurst | Brot | Bart | Fleisch | Pullover |

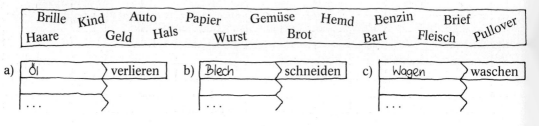

148

6. Ergänzen Sie.

B1/2
WS

> schwierig   Werkzeug   Versicherung   Abteilung   laufen   abschleppen
> hinten   zum Schluß   vorne   abholen   Steuer

a) Der Motor ist kaputt. Können Sie meinen Wagen bis zur nächsten Werkstatt _____.
b) Ihr Wagen ist fertig. Sie können ihn sofort _____.
c) Hör doch mal, ich glaube der Motor _____ nicht richtig.
d) Wir haben den Wagen noch nicht gewaschen. Das machen wir immer _____.
e) Den Reifen kann ich selbst wechseln. Das ist nicht _____.
f) Ich kann die Bremsen nicht reparieren. Mir fehlt das richtige _____.
g) Nach dem Unfall hat meine _____ alles bezahlt.
h) Hier ist ein Brief vom Finanzamt. Du hast die _____ für das Auto nicht bezahlt.
i) Die meisten Autos haben den Motor _____.
j) Nur wenige Autos haben den Motor _____.
k) In welcher _____ werden die Autos geprüft?

7. ‚Gehen' hat verschiedene Bedeutungen.

B1/2
WS

A. Als Frau alleine Straßentheater machen. Das *geht* doch nicht!
   (Das soll man nicht tun. Das ist nicht normal.)
B. Das Fahrlicht *geht* nicht.
   (Etwas ist kaputt oder funktioniert nicht.)
C. Können Sie bis morgen mein Auto reparieren? *Geht* das?
   (Ist das möglich?)
D. Wie *geht* es dir?
   (Bist du gesund und zufrieden? Hast du Probleme?)
E. Warum willst du mit dem Auto fahren? Wir können doch *gehen*.
   (zu Fuß gehen, laufen, nicht fahren)
F. Inge ist acht Jahre alt. Sie *geht* seit zwei Jahren zur Schule.
   (die Schule oder die Universität oder einen Kurs besuchen)
G. Wir *gehen* oft ins Theater. / Wir *gehen* jeden Mittwoch schwimmen.
   (zu einem anderen Ort gehen oder fahren und dort etwas tun)

Welche Bedeutung hat ‚gehen' in den folgenden Sätzen?

	1	2	3	4	5	6	7	8	9	10	11	12	13	14
A														
B														
C														
D														
E														
F														
G														

Lektion 14

1. Meiner Kollegin geht es heute nicht so gut. Sie hat Kopfschmerzen.
2. Geht ihr heute abend mit ins Kino?
3. Kann ich heute bei dir fernsehen? Mein Apparat geht nicht.
4. Wenn man Physik studieren will, muß man 5 bis 6 Jahre zur Universität gehen.
5. Geht das Radio wieder?
6. Gaby trägt im Büro immer so kurze Röcke. Ich finde, das geht nicht.
7. Ich gehe heute nachmittag einkaufen.
8. Warum gehst du denn so langsam?
9. Wie lange gehst du schon in den Deutschkurs?
10. Max raucht immer meine Zigaretten. Das geht doch nicht!
11. Geht es Ihrer Mutter wieder besser?
12. Ich möchte kurz mit Ihnen sprechen. Geht das?
13. Ich gehe lieber zu Fuß. Das ist gesünder.
14. Sie wollen mit dem Chef sprechen? Das geht leider nicht.

B1/2
GR

8. Ergänzen Sie.

○ Ihr wollt ein neues Auto kaufen, sagt deine Frau. Was für eins denn?

□ Dieses Mal möchten wir ein kleiner _es_____. Du hast doch den neuen Corsa. Bist du zufrieden?

○ Eigentlich ja. Er ist der teuerst_____ von den Kleinwagen, aber er hat den stärkst_____ Motor. Übrigens hat er einen niedriger_____ Benzinverbrauch und niedriger_____ Kosten pro Monat als der VW-Polo.

□ Das habe ich auch schon gehört. Der Polo ist wohl wirklich der unattraktivst_____ von allen Kleinwagen. Viele sagen, VW bietet eine besser_____ Qualität und einen besser_____ Werkstattservice als die anderen Firmen. Aber das stimmt doch nicht mehr. Die Japaner zum Beispiel bauen keine schlechter_____ Autos als die Deutschen. Und ihre Werkstätten sind auch nicht die schlechtest_____, habe ich gelesen. Letzte Woche habe ich mir mal den neuest_____ Nissan, den Micra, angesehen. Er hat einen etwas kleiner_____ Kofferraum und eine etwas niedriger_____ Höchstgeschwindigkeit als die anderen

Kleinwagen, aber dafür den günstigst_____ Preis, den niedrigst_____ Verbrauch und die niedrigst_____ Kosten pro Monat. Das ist mir am wichtigsten.

○ Und wie findest du den neuest_____ Peugeot, den 205? Hast du dir den auch schon angesehen?

□ Ja. Der ist sicher der bequemst_____ von allen. Aber du weißt ja, leider sind die Peugeot-Werkstätten oft die teuerst_____, und die Peugeot-Qualität ist nicht immer die best_____.

○ Und was macht ihr jetzt? Welchen nehmt ihr?

□ Wahrscheinlich den Micra. Aber genau wissen wir es noch nicht.

9. Ihre Grammatik: Ergänzen Sie.

a)

Nominativ	Akkusativ	Dativ
Das ist (sind)	Dieser Wagen hat	Das ist der Wagen mit
der _höchste_ Verbrauch.	den _____ Verbrauch.	dem _____ Verbrauch.
die _höch_ Geschwin-digkeit.	die _____ Geschwin-digkeit.	der _____ Geschwin-digkeit.
das _höch_ Gewicht.	das _____ Gewicht.	dem _____ Gewicht.
die _höch_ Kosten.	die _____ Kosten.	den _____ Kosten.

b)

Nominativ	Akkusativ	Dativ
Das ist (sind)	Dieser Wagen hat	Es gibt einen Wagen mit
ein _niedriger_ Verbrauch.	einen _____ Verbrauch.	einem _____ Verbrauch.
eine _nied_ Geschwin-digkeit.	eine _____ Geschwin-digkeit.	einer _____ Geschwin-digkeit
ein _____ Gewicht.	ein _____ Gewicht.	einem _____ Gewicht.
— _____ Kosten.	— _____ Kosten.	— _____ Kosten.

10. ‚Wie' oder ‚als'? Ergänzen Sie.

a) Den Corsa finde ich besser _____ den Polo.
b) Der Micra fährt fast so schnell _____ der Peugeot.
c) Der Peugeot hat einen genauso starken Motor _____ der Polo.
d) Der Micra verbraucht weniger Benzin _____ der Polo.
e) Der Micra hat einen fast so großen Kofferraum _____ der Corsa.
f) Es gibt keinen günstigeren Kleinwagen _____ den Micra.
g) Kennen Sie einen schnelleren Kleinwagen _____ den Corsa?
h) Der Corsa kostet genauso viel Steuern _____ der Micra.

11. Sie können es auch anders sagen.

a) Man hat mir gesagt, das neue Auto verbraucht weniger Benzin. Aber das stimmt nicht.
   Das neue Auto verbraucht mehr Benzin, als man mir gesagt hat.
b) Man hat mir gesagt, das neue Auto verbraucht weniger Benzin. Das stimmt wirklich.
   Das neue Auto verbraucht genauso wenig Benzin, wie man mir gesagt hat.
c) Du hast gesagt, die Werkstattkosten für einen Peugeot sind sehr hoch. Ich wollte es nicht glauben, aber du hast recht.
d) Der Autoverkäufer hat uns gesagt, der Motor ist erst 25 000 km gelaufen. Aber das ist falsch. Der Motor ist viel älter.
e) In der Anzeige steht, der Wagen fährt 150 km/h. Aber er fährt schneller.
f) In der Anzeige schreibt Nissan, der Micra fährt 143 km/h. Das stimmt.
g) Der Autoverkäufer hat mir erzählt, den Wagen gibt es nur mit einem 54 PS-Motor. Aber es gibt ihn auch mit einem schwächeren Motor.
h) Früher habe ich gemeint, Kleinwagen sind unbequem. Das finde ich nicht mehr. Letzte Woche habe ich mir welche angesehen, und die sind sehr bequem.

Lektion 14

12. Arbeiten in einer Autowerkstatt. Was passiert hier? Schreiben Sie.

Kaufvertrag unterschreiben   sauber machen   arbeiten   tanken   waschen   Rechnung bezahlen
reparieren   Bremsen prüfen   schweißen   abschleppen   wechseln   abholen

a) Hier wird ein Auto abgeholt.   e) _____   i) _____

b) _____   f) _____   j) _____

c) _____   g) _____   k) _____

d) _____   h) _____   l) _____

Ihre Grammatik. Ergänzen Sie.

ich	du	Sie	er/sie/es	man	wir	ihr	sie
werde abgeholt	w						

152

13. Jemand fragt Sie nach dem Rezept für Zwiebelhähnchen. Erklären Sie es. Im Deutschen verwendet man dafür das Passiv und die Wörter ‚zuerst', ‚dann', ‚danach', ‚zuletzt', ‚zum Schluß' und ‚und'.

B1/2
GR

Zwiebelhähnchen

(für 4 Personen)

KOCH STUDIO

* *

Das brauchen Sie:

2 Hähnchen	Basilikum	
(ca. 1½ Kilo),	3 Löffel Öl	125 g Mandeln
Salz, Pfeffer,	½ Liter Fleischbrühe	Petersilie
Curry, Thymian,	1½ Pfund Zwiebeln (rot)	1 Tasse Reis

* *

So kochen Sie:

Die Hähnchen in Stücke schneiden.

Zwiebeln schälen, klein schneiden und zu den Hähnchen geben, nochmal 10 Minuten kochen.

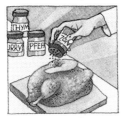
Mit Salz, Pfeffer, Curry, Thymian und Basilikum würzen.

Mandeln in kleine Stücke schneiden. Das Essen mit Petersilie bestreuen.

In Öl braten. Fleischbrühe dazugeben und 20 Minuten kochen.

Reis 20 Minuten in Salzwasser kochen. Reis und Hähnchen servieren.

Zuerst werden die Hähnchen in Stücke geschnitten. Dann werden sie ...

Lektion 14

14. Ihre Grammatik: Ergänzen Sie.

a) Die Hähnchen werden zuerst in Stücke geschnitten.
b) Man schneidet die Hähnchen zuerst in Stücke.
c) Heute schleppt Ruth das Auto zur Werkstatt ab.
d) Heute wird das Auto zur Werkstatt abgeschleppt.
e) Die Autos werden von der Bahn schnell nach Italien gebracht.
f) Die Bahn bringt die Autos schnell nach Italien.

	Inversionssignal	Subjekt	Verb	Subjekt	unbetonte obligator. Ergänzung	Angabe	obligatorische Ergänzung	Verb
a		Die Hähnchen	werden			zuerst	in Stücke	geschnitten.
b								
c								
d								
e								
f								

15. Was können Sie auch sagen?

a) *Wird der Wagen zu schnell gefahren?*
   Ⓐ Fährt der Wagen zu schnell?
   Ⓑ Ist der Wagen meistens sehr schnell?
   Ⓒ Fahren Sie den Wagen zu schnell?

b) *In unserer Familie wird viel gesungen.*
   Ⓐ In unserer Familie singen wir viel.
   Ⓑ Unsere Familie singt immer.
   Ⓒ Unsere Familie singt meistens hoch.

c) *In China werden die meisten Kinder geboren.*
   Ⓐ Die meisten Kinder haben in China Geburtstag.
   Ⓑ Chinesen bekommen die meisten Kinder.
   Ⓒ Die meisten Frauen bekommen ihre Kinder in China.

d) *Worüber wird morgen im Deutschkurs gesprochen?*
   Ⓐ Worüber sprechen wir morgen im Deutschkurs?
   Ⓑ Spricht morgen jemand im Deutschkurs?
   Ⓒ Über welches Thema reden wir morgen im Deutschkurs?

e) *Warum werde ich immer gestört?*
   Ⓐ Warum stört mich immer jemand?
   Ⓑ Warum störe ich immer?
   Ⓒ Warum stört man mich immer?

f) *Kinder werden nicht gern gewaschen.*
   Ⓐ Keiner wäscht die Kinder.
   Ⓑ Kinder mögen es nicht, wenn man sie wäscht.
   Ⓒ Kinder wäscht man meistens nicht.

g) *Die schweren Arbeiten werden von Robotern gemacht.*
   Ⓐ Die Roboter machen die Arbeit schwer.
   Ⓑ Die schweren Roboter werden nicht mehr von Menschen gemacht.
   Ⓒ Die Roboter machen die schweren Arbeiten.

h) *In Frankreich wird viel Wein getrunken.*
   Ⓐ Man trinkt viel Wein, wenn man in Frankreich ist.
   Ⓑ Wenn man viel Wein trinkt, ist man oft in Frankreich.
   Ⓒ Die Franzosen trinken viel Wein.

16. Was können Sie auch sagen?

a) *Bernd hat seine Angst vor Hunden verloren.*
  - Ⓐ Bernd hat seine Hunde verloren, weil er Angst hatte.
  - Ⓑ Bernd hatte noch nie Angst vor Hunden.
  - Ⓒ Bernd hat jetzt keine Angst mehr vor Hunden.

b) *Carola hat ihre Eltern bei einem Unfall verloren.*
  - Ⓐ Carolas Eltern sind bei einem Unfall gestorben.
  - Ⓑ Carolas Eltern hatten einen Unfall. Sie sind tot.
  - Ⓒ Carolas Eltern sind schwer krank.

c) *Lutz verliert seine Haare.*
  - Ⓐ Lutz hat kurze Haare.
  - Ⓑ Lutz hat bald keine Haare mehr.
  - Ⓒ Lutz muß seine Haare suchen.

d) *Wir haben den Weg verloren.*
  - Ⓐ Wir konnten den Weg nicht finden.
  - Ⓑ Wir haben die Straßen verloren.
  - Ⓒ Wir haben den richtigen Weg nicht mehr gewußt.

e) *Herbert hat seine Stelle verloren.*
  - Ⓐ Herbert ist arbeitslos geworden.
  - Ⓑ Herbert will nicht mehr arbeiten.
  - Ⓒ Herbert kann keine Stelle finden.

f) *Max hat schon 6 Kilogramm verloren.*
  - Ⓐ 12 Pfund sind schon kaputt.
  - Ⓑ Max ist jetzt 12 Pfund leichter.
  - Ⓒ Max ist jetzt schlanker.

g) *Durch die Panne habe ich Zeit verloren.*
  - Ⓐ Ich weiß nicht, wie spät es ist.
  - Ⓑ Die Fahrt war länger, als erwartet.
  - Ⓒ Meine Uhr ist kaputtgegangen.

17. Schreiben Sie einen Dialog.

Ich kann Sie ja verstehen, Frau Becker. Wir versuchen es, vielleicht klappt es ja heute doch noch.

~~Mein Name ist Becker. Ich möchte meinen Wagen bringen.~~

Nein, das ist alles. Wann kann ich das Auto abholen?

Aber gestern am Telefon haben Sie mir doch gesagt, es geht heute noch.

Morgen nachmittag erst?

Morgen nachmittag.

Das muß man doch wissen. Das geht doch nicht!

Die Bremsen ziehen immer nach links, und der Motor braucht zuviel Benzin.

Es tut mir leid, Frau Becker. Aber wir haben so viel zu tun. Das habe ich gestern nicht gewußt.

Noch etwas?

Ja gut. Meine Nummer kennen Sie ja.

Ach ja, Frau Becker. Sie haben gestern angerufen. Was sollen wir machen?

○ *Mein Name ist Becker. Ich möchte meinen Wagen bringen.*
□ _____
○ _____
□ . . .

155

Lektion 14

18. Ergänzen Sie.

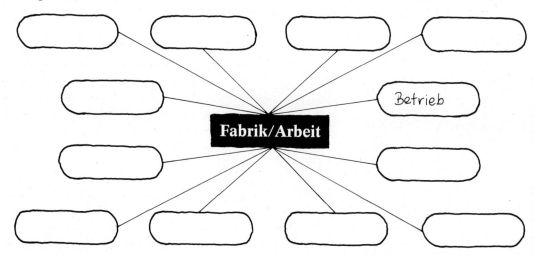

Fabrik/Arbeit

Betrieb

19. Was paßt nicht?

a) Industrie – Arbeitgeber – Angestellter – Arbeitnehmer
b) Lohn – Gehalt – Geld – Firma
c) Firma – Betrieb – Überstunden – Fabrik

20. Was sehen Sie?

a) Autobahn
b) Automechaniker
c) Autounfall
d) Autowerkstatt
e) Autozug
f) Lastwagen
g) Unfallauto
h) Werkstattauto

156

21. Machen Sie selbst Nomen. Man kann sehr viele bilden, aber man verwendet nicht alle. Vergleichen Sie den Schlüssel zu dieser Übung.

Arbeit(s)	platz
Auto	lohn
Betrieb(s)	rat
Hand	rechnung
Fuß	dach
Reparatur	arbeiter
Metall	steuer
Unfall	versicherung
	werkstatt
	geld
	tag
	zeit
	fabrik
	industrie
	bremse
	firma
	motor
	wagen
	radio
	spiegel
	panne
	telefon
	werkzeug

Arbeitsplatz

22. Was können Sie auch sagen?

a) *Harry ist jeden Abend froh, wenn er nach Hause gehen kann.*

  Ⓐ Wenn Harry froh ist, geht er nach Hause.

  Ⓑ Harry geht immer früh nach Hause.

  Ⓒ Harry freut sich, wenn seine Arbeit zu Ende ist.

b) *Wir haben in diesem Monat 250,– DM gespart.*

  Ⓐ Wir hatten am Monatsende noch 250,– DM.

  Ⓑ Wir müssen in diesem Monat noch 250,– DM bezahlen.

  Ⓒ In diesem Monat fehlen uns 250,– DM.

c) *Harry verdient rund 2000,– DM pro Monat.*

  Ⓐ Harry verdient viel mehr als 2000,– DM.

  Ⓑ Harry verdient etwa zwischen 1900,– und 2100,– DM.

  Ⓒ Harry verdient vielleicht 2000,– DM.

d) *Harry verdient sehr gut. Das hält ihn bei VW.*

  Ⓐ Weil Harry gut verdient, sucht er keine andere Stelle.

  Ⓑ Harry verdient gut. Deshalb bleibt er bei VW.

  Ⓒ Harry verdient gut. Deshalb will er kündigen.

Lektion 14

e) *Das steht im Tarifvertrag.*
  - Ⓐ Der Tarifvertrag steht dort.
  - Ⓑ Das sagt der Tarifvertrag.
  - Ⓒ Das verlangt der Tarifvertrag.

f) *Nino arbeitet in der Elektroindustrie.*
  - Ⓐ In Ninos Firma werden Elektroteile gemacht.
  - Ⓑ Nino repariert Elektroteile.
  - Ⓒ Nino ist Elektriker.

23. ‚Ganz' hat verschiedene Bedeutungen.

A. Zum Schluß wird das *ganze* Auto geprüft. *(ganz = alle Teile einer Sache)*
B. Man sollte die Straßenmusik *ganz* verbieten. *(ganz = total, völlig)*
C. Harry Gerth ist mit seiner Arbeit *ganz* zufrieden. *(ganz = ziemlich)*

Welche Bedeutung hat ‚ganz' in den folgenden Sätzen?

	1	2	3	4	5	6
A						
B						
C						

1. Wir müssen den ganzen Motor reparieren.
2. Entschuldigung, das habe ich ganz vergessen.
3. Bitte tanken Sie den Wagen ganz voll.
4. Die ganze Abteilung macht jetzt Urlaub.
5. Der Wagen gefällt mir ganz gut, aber ich finde ihn etwas langsam.
6. Die Bremsen hinten waren ganz gut. Wir mußten nur die vorne reparieren.

24. Die Journalistin Edith Hahn hat den Artikel über den VW-Arbeiter Harry Gerth geschrieben. Vorher hat sie mit ihm ein Interview über seine Arbeit gemacht. Unten finden Sie die Fragen der Journalistin. Welche Antworten hat Harry Gerth wohl gegeben?

E.H.: Herr Gerth, wie lange sind Sie eigentlich schon bei VW?
H.G.: _____

E.H.: Was haben Sie vorher gemacht?
H.G.: _____

E.H.: Und was machen Sie jetzt bei VW? In welcher Abteilung arbeiten Sie?
H.G.: _____

E.H.: Sagen Sie, finden Sie Ihre Arbeit nicht sehr anstrengend?
H.G.: _____

E.H.: Und Ihre Arbeitszeit, wie finden Sie die? Die ist doch ziemlich unregelmäßig.
H.G.: _____

E.H.: Entschuldigen Sie, Herr Gerth, wenn ich Sie so direkt frage. Was verdienen Sie?
H.G.: _____

E.H.: Sind Sie damit zufrieden?
H.G.: _____

E.H.: In der Industrie sprechen alle von Rationalisierung. Was denken Sie darüber?
H.G.: _____

E.H.: Herr Gerth, Sie sind jetzt schon ziemlich lange bei VW und haben eigentlich immer nur in der Montage gearbeitet. Haben Arbeiter bei VW keine Karrierechancen?
H.G.: _____

Drei gute Gründe
für die Arbeitszeitverkürzung:

1. Arbeitsplätze sichern und schaffen

Die Verkürzung der Arbeitszeit bekämpft die Arbeitslosigkeit.
Sie führt zu einer gerechteren Verteilung der Arbeit. Unser
Motto: Statt Arbeitslosigkeit für viele mehr Freizeit für alle!

2. Arbeit menschlicher machen

Der Streß muß weg. Die Arbeitskraft darf nicht verschlissen
werden. Die wachsende Arbeitsbelastung muß durch kürzere
Arbeitszeit ausgeglichen werden.

3. Leben und Gesellschaft gestalten

Die Arbeitnehmer brauchen mehr Zeit für sich und ihre
Familien, für das soziale, kulturelle und gesellschaftliche Leben.
Arbeitszeitverkürzung erleichtert auch partnerschaftliche
Arbeitsteilung im Haushalt und bei der Kindererziehung.

 IG Metall

AZV 16.0

Netto: 2.200,– DM

Familie Falkenhof: „Urlaub machen, das wäre schön."

Netto: 1.200,– DM

Susanne Speet, 26: „Ich kaufe jetzt weniger Kleider."

Verdienen

Horst-Dieter und Anke Falkenhof aus Jever, beide 34 Jahre alt, haben zwei Kinder: Nils, 7, und Ulf, 5 Jahre alt. Horst-Dieter ist Oberfeldwebel bei der Bundeswehr und verdient netto 2200,– DM pro Monat. Anke ist Krankenschwester, aber sie kann wegen der Kinder nur wenig arbeiten, höchstens dreimal im Monat. Das bringt zwischen 300,– und 500,– DM. Jeden Monat müssen die Falkenhofs bezahlen:

Miete:	397,– DM	Versicherungen:	240,– DM
Gas und Strom:	270,– DM	Benzin:	200,– DM
Wasser:	29,– DM	Telefon:	50,– DM
Kindergarten:	84,– DM	Sparvertrag:	50,– DM

Es bleiben also 880,– DM zum Leben, oder ein bißchen mehr, wenn Anke arbeiten kann. Ist das genug? „Meistens nicht, wir brauchen oft noch einen Kredit von der Bank. Das ist natürlich ganz schlecht, weil man dafür ja doch ziemlich hohe Zinsen bezahlen muß. Das kostet also auch wieder etwas. Aber manchmal bleibt uns einfach nichts anderes übrig. Etwas auf die Seite legen, das können wir sowieso nie; zum Beispiel Urlaub haben wir schon lange nicht mehr gemacht, obwohl wir beim Einkaufen sehr aufpassen." Beispiel: Der nächste Laden wäre bequemer für den täglichen Einkauf, aber die Falkenhofs kaufen dort nicht, weil der Supermarkt in der Stadt eben viel billiger ist. Was Anke am meisten ärgert: „Kinderschuhe sind wahnsinnig teuer. Unter 70,–DM gibt es keine. Und Schokolade – da kostet die billigste Tafel 1,30 DM." Zigaretten und Alkohol gibt es für das Ehepaar Falkenhof nicht mehr so oft. Auch Benzin sparen sie jetzt: sie fahren mehr mit dem Rad.

Susanne Speet, 26 Jahre alt, Redaktionssekretärin in Hamburg, verdient 1900,– DM netto. Feste Kosten:

Miete:	560,– DM	Zigaretten:	120,– DM
Kredit:	300,– DM	Zeitungen:	10,– DM
Fahrgeld:	60,– DM	Strom:	40,– DM

Es bleiben also rund 800,– DM pro Monat. Ist das genug? „Eigentlich ja, aber manchmal reicht es doch nicht. Ich kaufe immer zu viel." Susanne versucht zu sparen, beim Rauchen zum Beispiel. Seit die Zigaretten wieder teurer geworden sind, raucht sie nur noch ein Päckchen pro Tag. „Und ich würde gern ganz aufhören. Vielleicht schaff' ich's noch…" Auch Zeitschriften kauft sie nicht mehr so oft wie früher, überhaupt gibt sie heute fast kein Geld mehr aus für Sachen, die sie irgendwo sieht und die ihr gefallen – solche Spontankäufe hat sie früher oft gemacht, besonders bei Kleidern. „Heute denke ich bei Kleidung lieber dreimal nach. Ich kaufe viel weniger, dafür aber bessere Qualität."

Urlaub? Ja, Urlaub möchte sie schon machen, unbedingt. Dieses Jahr fährt sie mit ihrem Freund in die Toskana. Das kostet 500,– DM pro Woche. „Das Geld habe ich mir von meinem Vater geliehen." Einen Führerschein hat sie noch nicht, den möchte sie gerne im nächsten Jahr machen. Hat sie dann auch Geld für ein Auto? „Für ein neues bestimmt nicht, aber vielleicht für einen älteren und noch guten VW."

Hat Susanne sich in letzter Zeit besonders über Preiserhöhungen geärgert? „Ja, allerdings! Das Kantinenessen ist um 7,5 Prozent teurer geworden – und um null Prozent besser…"

Netto: 2.000,- DM

Netto: 1.900,- DM

Ria Ludwig: „Im Restaurant essen, das kann ich nie."   *Familie Bohlmann: „Kinderschuhe sind viel zu teuer."*

Sie genug?

Ria Ludwig aus Hamburg, 27 Jahre alt, ist geschieden und hat ein Kind. Julia heißt das Mädchen, es ist drei Jahre alt. Ria Ludwig war früher Erzieherin in einem Kindergarten, und jetzt studiert sie Sozialpädagogik. Sie bekommt eine staatliche Studienhilfe von 698,– DM pro Monat. 254,– DM Wohngeld von der Stadt, und Julias Vater bezahlt 254,– DM pro Monat für das Kind. Ria hat also netto fast 1200,– DM. Davon muß sie jeden Monat bezahlen:

Miete:	460,– DM	Kredit:	168,– DM
Gas und Heizung:	134,– DM	Fahrgeld:	44,– DM
Kindergarten:	30,– DM	Schwimmverein:	15,– DM
Krankenkasse:	55,– DM	Telefon:	60,– DM

Also bleiben zum Leben 234,– DM. Geht das überhaupt? Ria Ludwig: „Zum Glück kann Julia nachmittags bei meinen Eltern sein. Und meine Schwester ist ganz lieb, die räumt immer wieder mal den Kleiderschrank aus und gibt mir die Sachen, die sie nicht mehr mag. Aber manchmal ist die Situation wirklich sehr schlimm. Dann muß ich mir Geld von Freunden leihen." Fleisch gibt es nur sehr selten, auch Kino und Theater ist für Ria ein Luxus. Lebensmittel kauft sie immer im billigsten Supermarkt, und im Herbst fragt sie Freunde und Bekannte, ob sie aus ihren Gärten Obst und Gemüse bekommen kann. Besonders ältere Menschen sind froh, wenn man ihnen das Obst von den Bäumen holt. In den Ferien arbeitet Ria immer im Kindergarten. Das hilft dann auch ein bißchen. „Manchmal", sagt Ria, „möchte ich am liebsten mit dem Studium aufhören und wieder richtig Geld verdienen. Immer sparen macht wirklich keinen Spaß."

Roland Bohlmann ist 33 Jahre alt und von Beruf Maschinenschlosser. Erika Bohlmann, 30 Jahre, hat Krankenschwester gelernt, kann und will aber wegen der Kinder (Kristina, vier, und das Baby, das unterwegs ist und natürlich noch keinen Namen hat) im Moment nicht arbeiten. Roland verdient 1950,– DM netto. Dazu kommen 50,– DM Kindergeld. Die Bohlmanns haben also pro Monat 2000,– DM. Feste Ausgaben sind:

Miete:	430,– DM	Auto und Benzin:	214,– DM
Nebenkosten:	67,– DM	Gewerkschaft:	24,– DM
Gas und Strom:	210,– DM	Telefon:	40,– DM

Es bleiben zum Leben ungefähr 1000,– DM. Für Lebensmittel braucht Erika Bohlmann 600,– DM. Sie sagt: „Das ist einfach nicht genug. Wir brauchen fast jeden Monat einen kleinen Kredit." Wann waren die Bohlmanns das letzte Mal in einem Restaurant essen? Sie müssen lange nachdenken: „Vor zwei oder drei Jahren…" Erika Bohlmann kauft immer Sonderangebote, und Kleider für sich selbst nur ganz selten. Verwandte und Freunde schenken ihnen manchmal Kleidung für die Tochter. Ein großes Problem aber sind die Kinderschuhe. Erika: „Die wächst jetzt so schnell, bald braucht sie dreimal pro Jahr neue Schuhe, und die sind wirklich viel zu teuer." Seit Kristina da ist, haben die Bohlmanns keinen Urlaub mehr gemacht. Im Sommer sind sie oft die einzigen, die zu Hause bleiben müssen. „Das ist ein komisches Gefühl. Früher sind wir immer ins Ausland gefahren. Da hatten wir eben noch das Gehalt von meiner Frau," sagt Roland Bohlmann. Aber Erika will erst wieder arbeiten, wenn beide Kinder in der Schule sind.

Lektion 15

B1
WS

1. Was findet man gewöhnlich bei anderen Menschen positiv oder negativ?
Ordnen Sie die Wörter (−/+). Schreiben Sie dann das Gegenteil dazu.

a) attraktiv	c) langweilig	e) sympathisch	g) pünktlich	i) zufrieden
b) nett	d) höflich	f) freundlich	h) dumm	j) nervös

	−	+		−	+
a)	____ ____		f)	____ ____	
b)	____ ____		g)	____ ____	
c)	____ ____		h)	____ ____	
d)	____ ____		i)	____ ____	
e)	____ ____		j)	____ ____	

B1
WS

2. Ergänzen Sie die Sätze.

> sich entschuldigen   sich duschen   anrufen   reden   vergessen   erzählen   ausmachen
> telefonieren   anmachen   hängen   wecken

a) Ich habe in meiner neuen Wohnung kein Bad, aber du hast doch eins. Kann ich mich bei dir
   _____?
b) Dein Mantel liegt im Wohnzimmer auf dem Sofa, oder er _____ im Schrank.
c) Du hörst jetzt schon seit zwei Stunden diese schreckliche Musik. Kannst du den Plattenspieler nicht mal _____?
d) _____ doch mal das Licht _____. Man sieht ja nichts mehr.
e) Du stehst doch immer ziemlich früh auf. Kannst du mich morgen um 7.00 Uhr _____?
f) Vielleicht kann ich doch morgen kommen. _____ mich doch morgen mittag zu Hause
   oder im Büro _____. Dann weiß ich es genau.
g) Du mußt dich bei Monika _____. Du hast ihren Geburtstag _____.
h) Mit wem hast du gestern so lange _____? Ich wollte dich anrufen, aber es war immer
   besetzt.
i) Klaus ist so langweilig. Ich glaube, der kann nur über das Wetter _____.
j) Sie hat mir viel von ihrem Urlaub _____. Das war sehr interessant.

B1
WS

3. Welches Verb paßt wo? Ergänzen Sie auch selbst Beispiele.

> von meiner Schwester   vom Urlaub   mit der Firma Berg   bei Jens   den Apparat
> mit Frau Ander   im Betrieb   über Klaus   über die Krankheit   über die Gewerkschaft
> die Politik   den Recorder   bei meinem Bruder   den Film   von den Kindern

a) [_____ > ausmachen]   c) [_____ > anrufen]
   [...]   [...]

b) [_____ > anmachen]   d) [sich ... > entschuldigen]
   [...]   [...]

162

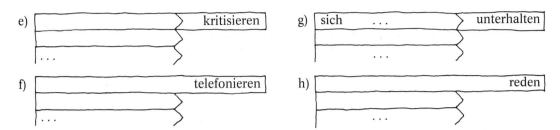

e) [_____> kritisieren]   g) [sich ... _____> unterhalten]
... _____>   ... _____>

f) [_____ telefonieren]   h) [_____> reden]
... _____>   ... _____>

B1
GR

4. So können Sie es auch sagen.

a) Ich wollte dich anrufen. Leider hatte ich keine Zeit.
   Leider hatte ich keine Zeit, dich anzurufen.

Ebenso:

b) Immer muß ich die Wohnung allein aufräumen. Nie hilfst du mir.
c) Kannst du nicht pünktlich sein? Hast du das nicht gelernt?
d) Hast du Gaby nicht eingeladen? Hast du das vergessen?
e) Ich lerne jetzt Französisch. Morgen fange ich an.
f) Ich wollte letzte Woche mit Jochen ins Kino gehen, aber er hatte keine Lust.
g) Meine Kollegin konnte mir gestern nicht helfen, weil sie keine Zeit hatte.
h) Mein Bruder wollte mein Auto reparieren. Er hat es versucht, aber es hat leider nicht geklappt.
i) Die Werkstatt sollte den Wagen waschen, aber sie hat es vergessen.

Ihre Grammatik: Ergänzen Sie.

	Inversions-signal	Subjekt	Verb	Subjekt	unbet. obl. Ergänzung	Angabe	obligator. Ergänzung	Verb
a	Leider		hatte	ich	dich		keine Zeit,	anzurufen.
b								
c								
d								

5. Was können Sie auch sagen?

B1
BD

a) _Ich kann Peter nicht leiden._
   Ⓐ Ich finde Peter unsympathisch.
   Ⓑ Ich kann Peter nicht lieben.
   Ⓒ Ich mag Peter nicht.

b) _Ich habe morgens nie Lust, mich zu waschen._
   Ⓐ Ich habe morgens kein Wasser im Bad.
   Ⓑ Wasser interessiert mich morgens nicht.
   Ⓒ Ich wasche mich morgens nicht gern.

163

Lektion 15

c) *Wenn mein Mann ins Bett geht, vergißt er immer, den Fernseher auszumachen.*

🄰 Wenn der Fernseher an ist, geht mein Mann ins Bett.

🄱 Wenn mein Mann ins Bett geht, macht er nie den Fernseher aus.

🄲 Wenn mein Mann fernsieht, vergißt er immer ins Bett zu gehen.

d) *Barbara versucht, ihrem Mann zu gefallen.*

🄰 Barbara gefällt ihrem Mann.

🄱 Barbara und ihr Mann sind gefallen.

🄲 Barbara möchte ihrem Mann gefallen.

e) *Mein Mann verbietet mir, meine Eltern einzuladen.*

🄰 Ich darf meine Eltern nicht einladen.

🄱 Meine Eltern wollen uns nicht besuchen.

🄲 Mein Mann darf meine Eltern nicht besuchen.

f) *Manche Leute kommen immer zu spät.*

🄰 Wenn die Leute kommen, ist es zu spät.

🄱 Manche Leute können einfach nicht pünktlich sein.

🄲 Später kommen viele Leute.

B2
GR

6. Sagen Sie es anders.

a) Meine Freundin glaubt, alle Männer sind schlecht.
Meine Freundin glaubt, *daß alle Männer schlecht sind.*
Ebenso:

b) Ich habe gehört, Inge hat einen neuen Freund.

c) Peter hofft, seine Freundin will bald heiraten.

d) Du hast mich nicht zu deinem Geburtstag eingeladen. Darüber habe ich mich geärgert.

e) Helga hat erzählt, sie hat eine neue Wohnung gefunden.

f) Ich bin überzeugt, es ist besser, wenn man jung heiratet.

g) Frank hat gesagt, er will heute abend eine Kollegin besuchen.

h) Ich meine, man soll viel mit seinen Kindern spielen.

i) Wir wissen, Peters Eltern haben oft Streit.

B2
GR

7. Was ist Ihre Meinung?

a) Geld macht nicht glücklich.

b) Es gibt sehr viele schlechte Ehen.

c) Ohne Kinder ist man freier.

d) Die meisten Männer heiraten nicht gern.

e) Die Liebe ist das Wichtigste im Leben.

f) Reiche Männer sind immer interessant.

g) Schöne Frauen sind meistens dumm.

h) Frauen mögen harte Männer.

i) Man muß nicht heiraten, wenn man Kinder will.

Ich bin überzeugt, daß . . .
Ich glaube (auch), . . .
Ich finde (aber), . . .
Ich meine, . . .
Ich denke, . . .

Ich bin auch überzeugt, daß Geld nicht glücklich macht.
Ich glaube, daß Geld doch glücklich macht.
Ich meine, daß Geld manchmal doch glücklich macht.
Ich denke, daß man ohne Geld auch nicht glücklich ist.
...

8. ‚Bei‘, ‚nach‘, ‚während‘ oder ‚in‘? Ergänzen Sie. Es können auch zwei Präpositionen passen. Ergänzen Sie auch die Artikel.

a) _____ Hochzeit wollen Elke und ihr Mann nach Südamerika fliegen.

b) Ich konnte dich heute _____ Arbeitszeit nicht anrufen, weil ich nie allein im Büro war.

c) Mein Mann sieht sehr gerne Fußball. _____ Sportsendungen darf ich ihn deshalb nicht stören.

d) _____ Arbeit hat mein Mann meistens keine Zeit, mit den Kindern zu spielen.

e) _____ Abendessen hat er nie Lust, mir in der Küche zu helfen.

f) _____ ersten Zeit haben wir uns gut verstanden, aber dann hatten wir oft Streit.

g) Wenn mein Vater sich _____ Arbeit über seinen Chef geärgert hat, ist er abends immer sehr nervös.

h) Wenn meine Mutter sich nicht wohl fühlt, muß ich gleich _____ Abendessen ins Bett.

i) _____ letzten Woche hat mich meine Schwester besucht.

Ihre Grammatik: Ergänzen Sie. (‚Während‘ können Sie mit dem Dativ und Genitiv gebrauchen.)

der Besuch	die Arbeit	das Abendessen	die Sportsendungen
während dem Besuch (während des Besuchs)	während (während)	( )	( )
beim Besuch	bei		
nach d			

der erste Monat	die letzte Woche	das nächste Jahr	die ersten Jahre
im ersten Monat	in		

9. Was können Sie auch sagen?

a) *Wir haben ähnliche Probleme wie Hans und Gaby.*
- A Hans und Gaby haben sicher auch Probleme.
- B Unsere Probleme sind nicht sehr viel anders als die von Hans und Gaby.
- C Wenn Hans und Gaby Probleme haben, haben wir auch welche.

b) *Am Anfang einer Ehe gibt es oft Geldprobleme.*
- A In den ersten Ehejahren haben viele Paare zu wenig Geld.
- B Eine Ehe fängt oft mit Geldproblemen an.
- C Wenn man heiratet, fangen die Probleme an.

c) *Eva hat gleich nach der Schule geheiratet.*
- A Eva war mit der Schule fertig und hat dann gleich geheiratet.
- B Eva hatte nach der Schule keine Zeit zu heiraten.
- C Eva hat geheiratet, weil sie mit der Schule aufgehört hat.

d) *Ralf möchte entweder eine reiche Frau heiraten oder keine.*
- A Ralf möchte eine reiche Frau haben, aber das geht nicht.
- B Ralf würde nie eine reiche Frau heiraten.
- C Wenn Ralf keine reiche Frau findet, möchte er gar nicht heiraten.

Lektion 15

e) *Soziologen in Bielefeld haben eine Untersuchung über junge Paare gemacht.*

Ⓐ Junge Paare haben in Bielefeld Soziologen untersucht.

Ⓑ Soziologen in Bielefeld haben mit jungen Paaren gesprochen und sie nach ihrem Leben gefragt.

Ⓒ Soziologen in Bielefeld haben Paare gesucht, aber nicht gefunden.

f) *Ich fühle mich heute nicht sehr wohl.*

Ⓐ Es geht mir heute nicht sehr gut.

Ⓑ Ich bin heute sehr krank.

Ⓒ Ich finde mich heute nicht gut.

g) *Die Großfamilie ist tot.*

Ⓐ Es gibt heute keine richtigen Großfamilien mehr.

Ⓑ Unsere Großeltern sind gestorben.

Ⓒ Früher haben Großeltern, Eltern und Kinder zusammen gewohnt. Das gibt es heute nicht mehr.

h) *Kurt erzählt immer so langweilig. Ich kann ihm einfach nicht zuhören.*

Ⓐ Wenn Kurt erzählt, höre ich schlecht.

Ⓑ Wenn Kurt erzählt, denke ich an etwas anderes.

Ⓒ Ich finde es langweilig, Kurt zuzuhören.

B3 WS

10. Ergänzen Sie.

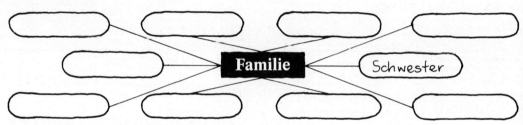

B3 WS

11. Welches Wort paßt wo? Ergänzen Sie.

> ausziehen   deutlich   allein   Wunsch   Sorge   anziehen   unbedingt   verschieden
> aufpassen   damals   Besuch   früh   hart   schließlich

a) Obwohl sie Schwestern sind, sehen beide sehr _____ aus.

b) Wir warten schon vier Stunden auf dich. Wir haben uns _____ gemacht. Warum hast du nicht angerufen?

c) Was kann ich Holger und Renate zur Hochzeit schenken? Haben sie einen besonderen _____?

d) Rainer und Nils sind Brüder, das sieht man sehr _____.

e) Vor hundert Jahren waren die Familien noch größer. _____ hatte man mehr Kinder.

f) Wenn ihre Mutter nicht zu Hause ist, muß Andrea auf ihren kleinen Bruder _____.

g) Michael ist erst vier Jahre alt, aber er kann sich schon alleine _____ und _____ .

h) Weil viele alte Leute wenig _____ bekommen, fühlen sie sich oft _____ .

i) Ulrike bekam sehr _____ ein Kind, schon mit 17 Jahren. Zuerst konnten ihre Eltern das nicht verstehen, aber _____ haben sie ihr doch geholfen. Denn für Ulrike war die Zeit mit dem kleinen Kind am Anfang sehr _____ .

j) Ulrike wollte schon als Schülerin _____ anders leben als ihre Eltern.

166

12. Im Gespräch verwendet man im Deutschen meistens das Perfekt und nicht das Präteritum. ‚Erzählen' Sie deshalb in dieser Übung von Adele, Ingeborg und Ulrike im Perfekt. Verwenden Sie das Präteritum nur für die Verben ‚sein', ‚haben', ‚dürfen', ‚sollen', ‚müssen', ‚wollen' und ‚können'.

B3
GR

a) Maria:

Marias Jugendzeit war sehr hart. Eigentlich hatte sie nie richtige Eltern. Als sie zwei Jahre alt war, ist ihr Vater gestorben. Ihre Mutter hat ihren Mann nie vergessen und hat mehr an ihn...

b) Adele:

Adele hat als Kind...

c) Ingeborg:

d) Ulrike:

13. Sagen Sie es anders.

B3
GR

a) Mein ältester Bruder hat ein neues Auto. Es ist schon kaputt.

Das neue Auto meines ältesten Bruders ist schon kaputt.

Ebenso:

b) Mein zweiter Mann hat eine sehr nette Mutter.

c) Meine neue Freundin hat eine Schwester. Die hat geheiratet.

d) Mein jüngstes Kind hat einen Freund. Leider ist er sehr laut.

e) Meine neuen Freunde haben vier Kinder. Sie gehen schon zur Schule.

f) Ich habe den alten Wagen verkauft, aber der Verkauf war sehr schwierig.

g) Das kleine Kind hat keine Mutter mehr. Sie ist vor zwei Jahren gestorben.

h) In der Hauptstraße ist eine neue Autowerkstatt. Der Chef ist mein Freund.

i) Die schwarzen Schuhe waren kaputt. Die Reparatur hat sehr lange gedauert.

Ihre Grammatik. Ergänzen Sie.

Nominativ	der zweite Mann	die neue Freundin	das jüngste Kind	die neuen Freunde
Genitiv	die Mutter meines zweiten Mannes	die Schwester mein	der Freund mein	die Kinder mein

Nominativ	der alte Wagen	die neue Werkstatt	das kleine Kind	die schwarzen Schuhe
Genitiv	der Verkauf d	der Chef d	die Mutter d	die Reparatur d

167

Lektion 15

B3
GR

14. Sagen Sie es anders.

a) Meine Eltern haben in Paris geheiratet. Da waren sie noch sehr jung.
   <u>Als meine Eltern in Paris geheiratet haben, waren sie noch sehr jung.</u>
   Ebenso:
b) Ich war sieben Jahre alt, da hat mir mein Vater einen Hund geschenkt.
c) Vor fünf Jahren hat meine Schwester ein Kind bekommen. Da war sie lange Zeit krank.
d) Sandra hat die Erwachsenen gestört. Trotzdem durfte sie im Zimmer bleiben.
e) Früher hatten seine Eltern oft Streit. Da war er noch ein Kind.
f) Früher war es abends nicht so langweilig. Da haben meine Großeltern noch gelebt.
g) Wir waren im Sommer in Spanien. Das Wetter war sehr schön.

B3
GR

15. Ein Vater erzählt von seinem Sohn. Was sagt er?

schwimmen lernen   vom Fahrrad fallen   ~~laufen lernen~~   sich ein Fahrrad wünschen   sich sehr für Politik interessieren   immer nur Unsinn machen   Briefmarken sammeln   heiraten   jeden Tag drei Stunden telefonieren   sich nicht gerne waschen   viel lesen

<u>Als er ein Jahr alt war, hat er laufen gelernt.</u>
<u>Als er drei Jahre alt war, ...</u>
...

B3
BD

16. Was können Sie auch sagen?

a) *Als Kind hatte ich nie Lust, früh schlafen zu gehen.*
   Ⓐ Als Kind hatte ich nie Zeit, früh schlafen zu gehen.
   Ⓑ Als Kind wollte ich nie früh schlafen gehen.
   Ⓒ Als Kind sollte ich immer früh schlafen gehen.

b) *Mein Vater hat mir immer verboten zu tanzen.*
   Ⓐ Mein Vater hat sich immer geärgert, wenn ich tanzen wollte.
   Ⓑ Mein Vater hat immer Angst gehabt, wenn ich tanzen wollte.
   Ⓒ Ich durfte nie tanzen. Mein Vater war dagegen.

c) *Ich habe oft vergessen, mein Zimmer aufzuräumen.*
   Ⓐ Ich habe selten geholfen, mein Zimmer aufzuräumen.
   Ⓑ Ich habe mich immer geärgert, daß ich mein Zimmer aufräumen mußte.
   Ⓒ Ich habe oft nicht daran gedacht, mein Zimmer aufzuräumen.

d) *Ich freue mich, wenn man mir in der Küche hilft.*
   Ⓐ Ich bin froh, wenn man mir in der Küche hilft.
   Ⓑ Ich vergesse nie, wenn man mir in der Küche hilft.
   Ⓒ Ich ärgere mich, wenn man mir in der Küche nicht hilft.

Alice im Gespräch mit Diplom-Psychologin Cosima Brauneis

Mein Freund wäscht sich zu wenig

Alice (30 Jahre) möchte, daß sich ihr Freund Roland (34 Jahre) jeden Tag wäscht. Sie sagt es ihm jeden Tag wieder, freundlich und unfreundlich, aber es hat keinen Zweck – Roland will nicht. Alice denkt, wenn er mich wirklich liebt, müßte er mir doch diesen kleinen Gefallen tun. Hat sie recht?

Alice: Roland und ich leben seit elf Jahren zusammen. Eigentlich sind wir ja ganz glücklich, wenn nur das Waschproblem nicht wäre. Roland glaubt, daß es genug ist, wenn er alle zwei Tage unter die Dusche geht. Manchmal dauert es auch drei oder vier Tage. Wenn ich dann etwas zu ihm sage, wird er furchtbar ärgerlich und schreit mich an. Ich will doch wirklich nicht viel, seine Kleidung zum Beispiel ist mir ganz egal. Ich will ja keinen schönen Mann, ich will einen sauberen Mann.

C. Brauneis: Was glauben Sie, warum Roland sich nicht öfter waschen will?

Alice: Ich weiß es nicht; vielleicht, weil er es als Kind nicht gelernt hat. Seine Eltern hatten nur eine ganz kleine Wohnung und kein Badezimmer.

C. Brauneis: Und Sie? Warum ist Sauberkeit für Sie so wichtig?

Alice: Vielleicht, weil meine Mutter den ganzen Tag putzt, wäscht und aufräumt. In der Wohnung meiner Eltern kann man vom Boden essen.

C. Brauneis: Und das gefällt Ihnen wirklich?

Alice: Na ja, eigentlich nicht. Aber das will ich ja auch nicht. Ich selbst bin gar keine gute Hausfrau. Meine Fenster zum Beispiel putze ich nur alle acht Wochen. Sauberkeit ist mir nur bei Roland wichtig. Der steht morgens auf und zieht noch im Schlafzimmer seine Kleider an, geht in die Küche, trinkt einen Kaffee und geht aus dem Haus – das Badezimmer hat er gar nicht gesehen. Abends ist es genau dasselbe. Er zieht sich aus und geht ins Bett. Das ist doch nicht normal? Oder?

C. Brauneis: Ich glaube, normal oder nicht, das ist hier nicht die richtige Frage. Wichtig ist nur, daß Rolands Verhalten für Sie ein Problem ist.

Alice: Ja, das stimmt. Manchmal glaube ich, er liebt mich nicht wirklich. Wenn er mich wirklich gern hätte, würde er mir diesen kleinen Gefallen tun. Waschen tut doch nicht weh, und es dauert doch nur zehn Minuten.

C. Brauneis: Was macht Roland denn, wenn Sie ihn um andere Dinge bitten? Sagt er dann auch immer nein?

Alice: Ja, eigentlich schon. Er tut meistens, was er will. An meine Wünsche denkt er selten. Zum Beispiel unsere Wohnung, da haben wir nur die Möbel gekauft, die Roland gefallen. Oder wenn wir ins Kino gehen, bestimmt er, welchen Film wir sehen.

C. Brauneis: Und warum sagen Sie nicht, was Sie wollen?

Alice: Ach, das ist doch nicht so wichtig. Ich möchte keinen Streit.

C. Brauneis: Haben Sie vielleicht Angst vor Streit? Glauben Sie, daß Roland geht, wenn Sie nicht immer tun, was er möchte?

Alice: Ja, ich glaube, da haben Sie recht.

C. Brauneis: Ich meine, das ist das wirkliche Problem in Ihrer Partnerschaft, nicht das Waschen. Sie sollten versuchen, offen mit Roland über Ihre Wünsche zu sprechen. Sagen Sie ihm, was Sie möchten, was Sie brauchen. Wenn Sie nie über die Gründe für diese Streitereien sprechen, dann hört die Liebe natürlich bald einmal auf.

Alice: Über so was sprechen wir wirklich nie, dabei ist das ja eigentlich viel wichtiger. Roland ist es völlig egal, ob ich für ihn koche oder ihn sonstwie verwöhne. Aber für mich bedeutet es Liebe, wenn ich verwöhnt werde, wenn er etwas für mich tut.

C. Brauneis: Sehen Sie, so gibt bei Ihnen jeder dem anderen das, was er eigentlich selbst bekommen möchte, ohne zu wissen, daß der Partner wirklich etwas ganz anderes braucht. Sie sollten unbedingt beginnen, mehr miteinander zu sprechen über das, was Sie vom anderen erwarten. Sonst lieben und streiten Sie weiter aneinander vorbei.

Alice: Ich glaube, das stimmt. Statt Roland dauernd zu sagen, daß er sich waschen soll, wäre es viel wichtiger, ihm zu sagen, daß ich bei anderen Sachen mehr selber bestimmen möchte.

Kinder *und* Beruf – das ist für beide Elternteile möglich. Nur eine Frage muß überzeugend gelöst sein:

Wer paßt auf

Großmutter

Vorteile

Ideal, wenn sie im gleichen Haus wohnt oder in der gleichen Stadt. Omas helfen ohne Geld. Sie hatten selbst schon Kinder und haben deshalb Erfahrung in der Kindererziehung. Oft haben sie mehr Geduld als die Eltern.

Nachteile

Viele junge Ehepaare haben Probleme mit ihren Eltern, weil sie endlich selbständig sein möchten. Und bei Oma dürfen die Kinder oft das machen, was ihnen die Eltern verbieten. Das kann Konflikte geben. Viele Omas mögen auch keine Kritik und glauben besser zu wissen, was für die Kinder gut ist.

Kosten

Die meisten Omas wollen kein Geld. Kleine Geschenke sind natürlich immer gut. Vielleicht können Sie es auch so machen: Oma paßt auf die Kinder auf, und Sie kaufen für Oma ein oder fahren mit ihr am Wochenende weg.

Tips

Es muß nicht immer die Oma sein, auch andere Verwandte (Tanten, Großväter, Schwestern) passen vielleicht gern auf Ihre Kinder auf. Fragen Sie auch ältere Freundinnen.

Kindermädchen

Vorteile

Das Kind kann zu Hause bleiben. Auch über Erziehungsfragen gibt es weniger Diskussionen, denn das Kindermädchen wird von Ihnen bezahlt und macht deshalb eher das, was Sie möchten. Besonders leicht finden Sie eine Frau, die ihr eigenes Kind mitbringen darf.

Nachteile

Manche Kindermädchen kündigen plötzlich. Die guten können ziemlich viel verlangen: eigenes Zimmer mit Bad und Fernseher. Das ist für viele Familien zu teuer.

Kosten

Mindestens 1200,– DM pro Monat; dazu Kosten für Essen und Zimmer.

Tips

Achtung: Kindermädchen machen keine Hausarbeit. Nur manchmal waschen sie die Kinderwäsche oder kaufen auch für die Kinder ein. Wenn Ihr Kindermädchen krank wird, können Sie Geld von der Krankenkasse bekommen. Nehmen Sie keine zu jungen Kindermädchen, sie haben meistens zu wenig Erfahrung. Bleiben Sie am Anfang ein paar Tage zu Hause, damit Ihr Kind die fremde Person mit Ihnen zusammen kennenlernt.

Au-pair-Mädchen

Vorteile

Au-pair-Mädchen aus dem Ausland bekommen neben Essen und Zimmer nur ein Taschengeld. Wenn Sie ältere Kinder haben, können diese vielleicht auch die Sprache Ihres Au-pair-Mädchens lernen. Wenn Sie Glück haben, ist Ihr Au-pair-Mädchen auch abends öfter zu Hause. Dann können Sie ins Kino gehen oder Freunde besuchen.

Nachteile

Die Mädchen sind oft noch sehr jung und manchmal selbst noch wie Kinder. Einige haben Heimweh und sind im fremden Land nicht sehr glücklich. Au-pair-Mädchen dürfen nur sechs Stunden leichte Hausarbeit machen und bleiben höchstens ein Jahr.

Kosten

Neben einem Taschengeld von 250,– bis 300,– DM müssen Sie etwa 40,– DM für eine Unfall- und Krankenversicherung bezahlen. Manchmal kommen noch Kosten für die Hin- und Rückfahrt dazu.

Tips

Nehmen Sie ein Mädchen, das jüngere Geschwister hat. Vermittlung: Zentralstelle für Internationale Arbeitsvermittlung, 6000 Frankfurt, Feuerbachstraße 42. Diese Organisation hilft Ihnen auch bei Problemen mit Behörden.

unsere Kinder auf?

Tagesmutter

Vorteile

Tagesmütter nehmen Ihr Kind in ihre eigene Wohnung und haben selbst auch eigene Kinder. Wenn Sie nur ein Kind haben, hat Ihr Sohn oder Ihre Tochter am Tage Geschwister. Tagesmütter finden Sie oft in der Nachbarschaft. Sie müssen also nicht lange fahren oder laufen, um Ihr Kind hinzubringen und abzuholen.

Nachteile

Auch Tagesmütter können plötzlich krank werden. Wenn Sie den ganzen Tag arbeiten, kann das ein großes Problem sein. Vielleicht versteht sich Ihr Kind auch nicht mit den Kindern der Tagesmutter. Sie hat manchmal auch einen ganz anderen Erziehungsstil als Sie.

Kosten

Pro Monat zwischen 280,– und 500,– DM. Manchmal bekommen Sie auch etwas Geld vom Jugendamt dazu.

Tips

Die Kinder der Tagesmutter sollten nicht sehr viel älter oder jünger sein als Ihr Kind. Wichtig ist, daß die Tagesmutter Ihr Kind wirklich mag. Wenn Sie merken, daß die Tagesmutter nur am Geld interessiert ist, sollten Sie eine andere Lösung finden. Informationen: Bundesverband der Tagesmütter, Brigitte Jacobs, An der Listerkirche 1, 3000 Hannover 1.

Kinderkrippe

Vorteile

Kinderkrippen haben meistens sehr lange auf. Auch wenn Sie morgens sehr früh arbeiten müssen oder spät am Abend, können Sie Ihre Kinder bringen. Krippen nehmen Kinder schon, wenn sie acht Wochen alt sind. Der Kontakt mit anderen Kindern macht schon sehr kleinen Kindern Spaß.

Nachteile

Wegen der langen Öffnungszeiten arbeiten pro Tag zwei oder drei verschiedene Frauen in einer Kindergruppe. Das kann für Ihr Kind ein Problem sein, wenn es immer wieder fremde Personen sieht. Oft sind auch die Kindergruppen sehr groß, und das Personal hat deshalb wenig Zeit für die einzelnen Kinder. Außerdem hat das Personal meistens keine gute Ausbildung.

Kosten

Die Kosten sind unterschiedlich. Sie sind abhängig von Ihrem Gehalt. Höchstens jedoch 400,– DM pro Monat.

Tips

Über Kinderkrippen informiert der Deutsche Paritätische Wohlfahrtsverband, Heinrich-Hoffmann-Straße 215, 6000 Frankfurt, aber auch die Jugendämter der Städte und Gemeinden. Eine gute Kinderkrippe sollte regelmäßig Elternabende machen und nicht mehr als acht bis zehn Kinder haben.

Kindergarten

Vorteile

Der Kindergarten ist besonders wichtig, wenn Sie nur ein Kind haben. Hier hat Ihr Kind Kontakt mit anderen Kindern, kann spielen und bekommt eine gute Vorbereitung für die Schule. Viele Kindergärten nehmen schon Kinder ab drei Jahren. Das Personal hat meistens eine gute Ausbildung.

Nachteile

Nur für 80% aller Kinder gibt es einen Platz im Kindergarten. Wenn Sie in einer Kleinstadt oder auf dem Land wohnen, ist es besonders schwierig, einen Platz zu bekommen. Viele Kindergärten sind nur morgens geöffnet. Wenn Sie arbeiten, kann das natürlich ein Problem sein. Die Kindergärten verlangen, daß Ihr Kind selbständig zur Toilette gehen kann. Viele Kindergärten sind kirchlich, Ihr Kind bekommt dort also auch eine religiöse Erziehung. Manchmal mehr, als Sie vielleicht wünschen.

Kosten

Je nach Ihrem Gehalt und sehr verschieden: zwischen 50,– DM und 250,– DM.

Tips

Melden Sie Ihr Kind schon sehr früh im Kindergarten an. Dann haben Sie bessere Chancen, einen Platz zu bekommen. Am Anfang hat Ihr Kind vielleicht Angst, gehen Sie dann mit in den Kindergarten.

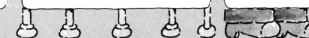

Schlüssel

Anmerkungen zum Lösungsschlüssel

1. Die meisten Übungen (besonders die Grammatikübungen) haben eindeutige Lösungen.

2. Bei den Wortschatzübungen sind nur Lösungen angegeben, die sich auf den aktiven Wortschatz des Kursbuches beschränken. Sie können ergänzt werden durch weiteren Wortschatz aus dem ungesteuerten Fremdsprachenerwerb der Lerner. Diese Möglichkeit wird angedeutet durch „. . .“

3. Bei einigen Bedeutungsübungen ist es möglich, daß Lehrer und bestimmt auch einige Lerner weitere Lösungen finden. Der Lösungsschlüssel ist jedoch abgestimmt auf Wortschatz, Grammatik und Situation der jeweiligen Lektion im Kursbuch, da die Lerner normalerweise, besonders im Ausland, nur auf dieser Grundlage entscheiden können. Diese Übungen sind durch das Zeichen gekennzeichnet.

4. Für einige Bedeutungsübungen gibt es keinen Schlüssel, da sie nur individuelle Lösungen zulassen.

1

1. **a)** (Guten) Morgen, Tag, Abend **b)** (Danke,) gut. Danke, es geht. Schlecht.

2. Kolumbien, Argentinien, Algerien, Finnland, Türkei, Griechenland, Frankreich, Kanada, Kenia, Nigeria, Japan, Indien

3. **a)** heiße **b)** ist **c)** heißen, verstehe, Buchstabieren **d)** ist, Sind/Kommen, aus

4. **a)** heißen, sein **b)** sein **c)** kommen, sein **d)** heißen, sein **e)** kommen, sein **f)** heißen

5. **a)** ○ en **b)** ○ ist
   □ bin □ ist
   ○ t
   □ ist ○ t
   sind □ ist
   ○ bin en
   e ○ e
   □ e
   ○ ist
   □ sind
   ○ en
   □ en

6.

	ich	du	Sie	er (Peter)/sie (Luisa)	sie (Peter und Luisa)
kommen	komme	kommst	kommen	kommt	kommen
heißen	heiße	heißt	heißen	heißt	heißen
sein	bin	bist	sind	ist	sind

7. **b)** Woher kommt er? Er kommt aus Italien. **c)** Wie heißt sie? Sie heißt Tendera. **d)** Heißen Sie Jimenez? Nein, ich heiße El Tahir.

	Inversionssignal	Subjekt	Verb	Subjekt	Angabe	obligatorische Ergänzung
a)			Kommen	Sie		aus Peru?
		Ich	komme			aus Kuba.
b)	Woher		kommt	er?		
		Er	kommt			aus Italien.
c)	Wie		heißt	sie?		
		Sie	heißt			Tendera.
d)			Heißen	Sie		Jimenez?
		Ich	heiße			El Tahir.

8. **b)** Kommt/Ist **c)** Woher **d)** Wer **e)** Wer **f)** Woher **g)** Wie **h)** Ist

Schlüssel

9.	A	B	C	D	E	F
	2c, 4a, 4b	4b	1a, 1b, 2d	1a, 1b, 5f	1a	4a, 4b, 3e

10. a) A **b)** B **c)** C **d)** A **e)** A **f)** A

11. a) B **b)** C **c)** C **d)** A **e)** A **f)** A

12. b) Das sind Sigmund und Anna Freud. Sie kommen aus Österreich. **c)** Das ist Herbert von Karajan. Er kommt aus Österreich. **d)** Das ist Romy Schneider. Sie kommt aus der Bundesrepublik. **e)** Das ist Günter Grass. Er kommt aus der Bundesrepublik. **f)** Das ist Anna Seghers. Sie kommt aus der DDR.

13. a) □ Ja, das ist er.

b) ○ Entschuldigung, heißen Sie Knapp? **c)** ○ Guten Tag, Frau Sommer. Wie geht es Ihnen?
□ Nein, mein Name ist Kraus. □ Danke, es geht.
d) ○ Woher kommen Sie? **e)** ○ Ich bin Lopez Martinez Camego.
□ Aus Paris. Und Sie? □ Wie bitte? Wie heißen Sie?
○ Aus Genua. ○ Lopez Martinez Camego.

14. a) ○ Woher kommen Sie? □ Aus Frankreich. Und Sie? ○ (Ich komme) aus England.
b) ○ Guten Tag. Mein Name ist / Ich heiße El Tahir. **c)** ○ Guten Tag. Mein Name ist / Ich heiße Jimenez.
□ Guten Tag. Mein Name ist / Ich heiße Tendera. □ Guten Tag. Mein Name ist / Ich heiße Young.
○ Kommen/Sind Sie aus Spanien? ○ Kommen/Sind Sie aus Japan?
□ Nein, (ich komme/bin) aus Italien. Und Sie? □ Nein, (ich komme/bin) aus Korea.
○ (Ich komme/bin) aus Tunesien. Kommen Sie aus Spanien?
○ Nein, (ich komme/bin) aus Peru.

15. b) achtundachtzig **c)** einunddreißig **d)** neunzehn **e)** dreiunddreißig **f)** zweiundfünfzig **g)** dreizehn **h)** einundzwanzig **i)** fünfundfünfzig **j)** dreiundneunzig **k)** vierundzwanzig **l)** sechsundsechzig **m)** siebzehn **n)** fünfundneunzig

1. b) Siemens **c)** Österreich **d)** Köln **e)** Monat **f)** Kauffrau **g)** Mannheim **h)** Levent

2. a) Ich bin Lehrerin.
b) Er heißt Rodriguez.
c) Was ist er von Beruf? Ist er von Beruf Mechaniker?
d) Bülent ist Automechaniker.
e) Woher kommt er?
f) Ist er verheiratet?
g) Das ist Klaus Henkel.
h) Herr Ergök kommt aus der Türkei.

3. b) Wo wohnt sie? **c)** Was ist er von Beruf? Was macht er? **d)** Woher kommt er? **e)** Wer ist Ingenieurin? **f)** Wo arbeitet sie? **g)** Wie heißt er?

4. b) Heißt sie . . .? **c)** Wie heißen Sie?/Wie ist Ihr Name? **d)** Was sind Sie von Beruf?/Was machen Sie? **e)** Was ist sie von Beruf? / Was macht sie? **f)** Arbeitet sie in Zimmer . . .? **g)** Ist er in Zimmer . . .? **h)** Arbeiten Sie in Zimmer 3?

5.

	Inversionssignal	Subjekt	Verb	Subjekt	Angabe	obligatorische Verb Ergänzung
a)			Sind	Sie	hier	neu?
b)		Ich	arbeite		hier schon	4 Monate.
c)	Was		machen	Sie	hier?	
d)		Ich	verstehe		nicht.	
e)		Ich	bin			Kaufmann von Beruf.
f)		Sie	ist		erst	38 Jahre alt.
g)			Ist	er		verheiratet?
h)		Dieter	arbeitet		nicht	in Köln.

2

Schlüssel

6. a) erst **b)** erst – schon **c)** erst – schon **d)** schon – erst **e)** schon – erst **f)** schon – erst **g)** schon – erst

7. a) C **b)** C **c)** A **d)** B **e)** B **f)** A **g)** A **h)** C

8. ○ Guten Tag. Ist hier noch frei?
■ □ Natürlich, bitte.
○ Sind Sie hier neu?
□ Nein, ich arbeite hier schon 6 Monate.
○ Und was machen Sie?
□ Ich bin Kaufmann. Und Sie?
○ Ich bin Ingenieur.

9.

	a)	b)	c)
heißen?	Lore Sommer	Klaus Henkel	Manfred Bode, Monika Sager, Karla Reich
wohnen?	in Hamburg	in Wien	in Berlin
Beruf?	Grafikerin	Chemiker	M. B. ist Lehrer, K. R. Sekretärin, M. S. studiert Medizin
verheiratet? ledig?	verheiratet	ledig	ledig
Kinder?	2	—	—

a) Das ist Lore Sommer. Sie wohnt in Hamburg. Sie ist verheiratet und hat zwei Kinder. Sie ist Grafikerin.
b) Das ist Klaus Henkel. Er wohnt in Wien und ist Chemiker. Er ist ledig.
c) Das sind Manfred Bode, Karla Reich und Monika Sager. Sie wohnen in Berlin. Manfred ist Lehrer, Monika studiert Medizin und Karla ist Sekretärin. Sie sind ledig.
d) Ich bin (heiße) . . . Ich wohne in . . . und bin . . . Ich bin verheiratet/ledig und habe . . . Kinder.

10.

a)	b)	c)	d)	e)
Yasmin	in Paris	aus Ghana	Französisch	in Paris
Glock	in München	aus der Türkei	Portugiesisch	bei Oslo
Dagmar	in Kanada	aus (den) USA	Türkisch	in München
Young	in der BRD	aus China	Englisch	bei Genua
		aus Mexiko	Vietnamesisch	in Kanada
				in der BRD
				bei Wien

f)	g)	h)	i)	
Französisch	Ingenieur	in Paris	Französisch	Englisch
Portugiesisch	Franzose	bei Oslo	Chemie	Deutsch
Türkisch	Krankenschwester	in München	Portugiesisch	Vietnamesisch
Englisch	Lehrer	bei Genua	Elektrotechnik	Medizin
Vietnamesisch	Studentin	in Kanada	Türkisch	Biologie
	Spanier	in der BRD	Politik	
		bei Wien		

11. c) Beruf **d)** studieren **e)** heißen **f)** Land **g)** wo? **h)** wie? **i)** geboren **j)** wie?

12. a) Arbeitest
arbeite
arbeitet
arbeiten
b) Wohnst
wohne
Wohnen
wohnen

13.

	ich	du	Sie	er Rolf	sie Linda	sie R+L
a)		X				X
b)				X	X	
c)	X					

	ich	du	Sie	er Rolf	sie Linda	sie R+L
d)		X				
e)			X			X
f)		X				
g)		X				

	ich	du	Sie	er Rolf	sie Linda	sie R+L
h)				X	X	
i)				X	X	
j)			X			X
k)	X			X	X	

14.

	Er/Sie kommt aus …	Er/Sie ist …	Er/Sie spricht …
a)	der Bundesrepublik Deutschland	Deutsche	Deutsch
b)	England	Engländerin	Englisch
c)	Frankreich	Franzose	Französisch
d)	Tunesien	Tunesier	Arabisch/Französisch
e)	Peru	Peruaner	Spanisch
f)	Italien	Italienerin	Italienisch
g)	(den) USA	Amerikaner	Englisch
h)	Korea	Koreanerin	Koreanisch
i)	der Türkei	Türke	Türkisch

15. a) Er ist Spanier.
Er kommt aus Spanien.
b) Sie ist Japanerin.
Sie kommt aus Japan.
c) Er ist Amerikaner.
Er kommt aus (den) USA.
d) Er ist Grieche.
Er kommt aus Griechenland.

16.

	Inversions-signal	Subjekt	Verb	Subjekt	Angabe	obligatorische Ergänzung	Verb
a)			Sind	Sie	hier	neu?	
b)		Ich	lerne		hier	Deutsch.	
c)		Ich	möchte		hier	Deutsch	lernen.
d)			Möchte	Bernd		in Köln	wohnen?
e)		Levent	arbeitet			in Essen.	
f)	Wo		möchten	Sie			wohnen?
g)		Lore	wohnt		schon 4 Jahre	in Hamburg.	
h)	Was		machen	Sie	denn hier?		

17. a) C **b)** A **c)** C **d)** D **e)** B **f)** C **g)** A **h)** A

18. a) A **b)** A **c)** A **d)** B **e)** C **f)** C **g)** B **h)** A

19.

A	B	C	D	E	F	G	H	I	J	K	L
1, 14	9	13	11, 12	10, 15	3	2, 4	2, 5	1, 7	6, 11	8	14, 16

20. a) ○ Hallo, Yasmin.
□ Hallo, Manfred.
○ Wie geht's?
□ Danke gut. Und dir?
○ Ganz gut. Was machst du denn hier?
□ Ich lerne hier Englisch.

b) ○ Guten Tag, Herr Kurz.
□ Guten Tag, Herr Ergök.
○ Wie geht es Ihnen?
□ Danke gut. Und Ihnen?
○ Ganz gut. Was machen Sie denn hier?
□ Ich lerne hier Englisch.

Schlüssel

3

1.

A	W	O	H	N	Z	I	M	M	E	R	M	N	V	W	X	F	N	T	T	O	W	A	S	C	H	B	E	C	K	E	N	D	T	I	E
R	M	L	A	W	A	E	D	T	V	B	W	O	G	V	A	M	Ö	B	E	L	P	K	S	J	T	O	ß	U	F	C	B	H	O	V	A
T	M	O	U	B	U	U	D	L	X	E	L	P	G	M	D	D	E	O	P	T	F	S	C	U	N	G	Z	Ö	L	Y	G	E	I	W	Z
Q	I	R	S	T	U	H	L	D	H	C	L	I	H	I	C	U	U	N	P	S	M	L	H	V	B	N	I	B	U	N	G	A	L	O	W
S	K	S	I	I	M	B	A	D	E	W	A	N	N	E	Y	S	M	K	I	N	D	E	R	Z	I	M	M	E	R	S	U	D	E	H	G
P	Ü	J	H	S	F	Z	Q	Y	G	F	M	O	B	T	D	C	C	L	C	S	G	K	A	W	I	H	M	T	X	Z	F	X	T	N	Y
R	C	O	U	C	H	X	R	K	B	I	P	J	R	E	I	H	E	N	H	A	U	S	N	W	P	S	E	S	S	E	L	B	T	U	J
N	H	O	C	H	G	B	E	T	T	J	E	T	S	Y	S	E	K	I	R	H	N	Q	K	V	Q	L	R	D	Y	A	U	W	E	N	K
O	E	D	P	Y	E	A	C	H	K	U	A	F	J	M	Z	R	Q	J	L	P	R	A	P	R	Q	M	W	X	C	Z	R	C	Y	G	Z

2. a) ein Tisch   kein Schrank   der Tisch
eine Lampe   kein Bett   der Stuhl
ein Stuhl   keine Dusche   das Waschbecken
ein Waschbecken   . . .
ein Teppich
b) eine Couch   keine Lampe   die Couch
ein Sessel   kein Teppich   der Sessel
ein Schrank   kein Tisch
     . . .

3. b) □ der   **c)** □ –   **d)** □ ein   **e)** □ –   **f)** □ ein   **g)** □ der   **h)** □ –
○ die   ○ Der   ○ ein   ○ Die   ○ ein   ○ –   ○ Ein

4. b) Nein   **c)** Doch   **d)** Ja   **e)** Doch   **f)** Doch   **g)** Nein   **h)** Ja   **i)** Nein

5. b) Was ist das?   **c)** Was ist das?   **d)** Wer ist das?   **e)** Wer ist das?   **f)** Was   **g)** Wer   **h)** Wer   **i)** Was

6. b) schön   **c)** gemütlich   **d)** schlecht   **e)** unpraktisch   **f)** klein   **g)** unmodern   **h)** bequem

7. Zimmer: Schlafzimmer, Eßzimmer, Wohnzimmer, Kinderzimmer, Toilette, Flur, Badezimmer, . . .

8. b) Wo liegt es?   **c)** Wer wohnt da?   **d)** Wieviel (Was) kostet sie?/Wie teuer ist sie?   **e)** Wie groß ist sie?/
Wieviel Quadratmeter hat sie?   **f)** Wieviel Zimmer hat sie?   **g)** Wie ist sie?   **h)** Was ist sie (von Beruf)?/
Was macht sie?   **i)** Woher kommt/ist sie?   **j)** Wer ist Österreicher?   **k)** Was ist er (von Beruf)?/Was macht
er?

9. b) ○ . . . das Bett . . . ?   □ . . . das . . .   **c)** ○ . . . die Sessel . . . ?   □ . . . die . . .
○ . . . der Tisch . . . ?   □ Der . . .   ○ . . . die Couch . . . ?   □ Die . . .
d) ○ . . . die Stühle . . . ?   □ . . . die . . .   **e)** ○ . . . der Teppich . . . ?   □ . . . der . . .
○ . . . der Schrank . . . ?   □ Der . . .   ○ . . . die Lampe . . . ?   □ Die . . .

10. b) ○ Das Zimmer (der Bungalow, die Wohnung) . . . das (der, die) . . . ?
□ . . . das . . .
c) ○ Der Bungalow (die Wohnung) . . . der (die) . . . ?
○ . . . er (sie) . . .
○ . . . er (sie)?
d) ○ Die Wohnung (das Zimmer, der Bungalow) . . . die (das, der) . . . ?
○ . . . sie (es, er)?
○ . . . sie (es, er)?

11.

	Artikel + Nomen	Definitivpronomen	Personalpronomen
Maskulinum	der Bungalow	der	er
Femininum	die Wohnung	die	sie
Neutrum	das Zimmer	das	es

12. a) B   **b)** C   **c)** B   **d)** C   **e)** A   **f)** A

13. a) B   **b)** B   **c)** C   **d)** A   **e)** C   **f)** C   **g)** B   **h)** A

14.

A	B	C	D	E	F	G	H	I
5	2	7	1	3	2	6	4	2, 8

15. ○ Die Wohnung ist toll.
■ □ Das finde ich auch.
○ Wieviel kostet die denn?
□ Nur 220 Mark
○ Das ist billig. Und wie groß ist sie?
□ 42 Quadratmeter.
○ Und wie sind die Verkehrsverbindungen hier?
□ Nicht so gut.
○ Sag mal: Sind die Möbel neu?
□ Nein, nur die Sessel.
○ Die sind sehr schön und auch bequem.

○ Die Wohnung ist toll.
□ Das finde ich auch. Und nicht teuer.
○ Wieviel kostet die denn?
□ Nur 220 Mark.
○ Das ist billig. Und wie groß ist sie?
□ 42 Quadratmeter.
○ Sag mal: Sind die Möbel neu?
□ Nein, nur die Sessel.
○ Die sind sehr schön und auch bequem.
   Und wie sind die Verkehrsbedingungen hier?
□ Nicht so gut.

16. Individuelle Lösung

4

1. b) Gemüse **c)** Kaffee **d)** Tasse **e)** Gabel **f)** Bier

2. b) essen **c)** süß **d)** Mittagessen **e)** Nachtisch **f)** Fleisch

3. a) Saft, Bier, Wein, Mineralwasser, Tee, Kaffee, Apfelsaft, Milch, . . .
b) Fleisch, Kotelett, Fisch, Brot, Steak, Suppe, Kuchen, Reis, Kartoffeln, Marmelade, Eis, . . .
c) scharf, süß, bitter, kalt, alt, fett, sauer, frisch, gut, schlecht, . . .

4. Orangenmarmelade, Gemüsesalat, Gemüsesuppe, Wurstsalat, Wurstbrot, Käsebrot, Apfelsaft, Apfelmarmelade, Rindersteak, Kartoffelsalat, Kartoffelsuppe, Aprikosensaft, Aprikosenmarmelade, Tomatensalat, Tomatensaft, Tomatensuppe, Tomatenbrot, Fischsalat, Fischsuppe, Fischbrot, Brotsuppe, . . .

5. b) 4 Stück(e) **c)** 1 Flasche/1 Glas **d)** 3 Flaschen/3 Gläser/3 Glas **e)** 1 Flasche/1 Glas **f)** 2 Flaschen/ 2 Gläser/ 2 Glas **g)** 5 Tassen/ 5 Gläser/ 5 Glas **h)** 2 Tassen/ 2 Gläser/ 2 Glas/ 2 Flaschen **i)** 1 Flasche/1 Glas **j)** 2 Stück(e)

6.

| A X S E C U X A N M A R M E L A D E O A D K A F F E E D G B O H N E N C |
| S A F T G V B D O I K E E L Ö S N C B G X U L K O H H A A X B F P M Q P |
| T C B F H G A B E L J I S X F M Y F V P B C K V N X B W A S S E R Q A J |
| E I R L S J W U H C I S S M F G K I P A Q H Ä H N C H E N F T F R D O O |
| A T O Z A L N T G H E D E V E E C S U P P E S J U W I I E J Y B B O C G |
| K O T E L E T T J R Q C R B L M K C Z F H N E K D E G N A C H T I S C H |
| B L U Q A M E E T L I A Z I V Ü F H D E I S L M E H L D W E Z S D E N U |
| W U R S T O E R I N D F L E I S C H S L T M Y Ö L V C R M X Z U C K E R |
| M W P R S E F W A U I E Y R V E G J E H L F U K N T G L Z T H J U S I T |

7.

		a)	b)	c)	d)	e)	f)	g)	h)	i)	j)	k)	l)	m)	n)
A	Glas		X	X		X	X				X				X
B	Dose	X				X	X								
C	Flasche	X		X		X	X								X
D	Becher		X	X		X	X		X		X		X	X	
E	Packung		X		X		X	X	X	X	X	X	X		X

8. b) Stücke **c)** Getränke **d)** Messer **e)** Gabeln **f)** Eier **g)** Suppen **h)** Gläser **i)** Äpfel **j)** Tassen **k)** Fische **l)** Säfte **m)** Koteletts **n)** Dosen **o)** Flaschen **p)** Steaks **q)** Kartoffeln **r)** Kuchen **s)** Löffel **t)** Hähnchen **u)** Tomaten

9. a) ein Kotelett
Kartoffelsalat
ein Brötchen
ein Bier
b) Pommes frites
eine Gulaschsuppe
einen Kaffee
c) eine Cola
ein Hähnchen
ein Eis
d) einen Apfelsaft
ein Käsebrot
einen Kuchen

10. a) ○ Ich möchte ein Stück Kuchen. Und du?
□ Ich esse keinen Kuchen.
○ Und warum nicht?
□ Der ist zu süß.
b) ○ Ich möchte einen Wein. Und du?
□ Ich trinke keinen Wein.
○ Und warum nicht?
□ Der ist zu teuer.

Schlüssel

c) ○ Ich möchte eine Gulaschsuppe. Und du?   **d)** ○ Ich möchte ein Eis. Und du?
     □ Ich esse keine Gulaschsuppe.   □ Ich esse kein Eis.
     ○ Und warum nicht?   ○ Und warum nicht?
     □ Die ist zu scharf.   □ Das macht dick.

11. **b)** Er   **c)** Es   **d)** Es, es   **e)** Sie, sie   **f)** Es, es   **g)** Sie   **h)** Sie   **i)** Er   **j)** Es

12. □ nehme/esse   ○ ist   □ schmeckt, nimmst/ißt   ○ nehme/esse   □ schmeckt,
Nimm/Iß   ○ esse   □ trinkst   ○ nehme/trinke   □ nehme/trinke

13. **b)** ○ ... den Wein?   **c)** ○ ... das Eis?   **d)** ○ ... die Suppe?   **e)** ○ ... den Fisch?   **f)** ○ ... den Kaffee?
□ ... das Bier.   □ ... den   □ ... das Käsebrot.   □ ... das Kotelett.   □ ... den Tee.
                      Kuchen

14.

	Inversions-signal	Subjekt	Verb	Subjekt	Angabe	obligatorische Ergänzung	Verb
a)		Klaus	ißt			Brötchen.	
		Klaus	ißt		zum Frühstück	Brötchen.	
	Zum Frühstück		ißt	Klaus		Brötchen.	
	Brötchen		ißt	Klaus	zum Frühstück.		
b)		Renate	trinkt			Bier	
		Renate	trinkt		zum Abendbrot	Bier.	
	Zum Abendbrot		trinkt	Renate		Bier.	
	Bier		trinkt	Renate	zum Abendbrot.		
c)		Herr Kurz	nimmt			Kuchen.	
		Herr Kurz	nimmt		später	Kuchen.	
	Später		nimmt	Herr Kurz		Kuchen.	
	Kuchen		nimmt	Herr Kurz	später.		
d)		Er	möchte			Milch	trinken.
		Er	möchte		lieber	Milch	trinken.
	Milch		möchte	er	lieber		trinken.
	Lieber		möchte	er		Milch	trinken.

15. **a)** ○ Was bekommen Sie?   **b)** ○ Bezahlen bitte!
     □ Eine Rinderroulade bitte.   □ Zusammen?
     ○ Mit Reis oder Kartoffeln?   ○ Nein, getrennt.
     □ Mit Kartoffeln.   □ Was bezahlen Sie?
     ○ Und was bekommen Sie?   ○ Die Rinderroulade und das Mineralwasser.
     △ Gibt es eine Gemüsesuppe?   □ Das macht 17,50 DM.
     ○ Ja, die ist sehr gut.   Und Sie bezahlen den Wein und die Gemüse-
     △ Dann bitte eine Gemüsesuppe und ein Glas Wein.   suppe?
     ○ Und was möchten Sie trinken?   △ Ja, richtig.
     □ Eine Flasche Mineralwasser.   □ 9,60 DM bitte.

16. **a)** Wasser, Kartoffeln, Eier, Milch, Tee, Gemüse, Kaffee, Fleisch, Fisch ...   **b)** Kartoffeln, Eier, Kotelett,
Fleisch, Fisch, Hähnchen ...   **c)** Suppe, Salat, Tee, Käsebrot, Wurstbrot, Kaffee, Kuchen, Marmelade, ...

17. **b)** nicht, keinen   **c)** keinen   **d)** nicht   **e)** kein   **f)** nicht

18.

A	B	C	D	E	F	G	H	I	J	K	L
3	1, 10, 12	12	1	4	2	5	7	11	6	8	9

19. **a)** C   **b)** B   **c)** C   **d)** A   **e)** B   **f)** A

20. **a)** A/B   **b)** B/C   **c)** C   **d)** A/B   **e)** C   **f)** A/B

21. a) ○ Guten Appetit.
■ □ Danke.
○ Schmeckt es Ihnen?
□ Danke, sehr gut. Wie heißt das?
○ Pichelsteiner Eintopf.
□ Das kenne ich nicht. Was ist das?
○ Schweinefleisch mit Kartoffeln und Gemüse.
□ Das schmeckt ja prima.
○ Nehmen Sie doch noch etwas.
□ Ja gern. Sie kochen wirklich gut.

b) ○ Guten Appetit.
□ Danke gleichfalls.
○ Wie schmeckt's?
□ Toll. Wie heißt das?
○ Falscher Hase.
□ Was ist denn das?
○ Falscher Hase? Das ist Hackfleisch mit Ei und Brötchen.
□ Das schmeckt ja phantastisch.
○ Möchtest du noch etwas?
□ Nein danke, ich habe noch genug.

---

1. Stadt: Restaurant, Nachtclub, Bar, Schwimmbad, Sportzentrum, Bibliothek, Bank, Geschäfte, Krankenhaus, Kino, Café, Metzgerei, Friseur, . . .

5

2. b) einkaufen **c)** fernsehen **d)** Briefe schreiben **e)** flirten **f)** arbeiten **g)** Tischtennis spielen **h)** schlafen **i)** Musik hören **j)** tanzen **k)** lesen **l)** spazierengehen **m)** fotografieren **n)** trinken **o)** kochen **p)** aufräumen **q)** schwimmen **r)** essen **s)** Fußball spielen **t)** bedienen

3. b) Um 7.30 Uhr räumt sie auf. **c)** Um 8.00 Uhr geht sie arbeiten. **d)** Um 10.30 Uhr macht sie Pause. **e)** Um 12.00 Uhr ißt sie (Mittag). **f)** Um 16.45 Uhr geht sie einkaufen. **g)** Um 19.00 Uhr ißt sie Abendbrot. **h)** Um 20.00 Uhr sieht sie fern. **i)** Um 23.00 Uhr geht sie schlafen.

4. b) ○ Bernd spielt Tischtennis. Möchtest du auch Tischtennis spielen?
□ Nein, ich spiele lieber Fußball.
c) ○ Juan räumt die Küche auf. Möchtest du auch die Küche aufräumen?
□ Nein, ich gehe lieber weg.
d) ○ Carlo hört Musik. Möchtest du auch Musik hören?
□ Nein, ich gehe lieber spazieren.
e) ○ Robert geht essen. Möchtest du auch essen gehen?
□ Nein, ich gehe lieber tanzen.
f) ○ Levent kauft ein. Möchtest du auch einkaufen?
□ Nein, ich gehe lieber schwimmen.
g) ○ Linda sieht fern. Möchtest du auch fernsehen?
□ Nein, ich spiele lieber Tischtennis.

5. c) In Buenos Aires ist es dann erst 9.00 Uhr morgens. **d)** In Helsinki ist es dann schon 2.00 Uhr nachmittags. **e)** In Karatschi ist es dann schon 5.00 Uhr nachmittags. **f)** In New York ist es dann erst 7.00 Uhr morgens. **g)** In Peking ist es dann schon 8.00 Uhr abends. **h)** In Hawaii ist es dann erst 2.00 Uhr nachts. **i)** In New Orleans ist es dann erst 6.00 Uhr morgens. **j)** In Wellington ist es dann schon 12.00 Uhr nachts. **k)** In Kairo ist es dann schon 2.00 Uhr nachmittags.

6. a) schon, Erst **b)** schon, noch, erst **c)** Erst, noch, schon

7.

	Das macht Babsi	Das schreibt Babsi
■ **b)**	Sie spielt um 11.30 Uhr Tischtennis.	Ich gehe morgens auf Deck spazieren.
c)	Sie schwimmt um 12.30 Uhr.	Man kann hier nicht schwimmen.
d)	Sie ißt um 13.00 Uhr Mittag. (Sie ißt sehr viel.)	Ich esse hier sehr wenig, denn das Essen schmeckt nicht gut.
e)	Sie trifft um 14.00 Uhr Männer und flirtet.	Man trifft keine Leute.
f)	Sie sieht um 16.00 Uhr einen Film (an).	Es gibt hier kein Kino.
g)	Sie tanzt um 22.00 Uhr.	Man kann hier nicht tanzen. Abends sehe ich viel fern.
h)	Sie trinkt um 1.00 Uhr im Nachtclub Wein.	Es gibt keinen Nachtclub. Ich gehe schon um 9.00 Uhr schlafen.

8. Individuelle Lösung

Schlüssel

9.

		a)	b)	c)	d)	e)	f)	g)	h)	i)	j)	k)	l)	m)	n)	o)
A	Briefe						X	X								X
B	Chemie			X												
C	Deutsch		X		X	X	X	X	X	X						
D	ein Buch						X	X								X
E	einen Dialog		X	X			X	X	X				X			
F	die Küche										X					X
G	essen											X				
H	Kaffee	X		X											X	X
I	Leute												X			X
J	Musik		X	X					X							
K	Peter												X			X
L	tanzen		X								X					
M	Betten			X												X
N	schwimmen		X								X					
O	Suppe	X		X						X						
P	Tischtennis		X											X		
Q	einkaufen										X					
R	ins Kino										X					

10. **a)** essen, trinken . . . **b)** (Kuchen) essen, (Kaffee/Tee) trinken, Eis essen . . . **c)** schwimmen, Tischtennis spielen, Fußball spielen . . . **d)** schwimmen . . . **e)** tanzen, flirten, Musik hören, Leute treffen . . . **f)** trinken, tanzen, flirten, Musik hören, Leute treffen . . . **g)** Leute treffen, flirten, Musik hören, trinken . . . **h)** einkaufen . . . **i)** Bücher lesen . . .

11. **a) Wann?:** Samstag, nachmittags, nachts, mittags, sofort, nachher, abends, morgens, nächste Woche, um 3.00 Uhr, morgen, heute, morgen mittag (abend, nacht), heute mittag (abend, nacht), Samstag mittag (abend, nacht)
b) Wie lange?: ein Jahr, drei Stunden, einen Monat, eine Woche, drei Monate, einen Tag, vier Wochen, zwei Jahre, fünf Tage

12.

A	B	C	D	E	F	G	H	I	J	K
5	8	7	3	11	9	10	1	4	6	2

1) in den Pfälzer Weinkeller **2)** ins Central Kino **3)** ins „Clochard" **4)** ins Café Hag **5)** in die Buchhandlung Herbst **6)** in die Metzgerei Koch **7)** in die Diskothek Jet Dancing **8)** ins Restaurant Mekong **9)** ins Sportzentrum **10)** ins Schwimmbad **11)** in die Stadt-Bibliothek

13. **a)** in den Nachtclub, Weinkeller **b)** ins Schwimmbad, Café, „Clochard", Kino, Theater, Konzert, Sportzentrum **c)** in die Bibliothek, Buchhandlung, Bar, Diskothek, Metzgerei

14. **b)** Wann steht Frank auf? **c)** Was ist auf Deck 10? **d)** Wer ist Krankenschwester? **e)** Wohin gehen sie um 19.00 Uhr? **f)** Was fängt um 6.00 Uhr an? **g)** Wie lange möchte er schwimmen? **h)** Wo kann man Bier trinken? **i)** Wie lange arbeitet sie? (Wieviel Stunden arbeitet sie?) **j)** Wann fängt das Kino an? **k)** Wohin gehen sie heute abend?

15.

Infinitiv	können	müssen	fahren	lesen	nehmen	essen	arbeiten
ich	kann	muß	fahre	lese	nehme	esse	arbeite
du	kannst	mußt	fährst	liest	nimmst	ißt	arbeitest
Sie	können	müssen	fahren	lesen	nehmen	essen	arbeiten

Infinitiv	können	müssen	fahren	lesen	nehmen	essen	arbeiten
er, sie, es, man	kann	muß	fährt	liest	nimmt	ißt	arbeitet
wir	können	müssen	fahren	lesen	nehmen	essen	arbeiten
ihr	könnt	müßt	fahrt	lest	nehmt	eßt	arbeitet
sie	können	müssen	fahren	lesen	nehmen	essen	arbeiten
Sie	können	müssen	fahren	lesen	nehmen	essen	arbeiten
Imperativ		(du)	Fahr!	Lies!	Nimm!	Iß!	Arbeite!
		(ihr)	Fahrt!	Lest!	Nehmt!	Eßt!	Arbeitet!
		(Sie)	Fahren Sie!	Lesen Sie!	nehmen Sie!	Essen Sie!	Arbeiten Sie

16.

	Inversionssignal	Subjekt	Verb	Subjekt	Angabe	obligatorische Ergänzung	Verb
a)	Auf Deck 4		spielen	Leute		Tischtennis.	
b)	Schwimmen		kann	man		auf Deck 3.	
c)	Um 5.00 Uhr		muß	Frank Michel			aufstehen.
d)	Um 6.00 Uhr		fängt	er	schon	seine Arbeit	an.
e)			Gehen	wir	nachher noch		essen?
f)			Gehen	wir	nachher noch		weg?
g)			Kommst	du	Dienstag		mit?
h)			Kannst	du	Dienstag		mitkommen?

17. b) zwanzig nach zehn c) fünf vor neun d) halb zehn e) fünf nach halb vier f) fünf vor halb vier
g) Viertel nach neun h) fünf nach fünf i) fünf vor halb zwölf j) Viertel vor acht k) zehn nach eins
l) Viertel nach zwei m) fünf nach halb neun n) zwanzig vor fünf o) Viertel vor zwölf

18. a) □ Ja gern. (Wann denn?) □ Wann denn? (Um wieviel Uhr?) □ Ja (gut). Das geht. b) ○ Kommst du
■ mit in die Diskothek? ○ Vielleicht Freitag abend. (Kannst du Freitag abend?) ○ Oder lieber Samstag? Geht
das? (Geht es Samstag?) ○ Um acht? (Geht es um acht?) c) ○ Möchtest du essen gehen? (Gehst du mit
essen?) □ Nein, ich habe keine Lust. ○ Wir können auch ins „Clochard" gehen. (Gehen wir ins „Clochard"?) d) ○ Wohin denn? □ Ich möchte keinen Wein trinken. (Ach nein, den finde ich nicht gut.) ○ Ja,
das ist nicht schlecht. Kann man da auch essen? □ Gut, gehen wir ins „Clochard".

19. b) muß c) muß d) muß, kann e) muß, kann f) muß, kann g) kann h) kann, muß i) kann, muß
j) kann, kann

20.
■

A	B	C	D	E	F	G	H	I
3, 5, 7, 9, 10	1, 3, 5, 7, 9, 10	6, 12	3, 5, 9	3, 12	1, 2, 4, 7, 8, 10	1, 2, 11	1, 5, 7, 8, 9, 10	6, 12

21.

	1	2	3	4	5	6	7	8	9
A	X				X	X	X		X
B			X	X					
C		X					X		

Schlüssel

1. wo?: Pension, Privatzimmer, Gasthof, Campingplatz, . . .
- **wie?**: zentral, billig, teuer, ruhig, modern, schön, gemütlich, bequem, gut, . . . mit Dusche, mit Bad, mit Balkon, . . .

2. a) Auto: neu, häßlich, praktisch, laut, teuer, alt, modern, langsam, billig, schnell, bequem, . . . **Wohnung:** ruhig, neu, billig, teuer, zentral, häßlich, modern, gemütlich, schön, dunkel, laut, . . . **Kuchen:** frisch, alt, süß, . . . **Fleisch:** frisch, fett, warm, kalt, . . . **Hotel:** zentral, teuer, neu, modern, gemütlich, alt, ruhig, laut, schön, billig, . . . **Möbel:** schön, häßlich, bequem, praktisch, billig, teuer, neu, modern, alt, dunkel, . . . **Wein:** sauer, süß, kalt, warm, . . . **Leute:** schön, häßlich, laut, ruhig, alt, . . . **Suppe:** warm, scharf, kalt, sauer, süß, fett, . . . **Buch:** billig, teuer, neu, alt, . . . **Café:** neu, modern, alt, gemütlich, laut, ruhig, zentral, . . **Arbeit:** schön, bequem, neu, . . .
b) wohnen: schön, teuer, bequem, gemütlich, modern, laut, ruhig, zentral, . . . **fahren:** schnell, langsam, bequem, . . . **schmecken:** frisch, sauer, süß, scharf, . . . **essen:** billig, teuer, schnell, langsam, kalt, warm, fett, scharf, . . . **sprechen:** laut, ruhig, schnell, langsam, . . . **liegen:** zentral, ruhig, schön, laut, . . . **einkaufen:** billig, teuer, bequem, schnell, langsam, ruhig, . . . **lernen:** schnell, langsam, . . . **kochen:** fett, schnell, langsam, scharf, praktisch, billig, teuer, . . .

3. b) teuer **c)** warm **d)** langsam **e)** alt **f)** häßlich **g)** unbequem **h)** unmodern **i)** ruhig **j)** klein **k)** dunkel **l)** süß **m)** ungemütlich **n)** gut **o)** unpraktisch

4. b) Die Pension Hofmann liegt zentraler als der Campingplatz, aber am zentralsten liegt das Schloßhotel.
c) Frankfurt ist größer als Bonn, aber am größten ist Hamburg. **d)** Die Universität Straßburg ist älter als die Universität Berlin, aber am ältesten ist die Universität Prag. **e)** Kotelett ist teurer als Hähnchen, aber am teuersten ist Steak. **f)** Marion kann schneller schwimmen als Veronika, aber am schnellsten kann Julia schwimmen. **g)** Monika möchte lieber ins Kino als tanzen gehen, aber am liebsten möchte sie Freunde treffen. **h)** Lucienne spricht besser Deutsch als Linda, aber am besten spricht Yasmin Deutsch. **i)** Thomas wohnt schöner als Bernd, aber am schönsten wohnt Jochen.

5.

bequem	bequemer	am bequemsten	warm	wärmer	am wärmsten
ruhig	ruhiger	am ruhigsten	kurz	kürzer	am kürzesten
klein	kleiner	am kleinsten	kalt	kälter	am kältesten
zentral	zentraler	am zentralsten	alt	älter	am ältesten
gemütlich	gemütlicher	am gemütlichsten	groß	größer	am größten
weit	weiter	am weitesten	teuer	teurer	am teuersten
neu	neuer	am neuesten	gut	besser	am besten
laut	lauter	am lautesten	gern	lieber	am liebsten
schlecht	schlechter	am schlechtesten	viel	mehr	am meisten

6. a) Sie ist billiger (gemütlicher, kleiner, . . .) als das Hotel Bellevue. Sie liegt zentraler als das Hotel Bellevue.
- Die Verkehrsverbindungen sind besser. . . .
b) Es ist moderner (größer, bequemer . . .) als die Pension Fraunhofer. Es hat Zimmer mit Bad und Dusche. Es hat Lift und Garage. Es liegt ruhiger (schöner) als die Pension Fraunhofer. . . .

7. b) ins Theater gehen **c)** auf den Vesuv steigen **d)** ins Gebirge fahren **e)** an den Rhein fahren **f)** in die Türkei fahren **g)** an den Atlantik fahren **h)** ins Ruhrgebiet fahren **i)** nach Tokio fahren **j)** an die Mosel fahren **k)** nach Österreich fahren **l)** an die Nordsee fahren **m)** ins Café gehen **n)** auf den Nanga Parbat steigen **o)** in die Dolomiten fahren **p)** in die Diskothek gehen **q)** nach Linz fahren **r)** in die Berge fahren **s)** nach Japan fahren **t)** an den Bodensee fahren **u)** in die Alpen fahren.

8. b) ○ Ich möchte gerne schwimmen. □ Fahr doch ans Mittelmeer, da kann man gut schwimmen. **c)** Fahrt doch in den Harz, da . . . **d)** Geht doch in den Stadtpark, da . . . **e)** Fahr doch nach London, da . . . **f)** Fahrt doch an die Nordsee, da . . . **g)** Fahrt doch nach Dänemark, da . . . **h)** Fahr doch an den Bodensee, da . . . **i)** Geht doch ins China Restaurant Nanking, da . . . **j)** Geh doch in die Diskothek Jet Dancing, da . . . **k)** Geh doch ins Café Hag, da . . . **l)** Fahrt doch in die Dolomiten, da . . . **m)** Geht doch in den Pfälzer Weinkeller, da . . .

9. b) □ Ich möchte an die Ostsee fahren. **c)** ○ Warum fahren Sie nicht an die Nordsee? **d)** □ Die Ostsee ist schöner. Und wohin fahren Sie? **e)** ○ Ich fahre in die Schweiz.

	Inversions-signal	Subjekt	Verb	Subjekt	Angabe	obligatorische Ergänzung	Verb
a)	Wo		machen	Sie	dieses Jahr	Urlaub?	
b)		Ich	möchte			an die Ostsee	fahren.
c)	Warum		fahren	Sie	nicht	an die Nordsee?	
d)		Die Ostsee	ist			schöner.	
	Und wohin		fahren	Sie?			
e)		Ich	fahre			in die Schweiz.	

10. a) C, **b)** A, **c)** B, **d)** A

11.

A	B	C	D	E	F	G	H	I	J
6	9	1	2	3	4	8	10	5	7

12. Individuelle Lösung

13. Auto: schnell, bequem, billig, laut, anstrengend, ... **Bahn:** billig, ruhig, praktisch, bequem, gemütlich, günstig, ... **Flugzeug:** teuer, laut, bequem, ... **Bus:** billig, anstrengend, günstig, ...

14. a) Bahn: fahren, Bahnfahrt, Eisenbahn, Zugverbindungen, umsteigen **b) Auto:** fahren, Autobahn, Autofahrt **c) Flugzeug:** fliegen, Flughafen, Maschine.

15.

		a	b	c	d	e	f	g	h	i	j	k	l	m
A	ein Hotelzimmer							X	X					X
B	Urlaub									X				X
C	eine Pension							X	X					X
D	den Zug				X			X	X					X
E	ein Auto				X			X	X			X	X	
F	um 12.00 Uhr	X	X	X	X						X			
G	Bahn				X									
H	in Frankfurt		X	X			X				X			
I	auf Gleis 5		X	X			X				X			
J	einen Tag	X			X				X					
K	nach Toronto	X			X						X			
L	eine Wohnung							X		X			X	X
M	schön						X							
N	auf den Mt. Blanc	X				X								

16. a) schlafen gehen, arbeiten gehen, kommen, Zeit haben, Freunde treffen, ankommen, arbeiten, schlafen, aufstehen **b)** dauern, Zeit haben, schlafen

17. Individuelle Lösung

18. b) Welches ...? Das ... **c)** Welche ...? Die ... **d)** Welche ...? Die ... **e)** Welchen ...? Den ... **f)** Welches ...? Das ... **g)** Welches ...? Das ... **h)** Welchen ...? Den ... **i)** Welche ...? Die ...

19. a) A **b)** A **c)** A **d)** C **e)** B **f)** C **g)** B **h)** C **i)** A **j)** C

20. a) A **b)** B **c)** C **d)** C **e)** B **f)** B **g)** A **h)** A

21. Individuelle Lösung

Schlüssel

7

1.

fotografieren	Musik	lesen, schreiben	spielen
Film, Fotoapparat, …	Plattenspieler, Kassettenrecorder, Radio, Kassetten, Radiorecorder, Autoradio, …	Buch, Briefpapier, Kugelschreiber, Schreibmaschine, …	Fußball, Tischtennisball, …
Sport	rauchen	essen und trinken	für die Wohnung
Tennisbälle, Fußball, Skier, …	Zigaretten, Feuerzeug, Aschenbecher, …	Cognac, Wein, Kuchen, …	Bild, Blumen, Fernseher, Toaster, Gläser, Töpfe, Mixer, Lampe, Uhr, …

2. a) Ihr kann man ein Feuerzeug (eine Reisetasche) schenken. Denn sie raucht viel (reist gern). Sie raucht viel (reist gern). Deshalb kann man ihr ein Feuerzeug schenken (eine Reisetasche) schenken.
b) Ihm kann man einen Fußball (ein Kochbuch, eine Kamera) schenken. Denn er spielt Fußball (kocht gern, ist Hobby-Fotograf). Er spielt Fußball (kocht gern, ist Hobby-Fotograf). Deshalb kann man ihm einen Fußball (ein Kochbuch, eine Kamera) schenken.
c) Ihr kann man Briefpapier (Skier, ein Wörterbuch) schenken. Denn sie schreibt gern Briefe (fährt Ski, lernt Spanisch). Sie schreibt gern Briefe (fährt Ski, lernt Spanisch). Deshalb kann man ihr Briefpapier (Skier, ein Wörterbuch) schenken.

3. b) ihr – eine Reisetasche **c)** ihnen – einen Fernseher **d)** ihr – einen Fotoapparat **e)** mir – ein Kochbuch **f)** euch – ein Autoradio **g)** dir – ein Fahrrad **h)** uns – Blumen **i)** ihnen – einen Fußball **j)** Ihnen – eine Lampe

4.

	Singular			Plural		
Nominativ wer,	ich	du Sie	er (Carlo) sie (Frau May) es	wir	ihr Sie	sie (Herr und Frau Kurz)
Dativ wem?	mir	dir Ihnen	ihm ihr ihm	uns	euch Ihnen	ihnen

5. □ … mir … zeigen? ○ … Ihnen … empfehlen. □ … gefällt mir … ○ … gefällt Ihnen …? □ … ist mir … □ … mir … einpacken?

6. b) Wem schenken wir einen Plattenspieler? (Wem schenkt ihr einen Plattenspieler?) **c)** Wer hört gern Musik? **d)** Was kauft er ihm? **e)** Wen sucht Gina? **f)** Wann hat Yussef Geburtstag? **g)** Wie ist der Film?

7. a) <u>Die Buchhändlerin</u> zeigt <u>ihnen</u> Wörterbücher. **b)** <u>Die Kassetten</u> bringe ich <u>ihnen</u> morgen mit. **c)** Erklären <u>Sie</u> mir doch bitte <u>die Maschine.</u> **d)** <u>Er</u> kauft <u>ihm</u> deshalb eine Kamera. **e)** <u>Eine Schallplatte</u> kann man <u>ihr</u> schenken. **f)** <u>Ihm</u> kannst <u>du</u> ein <u>Radio</u> schenken.

	Inversionssignal	Subjekt	Verb	Subjekt	unbetonte Ergänzung	Angabe	obligatorische Ergänzung	Verb
a)		Die Buchhändlerin	zeigt		ihnen		Wörterbücher.	
b)	Die Kassetten		bringe	ich	ihnen	morgen		mit.
c)			Erklären	Sie	mir	doch bitte	die Maschine.	
d)		Er	kauft		ihm	deshalb	eine Kamera.	
e)	Eine Schallplatte		kann	man	ihr			schenken.
f)	Ihm		kannst	du			ein Radio	schenken.

184

8.

		Nominativ		Akkusativ	
		indefiniter Artikel + Nomen	Indefinit-pronomen	indefiniter Artikel + Nomen	Indefinit-pronomen
a)	Maskulinum Singular (der)	ein kein Plattenspieler	einer keiner	einen keinen Plattenspieler	einen keinen
b)	Femininum Singular (die)	eine keine Kamera	eine keine	eine keine Kamera	eine keine
c)	Neutrum Singular (das)	ein kein Radio	eins keins	ein kein Radio	eins keins
d)	Plural	— keine Kassetten	welche keine	— keine Kassetten	welche keine

9. b) ○ . . . eine Orange?   c) ○ . . . eine Zigarette?   d) ○ . . . Kartoffeln?   e) ○ . . . ein Ei?
    □ . . . keine . . .   □ . . . keine . . .   □ . . . keine . . .   □ . . . keins . . .

    □ . . . keiner . . .   □ . . . keine . . .   □ . . . keine . . .   □ . . . keins . . .
  f) ○ . . . eine Gurke?   **g)** ○ . . . Pommes frites?   **h)** ○ . . . ein Brötchen?   **i)** ○ . . . ein Kotelett?
    □ . . . keine . . .   □ . . . keine . . .   □ . . . keins . . .   □ . . . keins . . .

    □ . . . keine . . .   □ . . . keine . . .   □ . . . keins . . .   □ . . . keins . . .

10. **a)** A   **b)** B   **c)** B   **d)** C   **e)** C   **f)** A
11. **b)** ○ . . . den Tisch . . .!   **c)** ○ . . . das Radio . . .!   **d)** ○ . . . die Teller . . .!   **e)** ○ . . . die Couch . . .!
    □ Der . . . ihn . . .   □ Das . . . es . . .   □ Die . . . sie . . .   □ Die . . . sie . . .
  f) ○ . . . die Stühle . . .!   **g)** ○ . . . das Bett . . .!   **h)** ○ . . . den Schrank . . .! **i)** ○ . . . den Teppich . . .!
    □ Die . . . sie . . .   □ Das . . . es . . .   □ Der . . . ihn . . .   □ Der . . . ihn . . .
    ! d) und f) = Plural: Die gefallen mir ja, aber ich finde sie zu teuer.

12.

A	B	C	D	E	F	G	H	I	J
7	10, 5	8	9	2	1	6	5	4	3, 5

13. **a)** C   **b)** B   **c)** A   **d)** C   **e)** A   **f)** B
14. **a)** A   **b)** B   **c)** C   **d)** A   **e)** A   **f)** C
15. ○ Hallo Karin.
    □ Tag Gerd, was machst du denn hier?
    ○ Ich suche ein Geschenk für Eva.
    □ Weißt du schon etwas?
    ○ Nein, ich habe keine Idee.
    □ Wie findest du eine Platte von Haydn oder Mozart?
    ○ Sie mag doch keine klassische Musik.
    □ Liest sie gern?
    ○ Ich glaube ja.
    □ Dann kauf ihr doch ein Buch.
    ○ Die Idee ist nicht schlecht.
16. . . . schenken . . . geht . . . sucht . . . Idee . . . Toaster, Töpfe und Mixer . . . trifft . . . hat . . . möchte . . . gut
    (toll, prima . . .) . . . geht . . . zeigt ihm . . . kostet . . . ist . . . Individuelle Lösung
17. Individuelle Lösung

Schlüssel

8

1. **a)** vor dem Radio **b)** hinter dem Schrank **c)** hinter der Vase **d)** zwischen den Büchern **e)** neben der Schreibmaschine **f)** im (auf dem) Bett **g)** auf dem Schrank **h)** unter der Zeitung **i)** auf der Nase

2. **b)** Kasper (der Hund) **c)** Familie Reiter **d)** Familie Hansen **e)** Emmily (die Katze) **f)** Familie Berger **g)** Familie Müller **h)** Familie Schmidt **i)** Familie Schulz

3. **Freizeit:** Spielbank, Diskothek, Restaurant, Café, Nachtclub, Park, Bar, ... **öffentliche Gebäude:** Kirche, Krankenhaus, Bahnhof, Rathaus, Flughafen, Arbeitsamt, Bücherei, Fernsehturm, Brücke, Tunnel, Congress-Zentrum, ... **Kultur:** Theater, Kunstgalerie, Bücherei, Kunsthalle, Denkmal, Kino, Konzerthalle, ... **Sport:** Schwimmhalle, Stadion, Sportplatz, Fußballplatz, Schwimmbad, Sportzentrum, ...

4. **b)** Diskothek **c)** Straße **d)** Hauptbahnhof **e)** Theater **f)** Spielbank **g)** Auto **h)** Kanal **i)** Parkplatz (Bahn) **j)** Flugzeug (Auto)

5. **b)** Tennis spielen **c)** Hafen **d)** Bücher ausleihen/lesen **e)** segeln **f)** Film **g)** (mit dem Schiff) fahren **h)** Fußball spielen **i)** fliegen

6. Neben der Toilette ist eine Milchflasche. Unter dem Tisch liegt ein Kugelschreiber. Auf dem Stuhl liegt ein Brot. Auf der Vase liegt ein Buch. Auf dem Schrank liegt Käse. Im Waschbecken liegen Schallplatten. Im (auf dem) Bett liegt ein Aschenbecher. In der Dusche sind Weingläser. Unter dem Bett liegt ein Feuerzeug. Vor dem Kühlschrank liegt eine Kamera. Unter dem Stuhl sind Zigaretten. Hinter dem Schrank ist ein Bild. Vor der Tür liegen Kassetten. Auf der Couch liegt ein Teller. Auf dem Regal steht eine Flasche.

7. **a)** auf den Tisch, **b)** neben die Couch, **c)** vor die Couch, **d)** hinter den Sessel, **e)** neben den Schrank, **f)** zwischen den Sessel und die Couch, **g)** neben das Waschbecken

8. **c)** Neben dem, ein **d)** Das, neben einem **e)** Das, an der **f)** Zwischen der, dem, ein **g)** Neben dem, das **h)** Die, in der, neben dem **i)** Das, am **j)** Der, zwischen dem, einem

9. **a)** über die, zum, am, an einem, zur, an einer, zur, neben dem **b)** ○ zur □ über die, an der, an der, zu einer, an der, in die, zum, Hinter dem

10.

Am besten ...	Am besten gehen Sie ...	Am besten ...	Am besten gehen Sie ...
b) im Stadtpark	**b)** in den Stadtpark	**j)** in der Metzgerei Eber (Koch)	**j)** in die Metzgerei Eber (Koch)
c) im Markt-Café im Parkcafé	**c)** ins Markt-Café ins Parkcafé	**k)** auf der Post	**k)** auf die Post
d) im Nachtclub Europa (Bel Ami)	**d)** in den Nachtclub E. (Bel Ami)	**l)** in der Diskothek Lyra	**l)** in die Diskothek Lyra
e) in der Tourist-Information/im Hotel	**e)** in die Tourist-Information/ins Hotel	**m)** in der Sprachschule Berger	**m)** in die Sprachschule Berger
f) in der Stadtbücherei	**f)** in die Stadtbücherei	**n)** im Schwimmbad in der Schwimmhalle	**n)** ins Schwimmbad in die Schwimmhalle
g) auf dem Jahn Sportplatz	**g)** auf den Jahn Sportplatz	**o)** in der Tourist-Information	**o)** in die Tourist-Information
h) im Schloßrestaurant im Restaurant Adler	**h)** ins Schloßrestaurant ins Restaurant Adler	**p)** auf dem Tennisplatz Rot-Weiß	**p)** auf den Tennisplatz Rot-Weiß
i) im Supermarkt Jäger	**i)** in den Supermarkt Jäger		

11. **b)** ○ ... nach Berlin? □ ... mit dem Zug. **c)** ○ ... zu den Landungsbrücken? □ ... mit der U-Bahn. **d)** ○ ... zum Rathaus? □ ... mit dem Taxi. **e)** ○ ... zum Alsterpark? □ ... mit dem Schiff. **f)** ○ ... nach Hamburg-Altona? □ ... mit der S-Bahn. **g)** ○ ... zur Köhlbrandbrücke? □ ... mit dem Bus.

12.

a) mit der U-Bahn mit dem Schiff mit dem Bus	**b)** mit der Gabel mit den Fingern mit dem Löffel	**c)** mit dem Kugelschreiber mit der Schreibmaschine mit dem Bleistift	**d)** mit der Grammatik mit dem Wörterbuch mit „Themen"

13. in, in, nach, in einen, in, in (in den), an der, auf der, in der, ins, ins, nach, an der, im, am, in der, an die, am, nach

Schlüssel

14.

	Inversions-signal	Subjekt	Verb	Subjekt	Angabe	obligatorische Ergänzung	Verb
a)	Wie		komme	ich	am schnellsten	zum Alsterpark?	
b)	Am besten		nehmen	Sie		das Schiff.	
c)			Kann	ich	nicht	mit der U-Bahn	fahren?
d)	Zum Alsterpark		fährt	keine U-Bahn.			

15. **a)** in einem Büro, in einem Krankenhaus, in einem Café, ... **b)** in einem Restaurant, in einem Hotel, in einer Kantine, in einem Schnellimbiß, zu Hause, ... **c)** in eine Stadt, nach Bochum, in die Schweiz, ans Meer, ... **d)** in den Alpen, in den Dolomiten, auf der Zugspitze, ... **e)** in Hamburg, auf dem Flughafen, auf Gleis 7, ... **f)** nach Zürich, in die Türkei, nach Tokio, ... **g)** in eine Diskothek, in einen Nachtclub, in eine Bar, in ein Tanz-Café, ... **h)** in einem Park, an der Elbe, am Meer, ... **i)** in einer Diskothek, in einer Bar, in einem Nachtclub, ... **j)** auf einem Sportplatz Fußball, in einer Spielbank Roulette, auf einem Tennisplatz Tennis, ... **h)** in einem Café, in einer Bar, an einer Brücke, ... **l)** in einem Supermarkt, in einer Metzgerei, ... **m)** in einem Supermarkt, in eine Metzgerei, ... **n)** in der Kantstraße, in Rom, an der Ostsee, im Gebirge, ... **o)** in eine Schwimmhalle, in ein Schwimmbad, ... **p)** auf einem Tisch, an der Alster, in Österreich, ... **q)** in Kiel, in die U-Bahn, auf Gleis 3, am Hauptbahnhof, ... **r)** in ein Kino, an den Rhein, in eine Bar, in eine Bücherei, ... **s)** in einer Schwimmhalle, in einem Schwimmbad, in der Ostsee, ... **t)** auf Korsika, im Gebirge, am Mittelmeer, in Schweden, ...

16. **b)** im **c)** auf dem **d)** im **e)** auf der **f)** auf der Post **g)** im **h)** in der **i)** im **j)** auf dem

17.

A	B	C	D	E	F	G	H	I	J	K
2, 5	4, 7	1	8	4, 6	10	9	11	2	3	6

18. **a)** B **b)** C **c)** C **d)** A **e)** A **f)** B

19. Individuelle Lösung

---

1. **b)** die Hand **c)** der Finger **d)** die Nase **e)** der Mund **f)** die Zähne **g)** der Bauch **h)** das Bein **i)** der Arm **j)** der Hals (Reihenfolge beliebig)

9

2. **b)** Zahn **c)** Kopf **d)** Ohr **e)** Busen **f)** Hand

3.

	Ich habe ...	Mein(e) ...	Ich habe Schmerzen ...
Kopf	Kopfschmerzen	Kopf tut weh	–
Bein	–	Bein tut weh	im Bein
Nase	–	Nase tut weh	in der Nase
Ohren	Ohrenschmerzen	Ohr tut weh/Ohren tun weh	–
Rücken	Rückenschmerzen	Rücken tut weh	im Rücken
Zähne	Zahnschmerzen	–	–
Fuß	–	Fuß tut weh/Füße tun weh	im Fuß
Auge	–	Auge tut weh/Augen tun weh	im Auge
Knie	–	Knie tut weh/Knie tun weh	im Knie
Bauch	Bauchschmerzen	Bauch tut weh	im Bauch
Hand	–	Hand tut weh/Hände tun weh	in der Hand
Schulter	–	Schulter tut weh	in der Schulter

4. **a)** O Hast du meine Kamera? O Wo ist meine Kamera?
☐ Nein, die ist auf deinem Sessel. ☐ Die ist auf Ihrem Sessel.
b) O Hast du meine Kassetten? O Wo sind meine Kassetten?
☐ Nein, die sind auf deinem Radio. ☐ Die sind auf Ihrem Radio.

Schlüssel

c) ○ Hast du meinen Kugelschreiber?   ○ Wo ist mein Kugelschreiber?
    □ Nein, der ist auf deiner Zeitung.   □ Der ist auf Ihrer Zeitung.

5.

		a	b	c	d	e	f	g	h	i	j	k	l	m	n	o	p	q	r	s	t	u	v
A	ich	X									X										X		
B	du								X														X
C	Sie				X								X		X								
D	er (Uwe) es, man			X													X						
E	sie (Maria)							X		X		X							X				
F	wir						X							X		X						X	
G	ihr					X			X						X		X						
H	sie							X		X									X				
I	Sie				X								X		X								

6. Individuelle Lösung

7. Bauchschmerzen, Rückenschmerzen, Kopfschmerzen, Ohrenschmerzen, Zahnschmerzen, erkältet, nervös, zu dick, Grippe, Durchfall, Fieber, Allergie, Verstopfung, Herzbeschwerden, . . .

8. b) Er darf keinen Zucker essen. Er muß Salat und Gemüse essen. Er darf keinen Kuchen essen. **c)** Er darf keine Schokolade essen. Er muß Tabletten nehmen. Er muß Joghurt essen. **d)** Er darf nicht viel rauchen. Er muß spazierengehen. Er darf keinen Alkohol trinken. **e)** Er muß Tee trinken. Er darf keinen Wein trinken. Er darf nicht fett essen. **f)** Er muß Sport treiben. Er darf abends nicht spät essen. Er darf abends keinen Kaffee trinken. **g)** Er darf nicht viel arbeiten. Er muß zum Arzt gehen. Er muß weniger arbeiten.

9. b) müssen **c)** dürfen **d)** müssen **e)** dürfen **f)** dürfen **g)** müssen **h)** dürfen **i)–o)** soll

10. b) darf (kann) **c)** kann **d)** soll **e)** darf **f)** muß **g)** darf **h)** kann **i)** darf **j)** darf (kann) **k)** muß **l)** soll **m)** kann **n)** soll **o)** kann **p)** dürfen **q)** muß **r)** darf

11. a) . . . soll . . . will/möchte . . . möchte . . . darf . . . **b)** . . . soll . . . will/möchte . . . soll . . . kann . . . soll . . . möchte/will . . . **c)** . . . kann . . . soll . . . muß . . . will/möchte . . . kann . . . **d)** . . . will/möchte . . . will/möchte . . . soll . . will/kann/möchte . . .

12.

	mögen	dürfen	müssen	sollen	wollen	können
ich	möchte	darf	muß	soll	will	kann
du	möchtest	darfst	mußt	sollst	willst	kannst
Sie	möchten	dürfen	müssen	sollen	wollen	können
er, sie, es	möchte	darf	muß	soll	will	kann
wir	möchten	dürfen	müssen	sollen	wollen	können
ihr	möchtet	dürft	müßt	sollt	wollt	könnt
sie	möchten	dürfen	müssen	sollen	wollen	können

13.

A	B	C	D	E	F	G	H	I	J
7, 2	1, 9	2, 10	2, 10	8	4	3	6	5	9

14. a) A/C **b)** B/C **c)** A/C **d)** A **e)** A **f)** A/B **g)** B/C **h)** A/B **i)** A/B **j)** B/C

15. Individuelle Lösung

16. a) helfen, fallen, arbeiten, trinken, aufräumen, frühstücken, mitnehmen, aufstehen, umsteigen, zeigen, nehmen, warten, mitbringen, bleiben, sehen, kommen, brauchen, essen, fliegen, anfangen, sprechen, gehen, lernen, einkaufen, machen, einladen, rauchen, schenken, schlafen, schreiben, lesen
b) ge-t: gearbeitet, gefrühstückt, gezeigt, gewartet, mitgebracht, gebraucht, gelernt, eingekauft, gemacht, geraucht, geschenkt

Schlüssel

ge-en: gefallen, getrunken, mitgenommen, aufgestanden, genommen, geblieben, gesehen, gekommen, gegessen, geflogen, angefangen, gesprochen, gegangen, eingeladen, geschlafen, geschrieben, gelesen

17.

	Inversions-signal	Subjekt	Verb	Subjekt	Angabe	obligatorische Ergänzung	Verb
a)		Ich	habe		gestern	Fußball	gespielt
b)	Wie		ist	das	denn		passiert?
c)			Darfst	du		keinen Kaffee	trinken?
d)		Du	mußt		unbedingt		mitspielen.
e)	Gestern		hat	sie	nicht		mitgespielt.
f)			Hat	das Bein	sehr	weh	getan?
g)	Die Wohnung		habe	ich	noch nicht		aufgeräumt.
h)	Plötzlich		bin	ich			gefallen.

18. ...sind...haben...hat...sind...haben...sind...haben...sind...haben...haben...haben...sind ...sind...sind...habe...haben...haben...bist...

19. **b)** Um 9.30 Uhr hat sie gefrühstückt. **c)** Sie hat (ein Buch) gelesen. **d)** Sie hat (Dann hat sie) Tennis gespielt. **e)** Sie hat Radio (Musik) gehört. **f)** Um 13.00 Uhr hat sie Mittag gegessen. **g)** Von 15.00 bis 16.00 Uhr hat sie geschlafen. **h)** Dann ist (hat) sie geschwommen. (Dann ist sie schwimmen gegangen. Dann ist sie ins Schwimmbad gegangen). **i)** Um 17.00 Uhr hat sie Kaffee getrunken. **j)** Sie hat (dann) ferngesehen. **k)** Um 18.00 Uhr hat sie Abendbrot gegessen. **l)** Abends hat sie getanzt.

1. a) den Krieg, die Wahl, ... **b)** einen Freund, die Staatsbürgerschaft, ein Buch, Freunde, ... **c)** das Studium, die Arbeit, den Krieg, ... **d)** das Abitur, die Arbeit, das Examen, Jazz-Musik, eine Reise, Abendessen, ... **e)** Arbeit, die Staatsbürgerschaft, ein Kind, ein Buch, den Nobelpreis, ein Hotelzimmer, ... **f)** bei Siemens, in Japan, in Hannover, in Stuttgart, Soldat, Mechaniker, Mitglied, Deutscher, ... **g)** Soldat, Mechaniker, Mitglied, Deutscher, ... **h)** ein Buch, ein Haus, Arbeit, Freunde, einen Freund, ein Hotelzimmer, das Kino, ... **i)** schwimmen, zum Gymnasium, zur Schule, auf die Universität, nach Hamburg, nach Athen, ... **j)** Deutsch, Englisch, schwimmen, für die Schule, ... **k)** ein Haus, ... **l)** in Stuttgart, in Japan, in Hannover, bei Siemens, für die Schule, ... **m)** in Japan, in Stuttgart, in Hannover, ... **n)** Englisch, Deutsch, ... **o)** nach Hamburg, nach Athen, zur Schule, zum Gymnasium, ... **p)** ein Buch, Deutsch, Englisch, ... **q)** Klaus, Marianne, Freunde, einen Freund, ein Kind, ... **r)** Klaus, Marianne, in Stuttgart, in Hannover, in Japan, ...

10

2.

Anton Weigl	////////	Mann von	Vater von	Vater von	Vater von
Martha Weigl	Frau von	////////	Mutter von	Mutter von	Mutter von
Sebastian Weigl	Sohn von	Sohn von	////////	Bruder von	Bruder von
Ute Weigl	Tochter von	Tochter von	Schwester von	////////	Schwester von
Helga Weigl	Tochter von	Tochter von	Schwester von	Schwester von	////////

Anton Weigl ist der Mann von Martha Weigl. Er ist der Vater von Sebastian, Ute und Helga Weigl. Martha Weigl ist die Frau von Anton Weigl und die Mutter von Sebastian, Ute und Helga Weigl. Sebastian ist der Sohn von Anton und Martha Weigl und der Bruder von Ute und Helga Weigl. Ute Weigl ist die Tochter von Anton und Martha Weigl und die Schwester von Sebastian und Helga Weigl. Helga Weigl ist die Tochter von Anton und Martha Weigl und die Schwester von Sebastian und Ute Weigl. (Sebastian, Ute und Helga sind die Kinder von Anton und Martha Weigl. Anton und Martha Weigl sind die Eltern von Sebastian, Ute und Helga.)

3. b) siebzehnhundertneunundfünfzig, **c)** siebzehnhundertsiebenundneunzig, **d)** achtzehnhundertacht-zehn, **e)** siebzehnhundertvierundzwanzig, **f)** achtzehnhundertfünfzehn, **g)** achtzehnhundertneunund-siebzig, **h)** neunzehnhundertsiebenundzwanzig, **i)** siebenhundertvier, **j)** achtzehnhundertfünfundsiebzig

189

Schlüssel

4. □ . . . habe . . . gefunden (gesucht) . . . hast . . . gewechselt?
○ . . . habe . . . gemacht . . . habe . . . gekauft . . . aufgeräumt . . . hast . . . gemacht?
□ . . . war . . . habe . . . gebracht . . . bin . . . gegangen . . . habe . . . gekauft . . . Hast . . . gesprochen?
○ . . . habe . . . gebracht. Hast . . . geholt?
□ . . . war . . .
○ . . . habe . . . vergessen . . .

5.

	Inversions-signal	Subjekt	Verb	Subjekt	Angabe	obligatorische Ergänzung	Verb
a)	Was		hast	du	am Wochenende		gemacht?
b)		Wir	haben		1983	ein Kind	bekommen.
c)	1982		ist	Italien		Weltmeister	geworden.
d)	In Irland		bin	ich	noch nicht		gewesen.
e)	Gestern		war	Bernd		im Kino.	
f)	Das		habe	ich	leider		vergessen.

6. b) Da c) Da d) Das e) Deshalb f) Das g) Das h) Deshalb i) Da/Das j) Das

7. b) . . . denn er hat immer Kopfschmerzen. Er hat nämlich immer Kopfschmerzen. c) . . . denn er hat Magenschmerzen. Er hat nämlich Magenschmerzen. d) . . . denn der Film ist langweilig. Der Film ist nämlich langweilig. e) . . . denn ich hatte viel Arbeit. Ich hatte nämlich viel Arbeit. f) . . . denn sie ist schon verabredet. Sie ist nämlich schon verabredet. g) . . . denn er hat schwimmen gelernt. Er hat nämlich schwimmen gelernt.

8. b) . . . hat . . . gemacht. c) . . . ist . . . gestorben. d) . . . hat . . . gelebt. e) . . . sind . . . geflogen. f) . . . hat . . . geheiratet. g) . . . hat . . . studiert. h) . . . hat . . . geliebt. i) . . . hat . . . gehabt. j) . . . ist . . . gesegelt. (gefahren) k) . . . hat . . . gespielt. l) . . . ist . . . gefahren. (gesegelt) m) . . . hat . . . gemacht. n) . . . ist . . . geworden. o) . . . hat . . . gewonnen. p) . . . hat . . . bekommen. g) . . . ist . . . geschwommen. r) . . . hat . . . getroffen. s) . . . hat . . . gearbeitet.

9. a) A/B b) B/C c) A d) B/C e) A/B f) B/C

10. Individuelle Lösung

11

1. a) hübsch b) sympathisch c) dünn d) jung e) langweilig f) schön g) rund h) lustig

2. a) blond, schwarz, rot b) blau, braun, schwarz, . . . c) dick, klein, lang, häßlich, schön, hübsch, . . . d) oval, schmal, jung, alt, hübsch, häßlich, schön, interessant, dumm, lustig, langweilig, . . .

3. ruhig, intelligent, dumm, gemütlich, nett, lustig, freundlich, langweilig, sympathisch, . . .

4. a) rund, jung b) dick, sympathisch c) lang, weich d) groß, freundlich e) gemütlich, blond f) schlank, nervös g) sympathisch, jung

5. a) B b) A c) A d) A

6. a) neu, jung b) klein c) dick d) traurig e) häßlich f) attraktiv g) nervös h) langweilig, uninteressant i) unsportlich j) unfreundlich k) dünn, schlank l) alt m) hübsch, schön n) klug, intelligent o) ungemütlich

7. a) nett, sympathisch, lustig, hübsch, traurig, schön, intelligent, alt, . . . b) nett, langweilig, häßlich, interessant, komisch, lustig, schön, freundlich, . . . c) einen Mantel, einen Pullover, eine Hose, ein Kleid, Strümpfe, Schuhe, ein Hemd, eine Bluse, . . .

8. a) finde b) sieht c) ist d) trägt (hat) e) macht f) gefällt

9. a) die Leute b) Mädchen c) Kinder d) Gesicht e) Augen f) Mund g) Nase h) Kollegen i) Brille j) Telegramm k) Brief l) Schuhe, Strümpfe m) Hemd n) Anzug o) Hose p) Pullover

10. a) langweilig b) nervös c) dumm d) verheiratet sein e) sehr gut aussehen f) rothaarig sein g) nett finden h) glauben i) sparsam sein j) reich sein k) lustig sein l) kurzhaarig sein m) oft n) meistens o) richtig sein p) Sorgen q) voll r) selten s) kennenlernen t) sympathisch sein u) gesund

11. a) Die blonden Haare., Die blauen Augen., Das schöne Gesicht., Die gute Figur. b) Das lustige Gesicht., Die starken Arme., Der dicke Bauch., Der große Appetit. c) Die gefährlichen Augen., Das schmale Gesicht., Die dünnen Haare., Die helle Haut.   **d)** Die langen Beine., Die dicken Lippen., Der dünne Bauch., Die große Nase.

12. b) Welche findest du besser, die modernen oder die sportlichen Schuhe?   **c)** Welchen..., den langen oder den kurzen Rock?   **d)** Welche..., die weiße oder die blaue Bluse?   **e)** Welche..., die braunen oder die schwarzen Strümpfe?   **f)** Welches..., das gelbe oder das rote Kleid?   **g)** Welche..., die grüne oder die braune Jacke?

13. b) Der schwarze Rock paßt zu der weißen Bluse.   **c)** Das sportliche Hemd paßt zu der kurzen Hose.   **d)** Der dünne Mantel paßt zu dem hellen Anzug.   **e)** Die moderne Jacke paßt zu dem kurzen Kleid.

14. b) Die komische Uhr hat er von Petra.   **c)** Das langweilige Buch hat er von Udo.   **d)** Den häßlichen Pullover hat er von Inge.   **e)** Den alten Kuchen hat er von Carla.   **f)** Die kapute Schallplatte hat er von Dagmar.   **g)** Das unbequeme Hemd hat er von Horst.   **h)** Die alten Schuhe hat er von Rolf.   **i)** Die kaputten Strümpfe hat er von Holger.

15.

	Nominativ	Akkusativ	Dativ
Rock: schwarz	der schwarze Rock	den schwarzen Rock	dem schwarzen Rock
Jacke: modern	die moderne Jacke	die moderne Jacke	der modernen Jacke
Hemd: neu	das neue Hemd	das neue Hemd	dem neuen Hemd
Schuhe: groß	die großen Schuhe	die großen Schuhe	den großen Schuhen

16. b) ○ Wie findest du die Kinder? □ Ich finde sie süß.   **c)** ○... die Küche? □ Ich finde sie praktisch.   **d)** ○... den Hund? □ Ich finde ihn dumm.   **e)** ○... Gerd? □ Ich finde ihn etwas nervös.   **f)** ○... das Bad? □ Ich finde es zu dunkel.   **g)** ○... das Wohnzimmer? □ Ich finde es phantastisch.   **h)** ○... Gerd und Gisela? □ Ich finde sie nett.   **i)** ... das Auto? □ Ich finde es nicht schlecht.   **j)** ○... Möbel? □ Ich finde sie sehr modern.   **k)** ○... Gisela?□ Ich finde sie sympathisch.

17. b) Wie häßlich! So ein großer Mund gefällt mir nicht.   **c)** So dünne Arme gefallen mir nicht.   **d)** So eine schmale Brust gefällt mir nicht.   **e)** So kurze Beine gefallen mir nicht.   **f)** So ein dicker Bauch gefällt mir nicht.   **g)** So ein trauriges Gesicht gefällt mir nicht.   **h)** So eine lange Nase gefällt mir nicht.

18. a) Er hat kurze Beine, große Füße, kurze Haare, eine runde Brille, ein schmales Gesicht, eine große (lange) Nase, einen kleinen Mund.   **b)** Seine Beine sind kurz., Seine Füße sind groß., Seine Haare sind kurz., Seine Brille ist rund., Sein Gesicht ist schmal., Seine Nase ist groß (lang)., Sein Mund ist klein.   **c)** Sie hat große Ohren, lange Haare, eine kleine Nase, einen schmalen Mund, lange Beine, ein rundes Gesicht, kleine Füße, einen dicken Hals.   **d)** Ihre Ohren sind groß., Ihre Haare sind lang., Ihre Nase ist klein., Ihr Mund ist schmal., Ihre Beine sind lang., Ihr Gesicht ist rund., Ihre Füße sind klein., Ihr Hals ist dick.

19. a) ...schwarzen...weißen...   **b)** ...blauen...gelben   **c)** ...schwere...dicken...   **d)** ...dunklen... roten...   **e)** ...weißes...blauen...   **f)** ...braune...braunen.

20.

	Nominativ	Akkusativ	Dativ
Bluse: grau Kleid: neu Mantel: alt·	eine graue Bluse ein neues Kleid ein alter Mantel	eine graue Bluse ein neues Kleid einen alten Mantel	einer grauen Bluse einem neuen Kleid einem alten Mantel
Augen: grün	grüne Augen	grüne Augen	grünen Augen

21. b) Junger Mann sucht nette Freundin mit intelligentem Kopf, hübschem Gesicht und roten Haaren.   **c)** Netter Mann sucht hübsches Mädchen mit langen Haaren und blauen Augen.   **d)** Sympathische Frau sucht ruhigen Mann mit gutem Charakter.   **e)** Attraktives Mädchen sucht reichen Freund mit starken Armen und schnellem Auto.   **f)** Ruhiger Herr sucht freundliche Lehrerin mit intelligentem Kopf und guter Figur.   **g)** Junger Mann sucht junges Mädchen mit lustigen Augen und verrückten Ideen.

	Nominativ	Akkusativ	Dativ
Mann: jung Kleidung: sportlich Auto: schnell	junger Mann sportliche Kleidung schnelles Auto	jungen Mann sportliche Kleidung schnelles Auto	jungem Mann sportlicher Kleidung schnellem Auto
Frauen: reich	reiche Frauen	reiche Frauen	reichen Frauen

Schlüssel

22. b) ○ Du suchst doch eine Hose.
Wie findest du die da?
□ Welche meinst du?
○ Die braune.
□ Die gefällt mir nicht.
○ Was für eine möchtest du denn?
□ Eine schwarze.

c) ○ Du suchst doch ein Kleid.
Wie findest du das da?
□ Welches meinst du?
○ Das kurze.
□ Das gefällt mir nicht.
○ Was für eins möchtest du denn?
□ Ein langes.

d) ○ Du suchst doch einen Rock.
Wie findest du den da?
□ Welchen meinst du?
○ Den roten.
□ Der gefällt mir nicht.
○ Was für einen möchtest du denn?
□ Einen gelben.

e) ○ Du suchst doch rote Schuhe.
Wie findest du die da?
□ Welche meinst du?
○ Die roten.
□ Die gefallen mir nicht.
○ Was für welche möchtest du denn?
□ Blaue.

23.

A	B	C	D	E	F	G	H	J
4,7	2,6	4,7	11	10	3,9	1,11	8	5

24. **a)** B **b)** C **c)** A **d)** B **e)** B **f)** A **g)** B **h)** C

25. Individuelle Lösung

26. Beruf, Arbeitsamt, Job, Arbeitgeber, kündigen, Stelle, arbeitslos, Angestellter, ...

27. a) arbeitslos **b)** Arbeitgeber **c)** kündigen **d)** Stelle **e)** Arbeitsamt **f)** Fehler **g)** normal **h)** Frisur **i)** pünktlich **j)** verrückt **k)** zufrieden **l)** verlangen **m)** kritisieren **n)** wirklich **o)** geärgert **p)** angenehm

28. a) Welcher Rock ... Dieser rote ..., Welche Hose ... Diese braune ..., Welches Kleid ... Dieses gelbe ..., Welche Strümpfe ..., Diese blauen ... **b)** Welchen Anzug ...? Diesen schwarzen ... Welche Bluse ... Diese weiße ..., Welches Hemd ... Dieses blaue ..., Welche Schuhe ... Diese braunen ... **c)** Zu welchem Rock ... Zu diesem roten ..., Zu welcher Hose ... Zu dieser weißen ..., Zu welchem Kleid .. Zu diesem braunen .., Zu welchen Schuhen .. Zu diesen schwarzen ...

29. a) alle, manche **b)** jeden, alle, manche **c)** allen, jedem **d)** alle, manche

30.

	mask. Singular		fem. Singular		neutr. Singular		Plural		
Nominativ	der	jeder	die	jede	das	jedes	die	alle	manche
Akkusativ	den	jeden	die	jede	das	jedes	die	alle	manche
Dativ	dem	jedem	der	jeder	dem	jedem	den	allen	manchen

31. a) C **b)** C **c)** A, B **d)** A, C **e)** A, C **f)** A, B **g)** B **h)** C **i)** C **j)** C

32.

+	–	+/–
Das stimmt.	Da bin ich anderer Meinung.	Sicher, aber ...
Das glaube ich auch.	Das ist falsch.	Richtig, aber ...
Das ist auch meine Meinung.	Das stimmt nicht.	Das ist wahr, aber ...
Da hast du recht.	Das ist Unsinn.	Da hast du recht, aber ...
Das finde ich auch.	Das glaube ich nicht.	
Das ist richtig.	Das finde ich nicht.	
Das meine ich auch.		

12

1. Hauptschule, Realschule, Gymnasium, Grundschule, Note, Abitur, Zeugnis, Prüfung, besuchen, Schüler, ...

2. anstrengend, schmutzig, sauber, gefährlich, selbständig, schön, interessant, ...

3. a) gefährlich, Angst **b)** Ausland, selbst **c)** gewechselt, Unfall **d)** zufrieden, selbständig **e)** anstrengend, tragen **f)** Tiere, Antwort

4. a) niemand **b)** manchmal **c)** früher **d)** schmutzig **e)** anfangen **f)** unzufrieden

5. a) Angst **b)** Schüler **c)** Sprachen **d)** studieren **e)** Schule **f)** besuchen **g)** Klasse **h)** Freizeit

6. b) Michael kann nicht studieren, weil er nur die Hauptschule besucht/weil er nur die Hauptschule besuchen kann/weil er nur die Hauptschule besucht hat.   **c)** Ruth kann nicht ihre Stelle wechseln, weil sie keine neue bekommt/weil sie keine neue bekommen kann/weil sie keine neue bekommen hat.   **d)** Uwe hat seine Stelle verloren, weil er nicht selbständig arbeitet/weil er nicht selbständig arbeiten kann/weil er nicht selbständig gearbeitet hat.   **e)** Kurt ist nicht zufrieden, weil er nur wenig Geld verdient/weil er nur wenig Geld verdienen kann/weil er nur wenig Geld verdient hat.

	Invers.-signal	Subjekt	Verb	Subj.	unbet. obl. Erg.	Angabe	obligatorische Ergänzung	Verb
a)		Stefan	kann			nicht	Elektriker	werden.
	weil	er					keine Lehrstelle	findet.
	weil	er					keine Lehrstelle	finden kann.
	weil	er					keine Lehrstelle	gefunden hat.
b)		Michael	kann			nicht		studieren,
	weil	er				nur	die Hauptschule	besucht.
	weil	er				nur	die Hauptschule	besuchen kann.
	weil	er				nur	die Hauptschule	besucht hat.
c)		Ruth	kann			nicht	ihre Stelle	wechseln,
	weil	sie					keine neue	bekommt.
	weil	sie					keine neue	bekommen kann.
	weil	sie					keine neue	bekommen hat.
d)		Uwe	hat				seine Stelle	verloren,
	weil	er				nicht	selbständig	arbeitet.
	weil	er				nicht	selbständig	arbeiten kann.
	weil	er				nicht	selbständig	gearbeitet hat.
e)		Kurt	ist			nicht	zufrieden,	
	weil	er				nur wenig	Geld	verdient.
	weil	er				nur wenig	Geld	verdienen kann.
	weil	er				nur wenig	Geld	verdient hat.

7. b) Jens findet seine Stelle nicht gut, denn er hat wenig Freizeit.   **c)** Herr Köster kann nächste Woche nicht arbeiten, weil er gestern einen Unfall hatte.   **d)** Manfred soll noch ein Jahr zur Schule gehen, weil er keine Stelle gefunden hat.   **e)** Christophs neue Stelle ist besser, denn er kann jetzt selbständiger arbeiten.
f) Kerstin kann nicht studieren, weil sie nur die Hauptschule besucht hat.   **g)** Andrea möchte kein Abitur machen, denn Studenten finden auch nur schwer eine Stelle.   **h)** Cornelia hat doch noch das Abitur gemacht, weil sie keine Lehrstelle finden konnte.   **i)** Simon mag seinen Beruf nicht, denn er wollte eigentlich Automechaniker werden.   **j)** Herr Bender möchte einen anderen Beruf, weil er nur wenig Zeit für seine Familie hat.

8. b) Andrea findet keine Lehrstelle. Trotzdem will sie kein Abitur machen.   **c)** Frau Arndt findet ihre Arbeit schön, obwohl sie Samstags arbeiten muß.   **d)** Jens kann schon Französisch und Spanisch. Trotzdem will er Englisch lernen.   **e)** Eva ist Krankenschwester geworden, obwohl sie Lehrerin werden sollte.   **f)** Frau Herbart möchte ihren Arbeitsplatz nicht wechseln, obwohl sie bei einer anderen Stelle mehr Geld verdienen kann.   **g)** Christine spricht zwei Sprachen. Trotzdem findet sie keine Stelle als Sekretärin.   **h)** Bernhard möchte lieber einen Beruf lernen, obwohl er das Abitur gemacht hat.   **i)** Doris hat sehr schlechte Arbeitszeiten. Trotzdem möchte sie keinen anderen Beruf.   **j)** Max mußte Automechaniker werden, obwohl er eigentlich keine Lust hatte.

9. b) Herr Bauer ist unzufrieden, weil er eine anstrengende Arbeit hat. Weil Herr Bauer eine anstrengende Arbeit hat, ist er unzufrieden.   **c)** Eva ist zufrieden, obwohl sie wenig Freizeit hat. Obwohl Eva wenig Freizeit hat, ist sie zufrieden.   **d)** Hans kann nicht studieren, wenn er ein schlechtes Zeugnis bekommt. Wenn Hans ein schlechtes Zeugnis bekommt, kann er nicht studieren.   **e)** Herbert ist arbeitslos, weil er einen Unfall hatte. Weil Herbert einen Unfall hatte, ist er arbeitslos.   **f)** Ich nehme die Stelle, wenn ich nicht nachts arbeiten muß. Wenn ich nicht nachts arbeiten muß, nehme ich die Stelle.

10. b) Wenn du studieren willst, dann mußt du aufs Gymnasium gehen/dann geh aufs Gymnasium.   **c)** Wenn du sofort Geld verdienen willst, dann mußt du die Stellenanzeigen in der Zeitung lesen/dann lies die Stellenanzeigen in der Zeitung.   **d)** Wenn du nicht mehr zur Schule gehen willst, dann mußt du einen Beruf lernen/

Schlüssel

dann lern einen Beruf. **e)** Wenn du keine Lehrstelle findest, dann mußt du weiter zur Schule gehen/dann geh weiter zur Schule. **f)** Wenn du später zur Fachhochschule gehen willst, dann mußt du jetzt zur Fachoberschule gehen/dann geh jetzt zur Fachoberschule. **g)** Wenn du einen Beruf lernen willst, dann mußt du die Leute beim Arbeitsamt fragen/dann frag die Leute beim Arbeitsamt.

11. ○ ... wenn ..., □ ... obwohl ..., ○ ... wenn ..., □ ... weil ..., ○ ... wenn ..., □ ... weil ... wenn ..., ○ ... wenn ... obwohl, □ ... wenn ...

12. a) B, **b)** A **c)** C **d)** B **e)** B **f)** A **g)** B **h)** C

13. Individuelle Lösung. Hier nur ein Beispiel.
Andrea ist sechzehn Jahre alt und möchte Krankenschwester werden. Sie sucht eine Lehrstelle. 35 Bewerbungen hat sie schon geschrieben. Trotzdem hat sie keine Lehrstelle gefunden, weil ihr Zeugnis nicht gut genug ist. Aber sie will nicht studieren, denn das hat auch keinen Zweck. Andrea möchte noch sechs Monate warten. Wenn sie dann nichts findet, geht sie vielleicht doch noch zur Schule.

14. a) Heute ist der achtundzwanzigste Februar. Heute ist der erste April. Heute ist der dritte August. **b)** Nein, wir haben erst den vierten. Nein wir haben schon den siebten. Nein, wir haben schon den achten.
c) individuelle Lösung **d)** Vom dreiundzwanzigsten Januar bis zum fünfzehnten März., Vom vierzehnten Februar bis zum ersten Juli., Vom siebten April bis zum zweiten Mai.

15. c) ... hat er ... **d)** ... sie war ... **e)** ... will sie ... **f)** ... ist er ... **g)** ... macht sie ... **h)** ... er verdient ... **i)** ... sie hat ... **j)** ... es ist ... **k)** ... wird sie ... **l)** ... ist er ...

16.

	1	2	3	4	5	6	7	8	9	10	11	12
A		X			X			X				
B				X		X						X
C			X					X	X			
D	X					X					X	

17.

	1	2	3	4	5	6
A		X	X			X
B	X			X	X	

18. a) deshalb **b)** sonst **c)** aber **d)** deshalb **e)** trotzdem **f)** dann **g)** denn **h)** deshalb **i)** sonst **j)** deshalb **k)** dann **l)** sonst **m)** deshalb **n)** trotzdem **o)** sonst **p)** aber

19.

A	B	C	D	E	F	G	H
3	5	8	2	6	7	1	4

20. ○ Sag mal Petra, du willst kündigen? Warum das denn?
□ Die Arbeit ist mir zu langweilig. Nie darf ich selbständig arbeiten.
○ Hast du das deinem Chef denn schon mal gesagt?
□ Nein, das hat doch keinen Zweck. Der macht lieber alles allein.
Ich darf immer nur Briefe schreiben.
○ Hast du denn schon eine neue Stelle?
□ Ja, ein sehr interessantes Angebot bei einer Elektrofirma.
Ich kann dort selbständig arbeiten und verdiene auch ganz gut.
○ Und was machst du? Nimmst du die Stelle?
□ Ich weiß noch nicht, denn die Firma liegt in Offenbach.
Ich muß ziemlich weit fahren, also morgens sehr früh aufstehen.

13

1. ... Menü ... Nudeln ... Rezepte ... Hunger ... Pfund ... Braten ... kochen ... fett ... Nudeln ... Rezepte ... Gewürze

2. immer – meistens – sehr oft – oft – manchmal – selten – fast nie – nie (Die Bedeutungen von ‚meistens‘ und ‚sehr oft‘ sind fast gleich; ebenso ‚selten‘ und ‚fast nie‘.)

3. a) immer, regelmäßig **b)** selten, nie **c)** selten, manchmal **d)** nicht oft, selten **e)** sehr oft, fast immer **f)** selten

4. a) □ Wir ... uns ... auf **b)** ○ ... ihr euch ... für das ... **c)** ○ ... dich ... über den ... □ ... ich ... mich ... auf den ... **d)** □ ... sie ... sich ... für **e)** □ ... Sie ... sich ... für ... **f)** □ ... Er ... sich ... auf den ... **g)** □ ... sich ... für ...

5.

sich	du	Sie	er	sie	es	man	wir	ihr	sie
mich	dich	sich	sich	sich	sich	sich	uns	euch	sich

6.

		der Film	die Sendung	das Programm
Ich interessiere	mich für	den Film	die Sendung	das Programm
Ich ärgere	mich über	den Film	die Sendung	das Programm
Ich freue	mich auf/über	den Film	die Sendung	das Programm

7.

	Inversions-signal	Subjekt	Verb	Sub-jekt	unbet. obl. Er-gänzung	Angabe	obligatorische Ergänzung	Verb
a)		Bettina	interessiert		sich	sehr	für Sport.	
b)	Darüber		haben	wir	uns	noch nie		geärgert.
c)	Worauf		freust	du	dich	am meisten?		
d)	Besonders		freue	ich	mich		auf Kinofilme.	

8. a) A **b)** A **c)** A, B **d)** B **e)** A, B **f)** A

9. ○ Was gibt es heute eigentlich im Fernsehen?
□ Ich glaube einen Film mit Humphrey Bogart.
○ Den muß ich unbedingt sehen.
□ Wirklich? Ich habe gedacht, du magst nur Sport und Politik.
○ Ich glaube, du willst mich ärgern. Die Nachrichten sehe ich nur manchmal und Sport auch nicht oft.
□ Das stimmt nicht! Sport siehst du fast immer und die Nachrichten auch meistens.
○ Na und? Ist das vielleicht ein Fehler, wenn sich ein Mann für Politik interessiert?
□ Jetzt ärgere dich doch nicht! Ich freue mich doch auch auf den Bogart-Film.

10. a) angeblich **b)** ... sich ... setzen ... sich ausruhen ... **c)** beantragen **d)** Boden **e)** ganz **f)** gewöhnlich **g)** stören **h)** laufen **i)** stehen **j)** unterschreiben **k)** verboten **l)** verbieten

11. b) ... sie hätte gern noch mehr Autos. **c)** ... sie wäre gern noch schlanker **d)** ... sie würde gern noch mehr fernsehen. **e)** ... sie würde gern noch mehr verdienen. **f)** ... sie hätte gern noch mehr Hunde. **g)** ... sie würde gern noch mehr schlafen. **h)** ... sie würde gern noch besser aussehen. **i)** ... sie würde gern noch mehr Sprachen sprechen. **j)** ... sie hätte gern noch mehr Kleider. **k)** ... sie würde gern noch mehr Leute kennen. **l)** ... sie würde gern noch öfter Ski fahren. **m)** ... sie würde gern noch öfter einkaufen gehen. **n)** ... sie würde gern noch mehr wissen.

12.

	ich	du	Sie	er/sie/es	man	wir	ihr	sie
Indikativ	gehe	gehst	gehen	geht	geht	gehen	geht	gehen
Konjunktiv	würde gehen	würdest gehen	würden gehen	würde gehen	würde gehen	würden gehen	würdet gehen	würden gehen
Indikativ	bin	bist	sind	ist	ist	sind	seid	sind
Konjunktiv	wäre	wärst	wären	wäre	wäre	wären	wärt	wären
Indikativ	habe	hast	haben	hat	hat	haben	habt	haben
Konjunktiv	hätte	hättest	hätten	hätte	hätte	hätten	hättet	hätten

13. ... ist ... hat ... hätte ... wäre ... hatte ... war ... hatten ... wäre ... wäre ... hat ... ist ... würde ... hätten ... hat ... hat ... wären ... würde ... wären ... hätte ... wäre ... würde ... hätte ... hatte ...

14. b) – Es wäre gut, wenn du weniger essen würdest. – Du solltest weniger essen. **c)** – Es wäre gut, wenn du wärmere Kleidung tragen würdest. – Du solltest wärmere Kleidung tragen. **d)** – Es wäre gut, wenn du früher aufstehen würdest. – Du solltest früher aufstehen. **e)** – Es wäre gut, wenn du ein neues kaufen würdest. – Du solltest ein neues kaufen. **f)** – Es wäre gut, wenn du dir eine andere Wohnung suchen würdest. – Du solltest

Schlüssel

dir eine andere Wohnung suchen. **g)** – Es wäre gut, wenn du jeden Tag dreißig Minuten laufen würdest. – Du solltest jeden Tag dreißig Minuten laufen **h)** – Es wäre gut, wenn du eine andere Stelle suchen würdest. – Du solltest eine andere Stelle suchen. **i)** – Es wäre gut, wenn du netter wärest. – Du solltest netter sein.

15. Individuelle Lösung

16.

	ich	du	Sie	er/sie/es	man	wir	ihr	sie
müssen	müßte	müßtest	müßten	müßte	müßte	müßten	müßtet	müßten
dürfen	dürfte	dürftest	dürften	dürfte	dürfte	dürften	dürftet	dürften
können	könnte	könntest	könnten	könnte	könnte	könnten	könntet	könnten
sollen	sollte	solltest	sollten	sollte	sollte	sollten	solltet	sollten

17. **a)** über das **b)** für den **c)** über die **d)** über das **e)** über die **f)** gegen die ... über das **g)** auf die **h)** über den **i)** über die **j)** nach der **k)** auf die

18.

a)	der Film	die Musik	das Programm	die Sendungen	
über	den Film	die Musik	das Programm	die Sendungen	sprechen
sich über	den Film	die Musik	das Programm	die Sendungen	ärgern
sich für	den Film	die Musik	das Programm	die Sendungen	interessieren
sich auf/über	den Film	die Musik	das Programm	die Sendungen	freuen

b)	der Durst	die Erkältung	das Fieber	die laute Musik	
etwas gegen	den Durst	die Erkältung	das Fieber	die laute Musik	tun

c)	der Weg	die Meinung	das Buch	die Briefe	
nach	dem Weg	der Meinung	dem Buch	den Briefen	fragen

19. **a)** ihn **b)** sich **c)** sie **d)** sich **e)** ihn **f)** sich **g)** sich **h)** es

20. **a)** ☐ Worüber...○ ...über...☐ Darüber.. **b)** ☐ Worüber...○ Über...☐ Darüber... **c)** ☐ Worüber...○ Über...☐ Darüber... **d)** ☐ Wonach...○ Nach...☐ Danach... **e)** ☐ Worüber... ○ Über...☐ Darüber... **f)** ☐ Worüber...○ Über...☐ ...darüber... **g)**☐ Worüber...○ Über...☐ Darüber... **h)** ☐ Wofür...○ ...für...☐ Dafür... **i)** ☐ Worauf...○ Auf...☐ Darauf... **j)** ☐ Worauf... ○ Auf...☐ ...darauf...

21.

Präposition + Artikel + Nomen	Fragewort	Pronomen
über den Film (sprechen)	worüber?	darüber
nach deiner Meinung (fragen)	wonach?	danach
auf diese Sendung (warten)	worauf?	darauf
gegen das Fieber (etwas tun)	wogegen?	dagegen

22. **a)** B **b)** A **c)** A, C **d)** C **e)** A, C **f)** A, B

23. Beispiel:
Gabriela ist zwanzig Jahre alt und Straßenpantomimin. Sie zieht von Stadt zu Stadt und spielt auf Plätzen und Straßen. Die meisten Leute mögen ihr Spiel, nur wenige regen sich auf. Nach dem Spiel sammelt Gabriela Geld bei den Leuten. Wenn sie regelmäßig spielt, verdient sie ganz gut. Früher war Gabriela mit Helmut zusammen. Der war auch Straßenkünstler. Das freie Leben hat ihr gefallen. Zuerst hat sie für Helmut nur Geld gesammelt, später hat sie dann auch selbst getanzt. Nach einem Krach mit Helmut hat sie einen Schnellkurs für Pantomimen gemacht. Jetzt spielt sie allein. Sie findet ihr Leben unruhig, aber trotzdem möchte sie keinen anderen Beruf.

24. Reihenfolge: c, e, a, h, f, i, d, b, g

1. tanken, abschleppen, Tankstelle, Motor, Panne, Bremse, Spiegel, Rad, Werkstatt, Reparatur, . . .
2. a) schnell b) preiswert c) voll d) schwach e) leicht f) niedrig
3. a) baden b) schwierig, stark c) zu schwierig d) blond, hübsch e) ißt, nimmt f) gut laufen, Geld sammeln
4. a) tanken b) abschleppen c) bremsen d) fahren e) reparieren f) bezahlen
5. a) Öl, Kind, Papier, Hemd, Benzin, Brief, Haare, Geld, Pullover b) Blech, Papier, Gemüse, Haare, Wurst, Brot, Bart, Fleisch c) Wagen, Kind, Hals, Gemüse, Hemd, Haare, Auto, Bart, Pullover
6. a) abschleppen, b) abholen c) läuft d) zum Schluß e) schwierig f) Werkzeug g) Versicherung h) Steuer i) vorne j) hinten k) Abteilung

7.

	1	2	3	4	5	6	7	8	9	10	11	12	13	14
A					X					X				
B		X	X											
C												X		X
D	X										X			
E								X					X	
F				X					X					
G		X				X								

8. ○ . . . teuerste . . . stärksten . . . niedrigeren . . . niedrigere . . .
   □ . . . unattraktivste . . . bessere . . . besseren . . . schlechteren . . . schlechtesten . . . neuesten . . . kleineren
   . . . niedrigere . . . günstigsten . . . niedrigsten . . . niedrigsten . . .
   ○ . . . neuesten . . .
   □ . . . bequemste . . . teuersten . . . beste . . .

9.
a)

Nominativ	Akkusativ	Dativ
Das ist (sind)	Dieser Wagen hat	Das ist der Wagen mit
der höchste Verbrauch.	den höchsten Verbrauch.	dem höchsten Verbrauch.
die höchste Geschwindigkeit.	die höchste Geschwindigkeit.	der höchsten Geschwindigkeit.
das höchste Gewicht.	das höchste Gewicht.	dem höchsten Gewicht.
die höchsten Kosten.	die höchsten Kosten.	den höchsten Kosten.

b)

Nominativ	Akkusativ	Dativ
Das ist (sind)	Dieser Wagen hat	Es gibt einen Wagen mit
ein niedrigerer Verbrauch.	einen niedrigeren Verbrauch.	einem niedrigeren Verbrauch.
eine niedrigere Geschwindigkeit.	eine niedrigere Geschwindigkeit.	einer niedrigeren Geschwindigkeit.
ein niedrigeres Gewicht.	ein niedrigeres Gewicht.	einem niedrigeren Gewicht.
niedrigere Kosten.	niedrigere Kosten.	niedrigeren Kosten.

10. a) als b) wie c) wie d) als e) wie f) als g) als h) wie i) als
11. c) Die Werkstattkosten für einen Peugeot sind so hoch, wie du mir gesagt hast. d) Der Motor ist viel älter, als der Autoverkäufer uns gesagt hat. e) Der Wagen fährt schneller, als in der Anzeige steht. f) Der Micra fährt so schnell, wie Nissan in der Anzeige schreibt. g) Den Wagen gibt es mit einem schwächeren Motor, als der Autohändler mir gesagt hat. h) Kleinwagen sind bequemer, als ich geglaubt habe. Kleinwagen sind nicht so unbequem, wie ich geglaubt habe.
12. b) Hier wird ein Auto getankt. c) Hier wird ein Auto gewaschen. d) Hier wird eine Rechnung bezahlt. e) Hier wird ein Motor repariert. f) Hier werden Bremsen geprüft. g) Hier wird die Werkstatt sauber

Schlüssel

gemacht. **h)** Hier wird ein Auto abgeschleppt. **i)** Hier werden Reifen gewechselt. **j)** Hier wird eine Tür geschweißt. **k)** Hier wird ein Kaufvertrag unterschrieben. **l)** Hier wird nicht gearbeitet.

ich	du	Sie	er/sie/es	man	wir	ihr	sie
werde abgeholt	wirst abgeholt	werden abgeholt	wird abgeholt	wird abgeholt	werden abgeholt	werdet abgeholt	werden abgeholt

13. Beispiel:

... Dann werden sie mit Salz, Pfeffer, Curry, Thymian und Basilikum gewürzt und in Öl gebraten. Dann wird Fleischbrühe dazugegeben, und die Hähnchen werden zwanzig Minuten gekocht. Danach werden Zwiebeln geschält, klein geschnitten und zu den Hähnchen gegeben. Dann werden die Hähnchen nochmal zehn Minuten gekocht. Zum Schluß werden die Mandeln in kleine Stücke geschnitten, und das Essen wird mit Petersilie bestreut. Zuletzt wird Reis zwanzig Minuten in Salzwasser gekocht und mit den Hähnchen serviert.

14.

	Invers.-Signal	Subjekt	Verb	Subjekt	unbet. obl. Ergänzung	Angabe	obligatorische Ergänzung	Verb
a)		Die Hähn-chen	werden			zuerst	in Stücke	geschnitten.
b)		Man	schneidet	die Hähn-chen		zuerst	in Stücke.	
c)	Heute		schleppt	Ruth	das Auto	zur Werk-statt		ab.
d)	Heute		wird	das Auto		zur Werk-statt		abge-schleppt.
e)		Die Autos	werden			von der Bahn	nach Italien	gebracht.
f)		Die Bahn	bringt		die Autos	schnell	nach Italien.	

15. a) C **b)** A **c)** B **d)** A, C **e)** A, C **f)** B **g)** C **h)** C

16. a) C **b)** A, B **c)** B **d)** A, C **e)** A **f)** B **g)** B

17. ○ Mein Name ist Becker. Ich möchte meinen Wagen bringen.
□ Ach ja, Frau Becker. Sie haben gestern angerufen. Was sollen wir machen?
○ Die Bremsen ziehen immer nach links, und der Motor braucht zuviel Benzin.
□ Noch etwas?
○ Nein, das ist alles. Wann kann ich das Auto abholen?
□ Morgen nachmittag.
○ Morgen nachmittag erst? Aber gestern am Telefon haben Sie mir doch gesagt, es geht heute noch.
□ Es tut mir leid, Frau Becker. Aber wir haben so viel zu tun. Das habe ich gestern nicht gewußt.
○ Das muß man doch wissen. Das geht doch nicht.
□ Ich kann Sie ja verstehen, Frau Becker. Wir versuchen es, vielleicht klappt es ja heute doch noch. Wir rufen Sie dann an.
○ Ja gut. Meine Nummer kennen Sie ja.

18. Angestellter, Arbeiter, Gewerkschaft, Industrie, Gehalt, Lohn, Arbeitgeber, Arbeitnehmer, Firma, Überstunden, Betriebsrat . .

19. a) Industrie **b)** Firma **c)** Überstunden

20. a) 5 **b)** 8 **c)** 2 **d)** 7 **e)** 3 **f)** 1 **g)** 6 **h)** 4

21. Arbeitsplatz, Arbeitslohn, Arbeitstag, Arbeitszeit, Autodach, Autosteuer, Autoversicherung, Autowerkstatt, Autofabrik, Autoindustrie, Autofirma, Automotor, Autoradio, Autospiegel, Autopanne, Autotelefon, Autowerkzeug, Autorechnung, Betriebsbremse, Betriebsrat, Handarbeiter, Handbremse, Handgeld, Handspiegel, Handwagen, Fußbremse, Reparaturrechnung, Reparaturwerkstatt, Reparaturversicherung, Reparaturwerkstatt, Metalldach, Metallarbeiter, Metallfabrik, Metallindustrie, Metallfirma, Metallspiegel, Metallwerkzeug, Unfallversicherung, Unfallwagen.

22. a) C **b)** A **c)** B **d)** A, B **e)** B **f)** A

Schlüssel

23.

	1	2	3	4	5	6
A	X			X		
B		X	X			
C					X	X

24. Beispiel:
- Seit zehn Jahren.
- Vorher war ich Metzger.
- Ich bin Fließbandarbeiter in der Karosserieabteilung.
- Ja, meine Arbeit ist ziemlich anstrengend. Ich bin jeden Tag froh, wenn ich mit der Arbeit fertig bin.
- Ja, ich bin Wechselschichtarbeiter. Das gefällt mir nicht, aber da kann man nichts machen.
- Rund 3000,– DM brutto.
- Ja.
- Ich bin natürlich gegen Rationalisierung, aber wenn ich deshalb bei VW einen anderen Arbeitsplatz bekommen würde, hätte ich noch zwei Jahre den gleichen Lohn.
- Doch, aber ich will das nicht. Wenn ich Vorarbeiter wäre, dann könnte ich nicht mehr im Betriebsrat sein.

15

1. a) unattraktiv / attraktiv (häßlich) **b)** unfreundlich / nett **c)** langweilig / interessant **d)** unhöflich (unfreundlich) / höflich **e)** unsympathisch / sympathisch **f)** unfreundlich / freundlich **g)** unpünktlich / pünktlich **h)** dumm / intelligent (klug) **i)** unzufrieden / zufrieden **j)** nervös / ruhig

2. a) duschen **b)** hängt **c)** ausmachen **d)** Mach . . . an **e)** wecken **f)** Ruf . . . an **g)** entschuldigen . . . vergessen **h)** telefoniert **i)** reden **j)** erzählt

3. a) den Apparat, den Recorder, den Film, . . . **b)** den Apparat, den Recorder, den Film **c)** bei Jens, im Betrieb, bei meinem Bruder, . . . **d)** bei Jens, bei meinem Bruder, . . . **e)** die Politik, den Film, . . . **f)** mit der Firma Berg, mit Frau Ander, bei Jens, im Betrieb, bei meinem Bruder, . . . **g)** über Klaus, bei Jens, mit Frau Ander, im Betrieb, über die Krankheit, über die Gewerkschaft, bei meinem Bruder, . . . **h)** von meiner Schwester, vom Urlaub, mit Frau Ander, im Betrieb, über Klaus, über die Krankheit, über die Gewerkschaft, von den Kindern, . . .

4. b) Du hilfst mir nie, die Wohnung aufzuräumen. **c)** Hast du nicht gelernt, pünktlich zu sein? **d)** Hast du vergessen, Gaby einzuladen? **e)** Morgen fange ich an, Französisch zu lernen. **f)** Jochen hatte letzte Woche keine Lust, mit mir ins Kino zu gehen. **g)** Meine Kollegin hatte gestern keine Zeit, mir zu helfen. **h)** Mein Bruder hat versucht, mein Auto zu reparieren, aber es hat leider nicht geklappt. **i)** Die Werkstatt hat vergessen, den Wagen zu waschen.

	Inversions-signal	Subjekt	Verb	Subjekt	unbet. obl. Ergänzung	Angabe	obligatorische Ergänzung	Verb
a	Leider		hatte	ich			keine Zeit,	
					dich			anzurufen.
b		Du	hilfst		mir	nie,		
							die Wohnung	aufzuräumen.
c			Hast	du		nicht		gelernt,
							pünktlich	zu sein?
d			Hast	du				vergessen,
							Gaby	einzuladen?

5. a) A, C **b)** C **c)** B **d)** C **e)** A **f)** B

199

Schlüssel

6. **b)** Ich habe gehört, daß Inge einen neuen Freund hat.   **c)** Peter hofft, daß seine Freundin bald heiraten will.
d) Ich habe mich darüber geärgert, daß du mich nicht zu deinem Geburtstag eingeladen hast.   **e)** Helga hat erzählt, daß sie eine neue Wohnung gefunden hat.   **f)** Ich bin überzeugt, daß es besser ist, wenn man jung heiratet.   **g)** Frank hat gesagt, daß er heute abend eine Kollegin besuchen will.   **h)** Ich meine, daß man viel mit seinen Kindern spielen soll.   **i)** Wir wissen, daß Peters Eltern oft Streit haben.

7. Beispiele: **b)** Ich glaube auch, daß es sehr viele schlechte Ehen gibt. Ich bin überzeugt, daß es auch sehr viele gute Ehen gibt. Ich denke nicht, daß es sehr viele schlechte Ehen gibt. . . .   **c)** Ich bin überzeugt, daß man auch mit Kindern frei ist. Ich finde auch, daß man ohne Kinder freier ist. . . .
d) Ich glaube nicht, daß die meisten Männer nicht gern heiraten. Ich meine auch, daß die meisten Männer nicht gern heiraten. . . .
e) Ich denke auch, daß die Liebe das Wichtigste im Leben ist. Ich glaube aber, daß die Liebe nicht das Wichtigste ist. . . .
f) Ich glaube nicht, daß reiche Männer immer interessant sind. . . .
g) Ich meine, daß schöne Frauen nicht dümmer sind als häßliche. . . .
h) Ich bin überzeugt, daß die meisten Frauen keine harten Männer mögen. . . .
i) Ich finde aber, daß man heiraten sollte, wenn man Kinder will.

8. **a)** nach der   **b)** während der, in der   **c)** während der, bei den   **d)** nach der   **e)** nach dem   **f)** in der, während der   **g)** bei der, während der   **h)** nach dem   **i)** in der,, während der

der Besuch	die Arbeit	das Abendessen	die Sendungen
während dem Besuch	während der Arbeit	während dem Abend-essen	während den Sendungen
während des Besuchs	während der Arbeit	während des Abend-essens	während der Sendungen
beim Besuch	bei der Arbeit	beim Abendessen	bei den Sendungen
nach dem Besuch	nach der Arbeit	nach dem Abendessen	nach den Sendungen

der erste Monat	die letzte Woche	das nächste Jahr	die ersten Jahre
im ersten Monat	in der letzten Woche	im nächsten Jahr	in den ersten Jahren

9. **a)** B   **b)** A, B   **c)** A   **d)** C   **e)** B   **f)** A   **g)** A, C   **h)** B, C

10. Mutter, Vater, Bruder, Tochter, Sohn, Großmutter, Großvater, Eltern, Verwandte, . . .

11. **a)** verschieden   **b)** Sorgen   **c)** Wunsch   **d)** deutlich   **e)** damals   **f)** aufpassen   **g)** anziehen, ausziehen   **h)** Besuch, allein   **i)** früh, schließlich, hart   **j)** unbedingt

12. **a)** Marias Jugendzeit war sehr hart. Eigentlich hatte sie nie richtige Eltern. Als sie zwei Jahre alt war, ist ihr Vater gestorben. Ihre Mutter hat ihren Mann nie vergessen und hat mehr an ihn als an ihre Tochter gedacht. Maria war deshalb sehr oft allein, aber das konnte sie mit zwei Jahren natürlich noch nicht verstehen. Ihre Mutter ist gestorben, als sie vierzehn Jahre alt war. Maria hat dann bei ihrem Großvater gelebt. Mit 17 Jahren hat sie geheiratet, das war damals normal. Ihr erstes Kind, Adele, hat sie bekommen, als sie 19 war. Mit 30 hatte sie schließlich sechs Kinder.
b) Adele hat als Kind in einem gut-bürgerlichen Elternhaus gelebt. Wirtschaftliche Sorgen hat die Familie nicht gekannt. Nicht die Eltern, sondern ein Kindermädchen hat die Kinder erzogen. Sie hatte auch einen Privatlehrer. Mit ihren Eltern konnte sich Adele nie richtig unterhalten, sie waren ihr immer etwas fremd. Was sie gesagt haben, mußten die Kinder unbedingt tun. Wenn z. B. die Mutter nachmittags geschlafen hat, durften die Kinder nicht laut sein und spielen. Manchmal hat es auch Ohrfeigen gegeben. Als sie 15 Jahre alt war, ist Adele in eine Mädchenschule gekommen. Dort ist sie bis zur Mittleren Reife geblieben. Dann hat sie Kinderschwester gelernt. Aber eigentlich hat sie es nicht so wichtig gefunden, einen Beruf zu lernen, denn sie wollte auf jeden Fall lieber heiraten und eine Familie haben. Auf Kinder hat sie sich besonders gefreut. Die wollte sie dann aber freier erziehen, als sie selbst erzogen worden war; denn an ihre eigene Kindheit hat sie schon damals nicht so gern zurückgedacht.
c) Ingeborg hatte ein wärmeres und freundlicheres Elternhaus als ihre Mutter Adele. Auch in den Kriegsjahren hat sich Ingeborg bei ihren Eltern sehr sicher gefühlt. Aber trotzdem, auch für sie war das Wort der Eltern Gesetz. Wenn z. B. Besuch im Haus war, dann mußten die Kinder gewöhnlich in ihrem Zimmer bleiben und ganz ruhig sein. Am Tisch durften sie nur dann sprechen, wenn man sie gefragt hat. Die Eltern haben Ingeborg immer den Weg gezeigt. Selbst hat sie nie Wünsche gehabt. Auch in ihrer Ehe war das so. Heute kritisiert sie das.

Schlüssel

d) Ulrike wollte schon früh anders leben als ihre Eltern. Für sie war es nicht mehr normal, immer nur das zu tun, was die Eltern gesagt haben. Noch während der Schulzeit ist sie deshalb zu Hause ausgezogen. Ihre Eltern konnten das am Anfang nur schwer verstehen. Mit 17 Jahren hat sie ein Kind bekommen. Das haben alle viel zu früh gefunden. Den Mann wollte sie nicht heiraten. Trotzdem ist sie mit dem Kind nicht allein geblieben. Ihre Mutter, aber auch ihre Großmutter haben ihr geholfen.

13. b) Die Mutter meines zweiten Mannes ist sehr nett.   **c)** Die Schwester meiner neuen Freundin hat geheiratet.   **d)** Der Freund meines jüngsten Kindes ist leider sehr laut.   **e)** Die vier Kinder meiner neuen Freunde gehen schon zur Schule.   **f)** Der Verkauf des alten Wagens war sehr schwierig.   **g)** Die Mutter des kleinen Kindes ist vor zwei Jahren gestorben.   **h)** Der Chef der neuen Autowerkstatt in der Hauptstraße ist mein Freund.   **i)** Die Reparatur der schwarzen Schuhe hat sehr lange gedauert.

Nominativ	der zweite Mann	die neue Freundin	das jüngste Kind	die neuen Freunde
Genitiv	die Mutter meines zweiten Mannes	die Schwester meiner neuen Freundin	der Freund meines jüngsten Kindes	die Kinder meiner neuen Freunde
Nominativ	der alte Wagen	die neue Werkstatt	das kleine Kind	die schwarzen Schuhe
Genitiv	der Verkauf des alten Wagens	der Chef der neuen Werkstatt	die Mutter des kleinen Kindes	die Reparatur der schwarzen Schuhe

14. b) Als ich sieben Jahre alt war, hat mir mein Vater einen Hund geschenkt.   **c)** Als meine Schwester vor fünf Jahren ein Kind bekommen hat, war sie lange Zeit krank.   **d)** Als Sandra die Erwachsenen gestört hat, durfte sie trotzdem im Zimmer bleiben.   **e)** Als er noch ein Kind war, hatten seine Eltern oft Streit.   **f)** Als meine Großeltern noch gelebt haben, war es abends nicht so langweilig.   **g)** Als wir im Sommer in Spanien waren, war das Wetter sehr schön.

15. Als er … Jahre alt war, hat er immer nur Unsinn gemacht. Als er … Jahre alt war, hat er sich ein Fahrrad gewünscht. Als er … Jahre alt war, ist er vom Fahrrad gefallen. Als er … Jahre alt war, hat er sich nicht gern gewaschen. Als er … Jahre alt war, hat er schwimmen gelernt. Als er … Jahre alt war, hat er Briefmarken gesammelt. Als er … Jahre alt war, hat er jeden Tag drei Stunden telefoniert. Als er … Jahre alt war, hat er viel gelesen. Als er … Jahre alt war, hat er geheiratet. Als er … Jahre alt war, hat er sich sehr für Politik interessiert.

16. a) B   **b)** C   **c)** C   **d)** A

201

Quellennachweis der Texte, Illustrationen und Fotos

Seite 9: Foto ‚Romy Schneider', ‚Sigmund und Anna Freud': Keystone Pressedienst, Hamburg. – Foto ‚Günter Grass': Moenke-bild, Hamburg / Bilderdienst Süddeutscher Verlag, München. – Foto ‚Anna Seghers': Peter Probst / Bilderdienst Süddeutscher Verlag, München. – Foto ‚Herbert v. Karajan': Bilderdienst Süddeutscher Verlag, München. Foto ‚Max Frisch': Bild + News, Zürich / Bilderdienst Süddeutscher Verlag, München.

Seite 20: Aufenthaltsanzeige. Behörden und Industrie-Verlag, Frankfurt/M.

Seite 21: Zusammengestellt aus Informationsbroschüren der Deutschen Bundespost.

Seite 29: Ausländeranteil in Prozent. Globus Kartendienst, Hamburg. – Foto ‚Hochhaus': Horst J. Buch, München / Bilderdienst Süddeutscher Verlag, München.

Seite 30/31: Einheitsmietvertrag. Zweckform. – Karikatur: Horst Sattler, Hötzenham. – Foto ‚Märkisches Viertel'. Gerhard Ullmann, Berlin. – Zeichnung: Hanno Engler, Hamburg – Beratung in Miet- und Wohnungsfragen. Landeshauptstadt München, Sozialreferat.

Seite 39: Restaurants. Nach: Szene Hamburg. Szene Verlag Klaus Heidorn, Hamburg 1982. – Fotos: Sebastian Kusenberg / Szene Verlag, Hamburg. – Karikaturen: Hanno Engler / Szene Verlag, Hamburg.

Seite 40: Fotos: Meine Familie und ich / Ulrich Kerth. Burda Verlag, München.

Seite 51: Aus: tip 7/1982.

Seite 53: Aus: Kursbuch 83/84, Arbeitsplan der Volkshochschule Solingen.

Seite 63: Nach: Wink nicht den Frauen über 30! Jugend Scala Dez. 82/Jan. 83. – Zeichnungen (nicht ‚Bundesrepublik'): Maria Marcks, Heidelberg.

Seite 64: Deutsche Bundesbahn. Bundesbahndirektion München.

Seite 72/73: Text und Preisübersicht. Nach ADAC-Test: Wie gut sind die Gebrauchten? ADAC Motorwelt 3/83. – Grafik: G. Banner, Ottobrunn. – Foto: Dr. Jochen Müller, München.

Seite 74: Garantieschein. Fa. Black Decker, Ickstein.

Seite 85: Umsteigen zum HVV: Hamburger-Verkehrsverbund, Hamburg.

Seite 86: ‚Hägar'. © 1989 King Features Inc./Distr. Bulls. – Behördenwegweiser. Bayerisches Staatsministerium des Innern, München.

Seite 97: Beipackzettel. Bayer AG, Leverkusen. – Foto ‚Medikamente': Bilderdienst Süddeutscher Verlag, München.

Seite 98/99: Thema Gesundheit. Nach: Tips für Arbeitnehmer. Presse- und Informationsamt der Bundesregierung, Bonn. – Foto ‚Wohnküche': Friedrich Ebert Stiftung, Bonn. – Foto ‚Zahnarzt': Reinhard Friedrich, Berlin.

Seite 108: Nach: Augenblicke: Heiner Ruf, München. – Paß. Aus: Gerhard Schoenberner: Der gelbe Stern (Bildband). Bertelsmann Verlag, München 1978. – Foto ‚Jude': Bildarchiv Preußischer Kulturbesitz, Berlin.

Seite 106/107: Fotos: Frieder Blickle / Zeitverlag Gerd Bucerius, Hamburg. – Text: Nach Gerhard Roth: Die schönen Bilder beim Trabrennen: Aus: Gerhard Roth: Menschen – Bilder – Marionetten. S. Fischer Verlag, Frankfurt/M.

Seite 111: ‚ Robert Redford' und ‚Bud Spencer': Archiv Dr. Karkosch, Gilching

Seite 112: ‚Klaus Kinski': Interfoto, München – ‚Mick Jagger': Fotografenteam jürgen & thomas, München

Seite 121: Illustration: JASMIN/Rainer Wendlinger – Text: JASMIN

Seite 122: FREUNDIN 20/81; Zeichnung: Ulrich Lichthardt, München

Seite 123: Fotos: Heinrich Bauer Verlag, Hamburg

Seite 124: Pollitz Werbung, Hamburg

Seite 134: Foto: Bilderdienst Süddeutscher Verlag, München

Seite 135: ELTERN/Kessler

Seite 145: GEZ Köln

Seiten 146/147: THORN EMI, Köln – VPS, München

Seite 159: IG Metall

Seite 160: Foto links: W. Bönzli, Reichertshausen – Foto rechts: Bilderdienst Süddeutscher Verlag, München

Seite 161: Foto links: Bilderdienst Süddeutscher Verlag, München – Foto rechts: W. Bönzli, Reichertshausen

Seite 169: Foto: W. Bönzli, Reichertshausen

Seiten 170/171: ELTERN/Claus Oliv

LESETEXTE DEUTSCH

Eine Reihe von einfachen oder vereinfachten Texten für Deutschlernende, herausgegeben und bearbeitet von Edith und Albert Schmitz.

Die Lesetexte bieten unterhaltsame, spannende Lektüre für den Kursunterricht oder für das Selbststudium. Die Reihe gliedert sich sprachlich in drei Niveaustufen.

Anruf für einen Toten
Kriminalgeschichten
88 Seiten, mit Zeichnungen, gh.   ISBN 3–19–001343–8

Rübezahl und das kleine Mädchen
Sagen und Märchen
52 Seiten, mit Zeichnungen gh.   ISBN 3–19–001378–0

Schläft wohl gern länger
Jugendgeschichten
64 Seiten, mit Zeichnungen, gh.   ISBN 3–19–001395–0

Der Tag davor
Science-fiction. Erzählungen über die Zukunft
56 Seiten, mit Zeichnungen, gh.   ISBN 3–19–001345–4

Ein Platz für Elefanten
Tiergeschichten
72 Seiten, mit Zeichnungen, gh.   ISBN 3–19–001347–0

Fliegen, wo kein Vogel mehr fliegt
Abenteuergeschichten
56 Seiten, mit Zeichnungen, gh.   ISBN 3–19–001348–9

Start mit Schwierigkeiten
Reiseerzählungen
60 Seiten, mit Zeichnungen, gh.   ISBN 3–19–001379–9

Einer wie ich
Geschichten aus der Welt des Sports
72 Seiten, mit Fotos und Zeichnungen, gh.   ISBN 3–19–001397–7

Max Hueber Verlag